行政法学

吴鹏　著

高等教育出版社·北京

内容简介

本书是一本中国行政法学的简明教材。行政法学是行政管理学与法学的交叉学科，体系比较零乱庞杂，是学生很难攻破的知识堡垒。同时，中国的行政法学具有鲜明的本土特色，不能用西方法学理论生搬硬套。与传统法学教材不同，本书立足于中国行政法的理论与实务，运用大量的图表进行归纳总结，力求做到化繁为简、简单实用，重点知识一目了然，并且力求做到与法律职业资格考试无缝对接。所有例题，都来自全国律师资格考试（“律考”）、国家司法考试（“司考”）和国家统一法律执业资格考试（“法考”）的历年试题。

本书分为四篇：绪论、行政组织法、行政行为法、行政救济法。包括十章：行政法概述、行政组织与公务员、行政行为、行政处罚、行政许可、行政强制、政府信息公开、行政复议、行政诉讼、国家赔偿。

图书在版编目（CIP）数据

行政法学 / 吴鹏著.--北京：高等教育出版社，2019.12

ISBN 978-7-04-052679-0

Ⅰ.①行… Ⅱ.①吴… Ⅲ.①行政法学-中国-高等学校-教材 Ⅳ.①D922.101

中国版本图书馆 CIP 数据核字（2019）第 183911 号

Xingzhengfaxue

策划编辑 周亚权　　责任编辑 王溪桥　　封面设计 张　志　　版式设计 徐艳妮
责任校对 刘丽娴　　责任印制 田　甜

出版发行	高等教育出版社	网　　址	http://www.hep.edu.cn
社　　址	北京市西城区德外大街 4 号		http://www.hep.com.cn
邮政编码	100120	网上订购	http://www.hepmall.com.cn
印　　刷	北京宏伟双华印刷有限公司		http://www.hepmall.com
开　　本	787mm×960mm　1/16		http://www.hepmall.cn
印　　张	20		
字　　数	360 千字	版　　次	2019年12月第1版
购书热线	010-58581118	印　　次	2019年12月第1次印刷
咨询电话	400-810-0598	定　　价	38.90元

本书如有缺页、倒页、脱页等质量问题，请到所购图书销售部门联系调换

物 料 号　52679-00

自序：在行政与法之间

我讲行政法，已有20年。本教材，已经修订了16年。

在专业方面，我不是法学科班出身，本科专业是政治学，硕士专业是行政管理学，博士专业是宪法学与行政法学。在教学方面，我也不是纯法学的，其实是用管理学的思路讲授行政法学。但是，感谢一届届学生的鼓励和支持，我终于把这条路走通了，形成了与众不同的知识体系。

行政法是什么？

首先，行政法是静态控权与动态控权的结合，是一种控权法。在法学院，宪法与行政法属于同一个专业，即狭义的公法专业。宪法是总括的控权法，控制国家权（包括立法权、行政权和司法权）、保障公民权。行政法是分支的控权法，控制行政权、保障公民权。

其次，行政法是行政与法的结合，是一种交叉学科。行政法，顾名思义，是行政管理学和法学（主要指行政诉讼法学）的结合。行政管理学，属于政府管理学院下设的专业，研究政府如何依法行政。行政诉讼法学，属于法学院下设的专业，研究法院如何依法审判。

最后，行政法是理论与实务的结合，是一种综合学科。行政法的理论基础，涉及政治学、宪法学、行政管理学和行政诉讼法学。同时，行政法的实务基础，涉及国家的政治运行、宪法实践、政府变革和司法改革。

行政法怎么学？

第一，控权法是灵魂，两大原则是红线。行政法是控权法，控权原则主要是指合法行政原则和合理行政原则，贯穿于行政主体、行政行为、行政救济的理论，贯穿于行政处罚、行政许可、行政强制、行政复议、行政诉讼、行政赔偿的法条。

第二，把握框架结构：两个人、一件事、四个程序。行政法是官民关系法：首先是“官管民”，即行政管理，行政主体（官）对相对人（民）作出一个行政行为（事）；然后是“民告官”，即行政复议、行政诉讼和行政赔偿，相对人不服行政主体的行政行为，通过以上三种程序寻求权利救济。

第三，打好理论基础，培养实务能力。行政法的理论性很强，要联系中国特殊的国情，夯实理论功底。同时，要关注行政管理实践和行政诉讼实务，做好行政法案例的分析解读。

本教材有何特点?

1. “法考”知识,够全。国家统一法律职业资格考试(简称“法考”),是法学教育的指挥棒。教材的内容,严格按照“法考”大纲编写,全面覆盖行政法的重点、难点、知识点,一个考点都不能少。本书的例题,也全部来自全国律师资格考试、国家司法考试和国家统一法律职业资格考试的历年真题。看书做题,就可以做到与“法考”无缝对接。

2. 结合国情,够实。中国的法治道路,与西方存在巨大差异。本教材立足于中国的行政立法、行政执法和行政审判的理论和实务,是一本具有本土特色的行政法教材。

3. 简单明了,够薄。教材的任务,就是化繁为简,把复杂问题简单化。本书的写作思路简明直接,力求把行政法的基本概念、基本原理、基本知识这“三基”讲清楚。而这些,是学生最需要熟练掌握的。

吴鹏

2019年10月10日

导读　行政法的总体框架

行政法是调整行政主体(官)与行政相对人(民)之间关系的法律规范,其实质是"控权法",即控制行政权(power)、保障公民权(right)。行政法的运行逻辑是,如果"官"在行政管理中侵犯"民"的权利,根据有权利必有救济的原则,"民"就可以通过行政复议、行政诉讼和行政赔偿三种途径寻求救济。

行政法的总体框架,分为两大部分:"官管民"→"民告官"。(1)"官管民",即行政管理,行政主体("官")对行政相对人("民")作出行政行为("事")。(2)"民告官",包括三种途径:找上级行政机关告,叫行政复议;找法院告,叫行政诉讼;找原行为机关、上级行政机关或者法院索赔,叫行政赔偿。

行政法的法律规范,也分为两大部分。(1)"官管民"的法,包括行政处罚法、行政许可法、行政强制法等,要求行政机关"依法行政"。(2)"民告官"的法,包括行政复议法、行政诉讼法和国家赔偿法,其中最重要的是行政诉讼法,要求司法机关"依法审判"。总而言之,行政法主要规范两个领域:一个是行政机关依法行政,一个是司法机关依法审判。

在上述四个程序(行政管理、行政复议、行政诉讼、行政赔偿)中,"官""民""事"是基本一致的,只是名称发生了变化。(1)"官",在行政管理中叫"行政主体",在行政复议中叫"被申请人",在行政诉讼中叫"被告",在行政赔偿中叫"赔偿义务机关";(2)"民",在行政管理中叫"行政相对人",在行政复议中叫"申请人",在行政诉讼中叫"原告",在行政赔偿中叫"赔偿请求人";(3)"事",主要是指"具体行政行为",分别称为行政复议受案范围、行政诉讼受案范围、行政赔偿受案范围。

综上所述,行政法的总体框架就是"214":两个人、一件事、四个程序。如下表0-1所示:

表0-1

官管民	① 行政管理	行政主体 (官)	相对人 (民)	行政行为 (事)
民告官	② 行政复议	被申请人	申请人	行政行为
	③ 行政诉讼	被　告	原　告	行政行为
	④ 行政赔偿	义务机关	请求人	行政行为

目 录

第一篇 绪论

第一章

行政法概述

［本章提要］

本章是行政法概述，内容包括行政法的基本概念、法律渊源和基本原则。

基本概念，行政法是“控权法”，即控制行政权、保障公民权的法，这是行政法的核心价值和突出特点。行政法就是围绕着“控权法”的思想展开的。

法律渊源，包括宪法、法律、法规（行政法规、地方性法规、自治法规）、规章（部门规章、地方政府规章），属于正式渊源。除此以外，还有其他规范性文件，属于非正式渊源。

基本原则，包括合法行政、合理行政两大原则，以及程序正当、高效便民、诚实守信和权责统一等四项原则。

第一节　行政法的基本概念

一、 行政法和行政的概念

行政法（administrative law），在西方，是资产阶级革命的产物，是资本主义法治的重要组成部分。一切不受制约的权力，必然导致腐败。因此，法国启蒙思想家孟德斯鸠提出著名的“三权分立”理论，将国家权力（power）分为立法权、行政权、司法权，分别交给立法机关、行政机关和司法机关行使，以权力制约权力，从而使公民权利（right）得到保障。

（一）行政法

行政法，是控制与规范行政权的法律规范的总称。行政法的本质是“控权法”，即控制行政权、保障公民权。正如英国法学家威廉·韦德所说：“行政法定义的第一个含义就是它是关于控制政府权力的法。……行政法的最初目的就是要保证政府权力在法律的范围内行使，防止政府滥用权力，以保护公民。”①印度

① ［英］韦德：《行政法》，徐炳等译，中国大百科全书出版社 1997 年版，第 5 页。

法学家赛夫总结性地指出:"无论在普通法国度还是在大陆法国度,贯穿于行政法的中心主题完全是相同的。这个主题就是对政府权力的法律控制。"①

西方法治国家的逻辑,就是控制国家权、保障公民权。其主要构想是:(1)制定宪法,在总体上控制国家权。宪法是总的"控权法"。国家的一切权力属于人民,人民建立国家是为了实现自身利益的最大化。人民在建立国家之前,签订一个控制国家权的契约,也就是宪法,以防止国家侵犯人民的权利。所以说,宪法是公民权利的保障书。(2)实行"三权分立",进一步控制国家权。国家权被一分为三,即立法权、行政权和司法权,分别交由立法机关、行政机关和司法机关行使,三种权力相互制约,并保持平衡。一句话说,三权分立,制约平衡。(3)制定立法法、行政法、诉讼法,分别控制国家权。根据宪法,制定立法法,控制立法权;制定行政法,控制行政权;制定诉讼法,控制司法权。总之,所有涉及国家权的法,即公法,都是"控权法"。其中,行政法也是一种公法,是"控权法"。

宪法、行政法的关系,如图 1-1 所示:

- 宪法
  - 国家权(power)
    - 立法权→立法机关→立法法
    - 行政权→行政机关→行政法
    - 司法权→司法机关→诉讼法
  - 公民权(right)

图 1-1

中国行政法,与外国行政法相比,既有一般共性,也有自身特点。中国行政法也是控权法,在控制行政权、保障公民权的法治精神方面,中国与西方基本一致。但是,中国实行社会主义制度,建立中国特色社会主义法治体系,不能照搬别国模式和做法,不能走西方"三权分立"的路子。党的领导是社会主义法治最根本的保证,坚持党领导立法、保证执法、支持司法,立法权、行政权和司法权之间是"三权分工、互相监督"的关系。

(二)行政

行政法上的行政,是宪法产生之后的公共行政(public administration),是指行政机关行使行政权(公权力)的活动。"公共行政"的反义词是"私人行政",后者主要指企业内部的管理活动。

上述"行政机关",是个广义概念,不仅包括行政机关,还包括被授权组织,

---

① [印]M.P.赛夫:《德国行政法——普通法的分析》,台湾五南图书出版股份有限公司 1991 年版,第 4 页。

即被法律、法规、规章授予行政权的民间组织。例如,学校是被教育法授权的组织,学校开除学生属于行政权,由此引发的学生与学校之间的诉讼就是行政诉讼。

上述"行政权",包括行政立法权、行政执法权、行政司法权。根据早期的"三权分立"学说,三个机关分别行使三个权力。随着社会的发展,三个权力在三个机关之间发生了分化和重新组合,行政机关也得到了一部分立法权和司法权。所以,行政法所研究的行政是指形式行政,即以行政机关作为划分的标准,只要是行政机关行使公权力的活动,无论是制定规则(行政立法)、执行规则(行政执法),还是适用规则裁决纠纷(行政司法),都被认为是行政。所以,行政权进一步分化为三项权力:行政立法权、行政执法权、行政司法权。

如图 1-2 所示:

行政 = 公共行政 = 行政机关 行使 行政权 { 行政立法权 / 行政执法权 / 行政司法权 }

≠私人行政

图 1-2

二、 行政法的结构

(一) 行政法的结构之一:行政实体法、行政程序法和行政诉讼法

按照控制行政权的时间顺序,行政法分为行政实体法、行政程序法和行政诉讼法,其功能分别对应事前控权、事中控权和事后控权,从而构成一个全过程控制行政权的法律体系。

1. 行政实体法,是"授权法",即授予行政机关实体权力的法。例如,《税收征收管理法》授予税务机关征税的权力。行政机关行使权力,必须有法律的明确授权,"法无授权即禁止"。行政实体法的功能是事前控权,因为行政权的特点是权责统一,所以授权的同时也确定了责任,授权即控权。

2. 行政程序法,是"过程法",是对行政机关行使权力的方式、方法、时效、顺序的规定,是对行政行为过程的限定。行政程序法的功能是事中控权,即过程控制。中国尚未制定统一的行政程序法典,一部法律中往往同时规定实体和程序。例如,《税收征收管理法》中既有实体规定,也有程序规定。

3. 行政诉讼法,是"民告官"的法。如果行政机关违反行政实体法、行政程序法,侵犯了相对人的权利,相对人就可以提起行政诉讼,追究行政机关的法律责任。行政诉讼法的功能是事后控权,即事后救济。

如图 1-3 所示：

行政法（控权法）
- 行政实体法（事前控权）
- 行政程序法（事中控权）
- 行政诉讼法（事后控权）

图 1-3

（二）行政法的结构之二：一般行政法（总则）和部门行政法（分则）

部门法一般都可以分为总则和分则，总则阐述基本理论，分则阐述具体应用。行政法也是如此，总则即一般行政法，是对一般行政关系加以调整的法律规范的总称。分则即部门行政法，是对某一领域的行政关系加以调整的法律规范的总称。

1. 一般行政法，包括三个部分：（1）行政组织法，是有关行政机关的组成、性质、地位、职权等的法，行政机关应当"依法组建"，建立中央政府和地方政府。（2）行政行为法，是规范行政机关行使职权行为的法，行政机关应当"依法行政"，作出抽象行政行为和具体行政行为。（3）行政监督法，是规范对行政机关实施监督的法，对行政机关应当"依法监督"，具体途径包括行政复议、行政诉讼和行政赔偿。

2. 部门行政法，是规范各个行政管理部门行使职权行为的法律规范，如教育行政法、公安行政法等。一个国家有多少个行政管理部门，就有多少个部门行政法。

如图 1-4 所示：

行政法
- 一般行政法（总则）
  - 行政组织法（行政主体）
  - 行政行为法（抽象行为、具体行为）
  - 行政监督法（行政复议、行政诉讼、行政赔偿）
- 部门行政法（分则）

图 1-4

第二节　行政法的法律渊源

一、行政法的法律渊源的概念

行政法的法律渊源，即行政法的形式渊源，是指行政法规范的表现形式。原则上，成文法是我国行政法的主要法律渊源。行政机关的行政惯例、法院的司法裁判以及学者的理论学说不能成为行政机关活动的法律根据，也不能成为评价行政行为合法性的准则。

二、 行政法的法律渊源的主要种类

行政法的法律渊源的确定，主要依据是《立法法》。根据《立法法》的规定，正式立法包括四大类：宪法、法律、法规（包括行政法规、地方性法规和自治法规）、规章（包括部门规章和地方政府规章），属于行政法的正式渊源。除此以外的法律规范，如各级人民代表大会（以下简称“人大”）和各级政府制定的“其他规范性文件”，属于行政法的非正式渊源。

1. 宪法，即 1982 年宪法。宪法是由全国人大制定的国家根本大法，规定国家的基本制度，具有最高的法律地位和法律效力，是各项立法的依据。宪法中关于行政机关的任务和原则、关于行政机关与其他国家机关的相互关系、关于行政机关组织和活动的规定，属于行政法的重要法律渊源。

2. 法律，是全国人大及其常务委员会（以下简称“常委会”）制定的规范性文件，其中全国人大制定的是基本法律，全国人大常委会制定的是一般法律。法律的效力仅次于宪法。法律中关于行政组织、行政管理和对行政机关监督的规范，是行政法的主要法律渊源。

3. 行政法规，是指由国务院为了实现对国家各项事务的管理，根据宪法和法律制定的规范性文件。行政法规的法律效力次于宪法和法律，居于第三位。

4. 地方性法规，是指在不抵触上位法的前提下，由省、自治区、直辖市的人大及其常委会发布的规范性文件（省法规），以及“设区的市”的人大及其常委会发布的规范性文件（市法规）。“设区的市”，包括：（1）“省会市”，即省会（以及自治区首府）所在地的市。（2）“特区市”，即经济特区所在地的市，包括深圳、珠海、汕头、厦门 4 个城市。（3）“国批市”，即国务院批准的较大的市，共有 18 个城市。以上三种城市，合称“较大的市”。（4）其他设区的市。

5. 自治条例和单行条例，也称自治法规，是指民族自治地方（自治区、自治州、自治县）的人大依据宪法、民族区域自治法和其他法律规定的权限，结合当地的政治、经济和文化的特点所制定的规范性文件。自治法规是一种特殊的地方性法规，自治区的自治法规相当于“省法规”，自治州、自治县的自治法规相当于“市法规”。

6. 规章。它分为两种：（1）部门规章，是国务院的组成部门、直属机构根据法律和国务院的行政法规、决定、命令，制定的规范性文件。（2）地方政府规章，是省、自治区和直辖市的政府制定的规范性文件（省规章），以及“省会市”“特区市”“国批市”等“设区的市”的政府制定的规范性文件（市规章）。

行政法的法律渊源，如图 1-5 所示：

	宪法		
	法律		
	行政法规		
自治法规	地方性法规	地方政府规章	部门规章
自治区	省法规	省规章	部委、直属机构
自治州 自治县	市法规	市规章	

图 1-5

除此以外，还有两种常见的法律规范，也属于行政法的法律渊源。

1. 法律解释，是指法律的规定需要进一步明确具体含义的，或者法律制定后出现新的情况需要明确法律依据的情形，由法定机关根据法定程序作出的解释。根据全国人大常委会《关于加强法律解释工作的决议》，法律解释主要包括立法解释、司法解释、行政解释和地方解释。

2. 国际条约和协定，有些涉及国内行政管理，成为行政法的渊源。其中，世界贸易组织（WTO）协定和中国“入世”文件关于行政机关和其他有关机构权利义务的规定，只有在转化为国内立法之后才能作为行政法的法律渊源。

第三节　行政法的基本原则

行政法的基本原则，是指反映行政法的本质和基本价值要求、体现行政法各个制度和具体规则的内在联系、调节基本行政关系的共同性规则，它是指导和规范行政行为的最主要、最具有普遍价值的原则。行政法的基本原则，主要包括合法行政、合理行政两大原则。2004 年 3 月，国务院公布了《全面推进依法行政实施纲要》，在两大原则基础上，新增了程序正当原则、高效便民原则、诚实守信原则、权责统一原则，从而形成了六项基本原则。

一、　合法行政原则

合法行政原则，也称行政合法性原则，是指行政机关实施行政管理，应当依照法律，不得与法律相抵触。合法行政是行政法的首要原则，是行政法治的核心内容，属于形式行政的范畴。

合法行政原则，其内容包括：

1. 行政机关必须遵守现行有效的法律，即“依法行政”。第一，行政机关的任何决定和规定都不得与法律相抵触，否则就不能取得法律效力。第二，行政机关有义务积极执行和实施法律规定的职责，否则就构成行政不作为。

2. 行政机关应当依照法律授权活动，即“无法律无行政”。没有法律依据，行政机关不得作出减少公民权利或者增加公民义务的决定，否则就构成行政违法。

合法行政原则是行政活动区别于民事活动的主要标志，这是因为行政权(power)与公民权(right)在法律上有不同的要求。对于行政机关来说，任何行政活动都要有法律依据，必须符合法律规定，所谓“法无授权即禁止”。而对于公民来说，凡是法律所不禁止的，都是公民可以做的，所谓“法无禁止即自由”。这是因为，行政权(power)是派生的权力，是人民通过宪法、法律授予行政机关的，如果没有法律的明确授权，行政机关不得作出任何行政行为。在这一点上，立法权、司法权与行政权相同，公权力都是通过法律授权而获得的，立法机关、司法机关作出任何行为也需要得到法律的明确授权。而公民权(right)是本原的权利，只要没有被法律禁止，公民就可以自由行使。

如图 1-6 所示：

$$\begin{cases}\text{国家权→法无授权即禁止}\\\text{公民权→法无禁止即自由}\end{cases}$$

图 1-6

例：(2003/4/7/简析题)甲公司于 1995 年获得国家专利局颁发的 9518 号实用新型专利权证书，后因未及时缴纳年费被国家专利局公告终止其专利权。1999 年 3 月，甲公司提出恢复其专利权的申请，国家知识产权局专利局于同年 4 月作出恢复其专利的决定。2000 年 3 月，甲公司以专利侵权为由对乙公司提起民事诉讼。诉讼过程中，乙公司向专利复审委员会提出请求，要求宣告 9518 号专利权无效。2001 年 3 月 1 日，专利复审委员会作出维持该专利有效的审查决定并通知乙公司。……乙公司提起行政诉讼。

问题：1992 年 9 月 4 日修正的《专利法》对专利权的恢复未作出任何规定，假设被告在诉讼中提出“恢复专利权的行为属于合法的自由裁量行为”，你认为是否成立？为什么？

[解析]被告观点不成立。根据合法行政原则，行政行为必须有明确的法律授权，法无授权即禁止。本题中，《专利法》对专利权的恢复未作出规定，就是禁止恢复。因此，被告恢复专利权的行为属于超越职权的违法行为。

二、合理行政原则

合理行政原则，也称行政合理性原则，是指行政机关行使自由裁量权，行政行为的内容要客观、适度，符合立法精神和目的，符合公平正义的法律理性。其核心含义是，行政裁量决定应当具有理性基础，禁止武断专横和随意。合理行政原则属于实质行政的范畴。

自由裁量权,简称裁量权,是指行政机关在法律规定的幅度和范围内进行选择的权力。主要包括两种:(1) 种类裁量权,在法定种类之内进行选择的权力。(2) 幅度裁量权,在法定幅度之内进行选择的权力。以公安派出所为例,《治安管理处罚法》第 91 条规定:"……警告、五百元以下的罚款可以由公安派出所决定。"据此,公安派出所具有警告、罚款的种类选择权,以及 500 元以下罚款的幅度裁量权。

合理行政原则,包括以下三个原则:

1. 公平公正原则,即同等对待原则,是指行政机关要平等对待相对人,不偏私,不歧视。

2. 考虑相关因素原则,即正当考虑原则,是指行政机关行使裁量权,应当符合法律目的,排除不相关因素的干扰。

3. 比例原则,是行政法的"帝王条款",是指行政行为与其所要达到的目的之间应当符合适当比例,兼顾行政目标的实现和相对人权益的保护。行政机关实施行政管理的具体措施,必须符合三项要求:(1) 合目的性,行政机关所选择的具体措施应当符合法律目的。(2) 适当性,行政机关所选择的具体措施应当为法律所必需。(3) 损害最小,行政机关可以采用多种方式实现某一行政目的,应当选择对当事人权益损害最小的方式。

例:(2008/2/46/单选)关于合理行政原则,下列哪一选项是正确的?

A. 遵循合理行政原则是行政活动区别于民事活动的主要标志

B. 合理行政原则属实质行政法治范畴

C. 合理行政原则是一项独立的原则,与合法行政原则无关

D. 行政机关发布的信息应准确是合理行政原则的要求之一

[解析]A 项错误。行政权的行使必须符合法律规定,"法无授权即禁止",而公民权则是"法无禁止即自由",所以遵循合法行政原则是行政活动区别于民事活动的主要标志,而不是合理行政原则。

B 项正确。合法行政原则属于形式行政法治范畴,是从形式上要求行政机关的行为要符合法律规定。而合理行政原则是合法行政原则的深化,主要适用于行政机关的裁量权,强调行政行为不仅要合法,而且要公平、公正,属于实质行政法治范畴。

C 项错误。合法行政原则、合理行政原则同属依法行政的要求,是行政法的两大基本原则。所以,合理行政原则虽然是独立的,但是与合法行政原则密切相关。

D 项错误。"行政机关发布的信息应准确"属于诚实守信原则之下的信息

真实原则,要求行政机关发布的信息应当全面、准确、真实。

合法行政原则与合理行政原则存在非常密切的关系,是分析和判断行政行为的主要工具。第一,行政机关实施行政行为,应当同时遵循两大原则,缺一不可。第二,在合法行政原则的基础上探讨合理行政原则,也就是说,先要求合法,再要求合理。所以,行政行为包括三种情形:(1)合法、合理。(2)合法、不合理。(3)不合法、不合理。但是,不存在"不合法、合理"的情形。如果行政机关不依法行政,不合法,也就是不合理。

如图1-7所示:

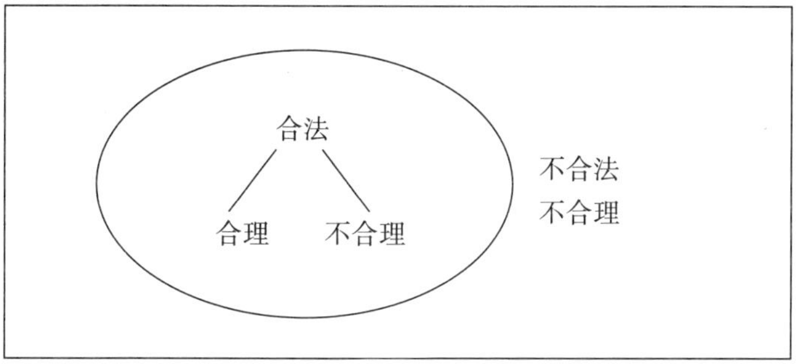

图1-7

例1:(2010/4/7/论述)近年来,为妥善化解行政争议,促进公民、法人或者其他组织与行政机关相互理解沟通,维护社会和谐稳定,全国各级法院积极探索运用协调、和解方式解决行政争议。2008年,最高人民法院发布《关于行政诉讼撤诉若干问题的规定》,从制度层面对行政诉讼的协调、和解工作机制作出规范,为促进行政争议双方和解,通过原告自愿撤诉实现"案结事了"提供了更大的空间。

近日,最高人民法院《人民法院工作年度报告(2009)》披露:"在2009年审结的行政诉讼案件中,通过加大协调力度,行政相对人与行政机关和解后撤诉的案件达43 280件,占一审行政案件的35.91%。"

总体上看,法院的上述做法取得了较好的社会效果,赢得了公众和社会的认可。但也有人担心,普遍运用协调、和解方式解决行政争议,与行政诉讼法规定的合法性审查原则不完全一致,也与行政诉讼的功能与作用不完全相符。

问题:请对运用协调、和解方式解决行政争议的做法等问题谈谈你的意见。

[解析]本题考点是合法行政原则与合理行政原则的关系。行政法的基本原则,不仅要求行政机关在作出行政决定时"依法行政",还要求人民法院在行政诉讼时"依法审判"。所以,本题也是用两大原则作为案例分析的理论基础。

本题中，法院用协调、和解方式解决行政争议的做法是合法、合理的。(1) 合法。尽管行政诉讼法规定了合法性审查原则，但是最高法院的《关于行政诉讼撤诉若干问题的规定》，建立了一个新的机制，填补了行政诉讼法的空白，所以法院的做法有法律依据，是合法的。(2) 合理。尽管有人担心、质疑法院的做法，但是上述做法取得了较好的社会效果，赢得了公众和社会的认可，利大于弊，所以是合理的。

例2:(2014/4/4/论述)材料一:2012年3月，建筑施工企业原野公司股东王某和张某向工商局提出增资扩股变更登记的申请，将注册资本由200万元变更为800万元。工商局根据王某、张某提交的验资报告等材料办理了变更登记。后市公安局向工商局发出10号公函称，王某与张某涉嫌虚报注册资本被采取强制措施，建议工商局吊销原野公司营业执照。工商局经调查发现验资报告有涂改变造嫌疑，向公司发出处罚告知书，拟吊销公司营业执照。王某、张某得知此事后迅速向公司补足了600万元现金，并向工商局提交了证明材料。工商局根据此情形作出责令改正、缴纳罚款的20号处罚决定。公安局向市政府报告，市政府召开协调会，形成3号会议纪要，认为原野公司虚报注册资本情节严重，而工商局处罚过轻，要求工商局撤销原处罚决定。后工商局作出吊销原野公司营业执照的25号处罚决定。原野公司不服，向法院提起诉讼。

材料二:2013年修改的《公司法》，对我国的公司资本制度作了重大修订，主要体现在:一是取消了公司最低注册资本的限额，二是取消了公司注册资本实缴制，实行公司注册资本认缴制，三是取消了货币出资比例限制，四是公司成立时不需要提交验资报告，公司的认缴出资额、实收资本不再作为公司登记事项。

2014年2月7日，国务院根据上述立法精神批准了《注册资本登记制度改革方案》，进一步明确了注册资本登记制度改革的指导思想、总体目标和基本原则，从放松市场主体准入管制、严格市场主体监督管理和保障措施等方面，提出了推进公司注册资本及其他登记事项改革和配套监管制度改革的具体措施。

问题:(1) 材料一中，王某、张某是否构成虚报注册资本骗取公司登记的行为？对在工商局作出20号处罚决定前补足注册资金的行为如何认定？

(2) 材料一中，市政府能否以会议纪要的形式要求工商局撤销原处罚决定？

(3) 材料一中，工商局作出25号处罚决定应当履行什么程序？

(4) 结合材料一和材料二，运用行政法基本原理，阐述我国公司注册资本登记制度改革在法治政府建设方面的主要意义。

[解析](1) 构成虚报注册资本骗取公司登记。因为“工商局经调查发现验资报告有涂改变造嫌疑”，而且“王某、张某得知此事后迅速向公司补足了600万元现金”。对在工商局作出20号处罚决定前补足注册资金的行为，应当认定

无效。

(2) 有权撤销。本案中,市政府是工商局的上级行政机关,有权以会议纪要的形式(或者其他形式)要求其撤销原处罚决定。

(3) 告知当事人要求听证的权利。《行政处罚法》第42条规定:“行政机关作出责令停产停业、吊销许可证或者执照、较大数额罚款等行政处罚决定之前,应当告知当事人有要求举行听证的权利;当事人要求听证的,行政机关应当组织听证。……”

(4) 本题考点是合法行政原则与合理行政原则的关系。首先,工商局的行政处罚是合法的。建筑公司虚报注册资本行为违反了修改前的《公司法》,工商局依法对其进行行政处罚,符合法律规定。其次,工商局的行政处罚是不合理的。修改之前的《公司法》规定的公司注册资本实缴制、公司成立时提交验资报告,违反市场经济规律和公司治理的一般原理,工商局严格执行有严重弊端的《公司法》,事实上对公司成长和经济发展构成了伤害,所以是不合理的。最后,公司注册资本登记制度改革促进了法治政府建设。法治的基本要求:一是有良法,二是法律具有权威性。旧《公司法》实行注册资本实缴制,实践中存在较为普遍的虚假出资、抽逃注册资本等违法行为,工商局在行政执法时往往不能做到严格执行法律。新《公司法》实行注册资本认缴制,注册资本方面的违法现象将大幅度减少,工商局在行政执法时就可以做到依法行政。

三、 程序正当原则

程序正当原则,是指行政权力的运行必须符合最低限度的程序公正标准。包括以下三项原则:

1. 行政公开原则。除涉及国家秘密、商业秘密、个人隐私外,行政机关应当通过一定的形式向社会公开行政活动的信息,以实现公民的知情权。

2. 公众参与原则。行政机关作出重要规定和决定,尤其是作出对公民不利的决定,应当听取公民的意见。

3. 回避原则。行政机关工作人员履行职责,与相对人存在利害关系时,应当回避。

例:(2012/2/77/多选)程序正当是行政法的基本原则。下列哪些选项是程序正当要求的体现?

A. 实施行政管理活动,注意听取公民、法人或其他组织的意见

B. 对因违法行政给当事人造成的损失主动进行赔偿

C. 严格在法律授权的范围内实施行政管理活动

D. 行政执法中要求与其管理事项有利害关系的公务员回避

[解析] A 项正确,符合公众参与原则;B 项错误,属于权责统一原则之下的行政责任原则;C 项错误,属于合法行政原则;D 项正确,符合回避原则。

四、 高效便民原则

高效便民原则,是指行政机关能够依法高效地行使职权,最大程度地方便当事人,提供优质服务。

1. 行政效率原则。行政机关应当积极履行法定职责,禁止不作为或不完全作为。遵守法定时限,禁止不合理延迟。

2. 便利当事人原则。行政机关在行政活动中增加当事人的程序负担,是行政侵权行为。

例:(2014/2/76/多选)高效便民是行政管理的基本要求,是服务型政府的具体体现。下列哪些选项体现了这一要求?

A. 简化行政机关内部办理行政许可流程

B. 非因法定事由并经法定程序,行政机关不得撤回和变更已生效的行政许可

C. 对办理行政许可的当事人提出的问题给予及时、耐心的答复

D. 对违法实施行政许可给当事人造成侵害的执法人员予以责任追究

[解析] A 项正确,属于行政效率原则;B 项错误,属于诚实守信原则之下的信赖保护原则;C 项正确,属于行政效率原则;D 项错误,属于权责统一原则之下的行政责任原则。

五、 诚实守信原则

诚实守信原则,是指行政机关公布的信息应当全面、准确、真实。行政机关非因法定事由并经法定程序,不得撤销、变更已经生效的行政决定;因国家利益、公共利益或者其他法定事由需要撤回或者变更行政决定的,应当依照法定权限和程序进行,并对行政相对人因此而受到的财产损失依法予以补偿。

1. 行政信息真实原则。行政机关公布的信息应当全面、准确、真实。

2. 保护公民信赖利益原则(简称"信赖保护原则")。非因法定事由并经法定程序,行政机关不得撤销、变更已经生效的行政决定;因国家利益、公共利益或者其他法定事由需要撤回或者变更行政决定的,要对行政相对人因此而受到的财产损失依法予以补偿。

例:(2013/2/78/多选)某县政府发布通知,对直接介绍外地企业到本县投资的单位和个人按照投资项目实际到位资金金额的 1/1000 奖励。经张某引荐,某外地企业到该县投资 500 万元,但县政府拒绝支付奖励金。县政府的行为不

违反下列哪些原则或要求?

A. 比例原则　　B. 行政公开　　C. 程序正当　　D. 权责一致

[解析]A 项、B 项、C 项、D 项错误,当选。本题中,县政府承诺对招商引资进行奖励,但是拒绝支付奖励金,违反了信赖保护原则。

六、 权责一致原则

权责统一原则,是指行政机关在享有法定职权时,同时要承担相应的法律责任。依法做到执法有保障、有权必有责、用权受监督、违法受追究、侵权须赔偿。行政权是权力与责任的统一体,权力意味着可以强制相对人服从,责任意味着行政机关不能随意处分自己的权力,必须依法行使。

1. 行政效能原则。行政机关依法履行法定职责,要由法律、法规赋予其相应的执法手段,保证政令有效。

2. 行政责任原则。行政机关及其公务员违法或者不当行使职权,应当依法承担法律责任。其一,行政机关承担责任的方式,主要是指国家赔偿。其二,公务员承担责任的方式,主要是指行政处分。

例:(2013/2/77/多选)权责一致是行政法的基本要求。下列哪些选项符合权责一致的要求?

A. 行政机关有权力必有责任

B. 行政机关作出决定时不得考虑不相关因素

C. 行政机关行使权力应当依法接受监督

D. 行政机关依法履行职责,法律、法规应赋予其相应的执法手段

[解析]A 项、C 项、D 项,正确。B 项属于合理行政原则之下的考虑相关因素原则,错误。

第二篇

行政组织法

第二章

行政组织与公务员

[本章提要]

本章是对行政组织法的阐述。广义的行政组织法,包括行政机关组织法、行政机关编制法和公务员法。狭义的行政组织法,仅指行政机关组织法。

行政机关组织法,包括两部分:(1) 有关中央政府的,是《国务院组织法》。(2) 有关地方政府的,是《地方各级人民代表大会和地方各级人民政府组织法》。

行政机关编制法,包括两部分:(1) 有关中央政府的,是《国务院行政机构设置和编制管理条例》。(2) 有关地方政府的,是《地方各级人民政府机构设置和编制管理条例》。

公务员法,包括《公务员法》以及《行政机关公务员处分条例》。

第一节 行政组织与行政主体

行政组织法,就是国家建立各级行政组织的法律制度。行政活动是由行政组织实施的。从行政机关到行政机构,从中央行政机关到地方行政机关,形成一个庞大的组织系统。这个组织系统,必须借助行政组织法来规范才能正常建立和运转。

行政权的执行依靠行政主体。行政主体包括行政机关和被授权组织。被授权组织,习惯上表述为“法律、法规授权组织”。但是,根据《行政诉讼法》第 2 条第 2 款的规定,规章授权组织也是行政主体。因此,被授权组织应指“法律、法规、规章授权组织”。

一、 行政组织

行政组织是指以实现行政职能为目的、以行政职位为基本构成单位的组织,包括行政机关和行政机构。

1. 行政机关,是根据宪法和组织法成立的、行使行政权的国家机关。行政机关可以成为行政主体,依法对相对人作出行政行为。

2. 行政机构，是行政机关的内部机构，仅仅具有内部管理权力。行政机构不能成为行政主体，除非得到法律、法规、规章的授权，变成了被授权组织，才可以对外作出决定。

如图 2-1 所示：

行政组织｛行政机关（外部职权，对外）
　　　　　行政机构（内部职权，对内）

图 2-1

二、行政主体

（一）行政主体的概念

行政主体是指能够以自己的名义（名）行使行政权（权）并承受行政法律后果（责）的组织，包括行政机关和被授权组织。①

如图 2-2 所示：

行政主体（名 + 权 power + 责）｛行政机关（宪法和组织法）
　　　　　　　　　　　　　　　　被授权组织（法律或法规或规章）

自己名义　　行政权　　责任能力

≠委托　　≠民事权利　　≠内部机构…

图 2-2

（二）行政主体的特征

1. 名：必须以自己的名义。行政主体应当具有独立的法律人格，能独立地对外发布决定和命令。如果 A 机关以 B 机关的名义实施行政行为，那么基于委托代理关系，B 机关是行政主体，A 机关则不是。

2. 权：必须行使行政权（power）。立法机关、司法机关都不享有行政权，不是行政主体。其他社会组织，如企事业单位，如果得到法律、法规、规章的授权，就变成了被授权组织，可以成为行政主体。同时，行政机关和被授权组织只有在行使行政权（公权力）时才是行政主体，在行使私权力时则是民事主体。

3. 责：必须能够承担法律后果。行政主体就是能够独立承担法律责任、具备行政诉讼被告资格的组织。不能承担法律责任，就不是行政主体。例如，没有

① 行政主体是一个理论概念，不是一个立法术语。立法上一般用行政机关代指行政主体。本书的讲解，主要采用广义的行政机关概念。广义的行政机关，包括被授权组织。

得到授权的行政机构不是行政主体，因为它不能独立承担法律后果。

行政主体范畴的作用，是在行政管理、行政复议与行政诉讼中，设置一个代表国家的法律主体。名、权、责三个要素，是互相联系的。有名就有权(power)，以自己的名义行使行政权。有权就有责，权力总是伴随着责任。有名、有权、有责，就具备被告资格，就是行政主体。

三、行政相对人

行政相对人，是指行政法律关系中与行政主体相对应的另一方当事人，即行政主体的行政行为影响其权利(right)的利害关系人，包括公民、法人和其他组织。(1)“公民”，即自然人，包括中国公民和外国公民；(2)“法人”，包括中国法人和外国法人；(3)“其他组织”，即非法人组织，包括中国非法人组织和外国非法人组织。一句话，任何人、任何组织都可以成为行政相对人。

行政主体的影响包括直接影响和间接影响，所以相对人可以分为直接相对人和间接相对人。前者是行政行为的直接对象，如治安管理中的被处罚人(加害人)。后者是行政行为的间接对象，如治安管理中的被害人。为了讲述方便，本书称直接相对人为“相对人”，称间接相对人为“相关人”。

行政法的体系就是围绕“官”和“民”关系建立起来的，“官”就是行政主体(判断标准看 power)，“民”就是相对人(判断标准看 right)。在行政管理中，“官”的 power 影响了“民”的 right，“民”就可以对“官”提起行政复议、行政诉讼和行政赔偿。而且，行政法对“官”的资格作出严格要求，具备名、权、责才能成为被告，没有被告资格，行政行为就是无效的，也就是说，告倒政府很容易。对“民”的资格不作要求，只要有 right，有权利必有救济，任何人、任何组织都可以成为原告，也就是说，启动行政诉讼很容易。“官”和“民”的概念，是按照“控权法”的精神来设计的。

第二节　行政机关

一、行政机关的概念和分类

(一) 行政机关的概念

行政机关是根据宪法和组织法成立的、享有行政权的国家机关，是最主要的行政主体。

中国实行人民代表大会制度，行政机关由人民代表大会产生，是人民代表大会的执行机关，也是行政事务的管理机关。它对人大负责，接受人大监督。这种关系体现了社会主义国家民主集中制原则，与资本主义国家“三权分立”原则是不同的。

（二）行政机关的分类

根据权限范围，行政机关可以分为一般行政机关与专门行政机关。一般行政机关的权力是全面的，涉及全面的行政事务，是指中央政府（即国务院）和地方各级政府；专门行政机关的权力是局部的，涉及特定的行政事务，是指国务院和地方各级政府的工作部门。此外，还有一种特殊的行政机关，称为派出行政机关。

1. 一般行政机关，是指与一级人民代表大会相对应的一级政府，包括中央政府（即国务院）、地方各级政府（包括省级政府、市级政府、县级政府、乡级政府），共有五种一级政府。

2. 专门行政机关，是指一级政府的工作部门，具有外部权力，如某市政府的公安局、发改委。同时，在一级政府下面，还有与工作部门并列的内部机构，具有内部权力，如某市政府的外事办、信访办。

3. 派出行政机关，简称派出机关，是指一级政府派出的代表该政府进行管理的行政机关。派出机关只有三种：(1) 地区行政公署，简称地区行署，是省、自治区政府经国务院批准设立的、领导县政府的行政机关，其职能相当于市级政府。随着“撤地设市”改革的进行，地区行署趋于消亡，逐步被市政府所取代。(2) 区公所，是县、自治县政府经省、自治区、直辖市政府批准设立的、领导乡政府的行政机关，其职能相当于副县级政府。随着时代的发展，区公所趋于消亡。(3) 街道办事处，是市辖区、不设区的市政府经上一级政府批准设立的、指导居民委员会的行政机关，其职能相当于乡政府。一般来说，在农村，乡政府指导村民委员会；在城市，街道办事处指导居民委员会。

行政机关的分类，如图 2-3 所示：

行政机关
- 一般行政机关（一级政府）
- 专门行政机关（工作部门）
- 派出行政机关（地区行署、区公所、街道办事处）

图 2-3

行政机关的总体框架，如图 2-4 所示：

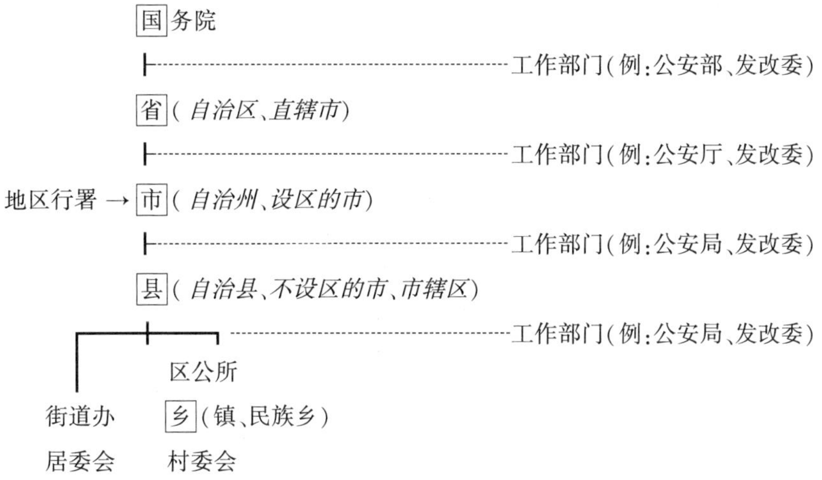

图 2-4

(三) 派出机构

派出机构是由各级政府工作部门派出的代表该工作部门进行管理的行政机构。常见的是县的“三局”向乡、街道派出的“三所”:(1) 工商所,由工商局派出。(2) 税务所,由税务局派出。(3) 公安派出所,由公安局派出。一般来说,在农村里一个乡一个所,在城市里一个街道一个所,是最基层的执法机构。

派出机构是一种(派出的)内部机构,没有行政主体的资格,除非得到法律、法规、规章的授权,成为被授权组织。以上“三所”都得到了相关法律的授权,可以成为行政主体。如《税收征收管理法》授予税务所 2000 元以下罚款的权力,《治安管理处罚法》授予公安派出所警告、500 元以下罚款的权力。

二、 中央行政机关

中央行政机关,是国务院及其所属工作部门的总称。

(一) 国务院的机构设置

国务院即中央人民政府,它是最高国家权力机关的执行机关,是最高国家行政机关。国务院由总理、副总理若干人、国务委员若干人、各部部长、各委员会主任、审计长和秘书长组成。

国务院主要由以下八个部分组成:

1. 组成部门。主管特定国家行政事务,依法分别履行国务院基本的行政职能，内设司、处两级机构。组成部门的设立、撤销或者合并，由国务院总理提请全国人大决定。包括：外交部、国防部、国家发展和改革委员会、教育部、科学技术部、工业和信息化部、国家民族事务委员会、公安部、国家安全部、民政部、司法部、财政部、人力资源和社会保障部、自然资源部、生态环境部、住房和城乡建设部、交通运输部、水利部、农业农村部、商务部、文化和旅游部、国家卫生健康委员会、退役军人事务部、应急管理部、中国人民银行、审计署。

2. 直属机构。主管某项专门业务，具有独立的行政职能，内设司、处两级机构。直属机构的设立、撤销和合并，由国务院决定。包括：海关总署、国家税务总局、国家市场监督管理总局、国家广播电视总局、国家体育总局、国家统计局、国家国际发展合作署、国家医疗保障局、国务院参事室、国家机关事务管理局。

3. 直属特设机构。即国有资产管理委员会。

4. 部委管理的国家局。简称“部管局”，主管特定业务，具有行政职能，内设司、处两级或只设处级机构。包括：国家信访局、国家粮食和物资储备局、国家能源局、国家国防科技工业局、国家烟草专卖局、国家移民管理局、国家林业和草原局、国家铁路局、中国民用航空局、国家邮政局、国家文物局、国家中医药管理局、国家煤矿安全监察局、国家外汇管理局、国家药品监督管理局、国家知识产权局。

5. 办公机构。即办公厅，协助总理处理日常工作，不具有独立的行政职能，由秘书长领导，内设司、处两级机构。

6. 办事机构。协助总理办理专门事项，不具有独立的行政职能，内设司、处两级机构。包括：国务院港澳事务办公室、国务院研究室，等等。

7. 议事协调机构。承担重要业务工作的组织协调任务。其议定的事项，经国务院同意，由有关的行政机构按照各自的职责负责办理。在特殊或者紧急的情况下，经国务院同意，可以规定临时性的行政管理措施。包括：国家科技领导小组、国务院推进政府职能转变和“放管服”改革协调小组，等等。

8. 直属事业单位。事业单位，也称非营利组织，是不以营利为目的的组织。包括新华通讯社、中国科学院、中国社会科学院、中国工程院、国务院发展研究中心、中央广播电视总台、中国气象局、中国银行保险监督管理委员会、中国证券监督管理委员会。

其中，国务院组成部门、直属机构、直属特设机构、部委管理的国家局，都是行政机关，可以成为行政主体。国务院办公机构、办事机构、议事协调机构，都是内部机构，不能成为行政主体，除非得到法律、法规、规章的授权。

如表 2-1 所示：

表 2-1

<table>
<tr><td rowspan="9">国务院</td><td rowspan="4">行政机关</td><td>组成部门</td><td>履行基本行政管理职能</td><td>内设司处两级机构</td></tr>
<tr><td>直属机构</td><td>具有独立行政管理职能</td><td>内设司处两级机构</td></tr>
<tr><td>直属特设机构</td><td>具有独立行政管理职能</td><td>内设司处两级机构</td></tr>
<tr><td>部委管理的国家局</td><td>行使行政管理职能</td><td>内设司处两级机构或只设处级机构</td></tr>
<tr><td rowspan="3">内部机构</td><td>办公机构</td><td>协助总理处理日常工作</td><td>内设司处两级机构</td></tr>
<tr><td>办事机构</td><td>协助总理办理专门事项</td><td>内设司处两级机构</td></tr>
<tr><td>议事协调机构</td><td>承担重要业务工作的组织协调任务</td><td></td></tr>
<tr><td colspan="2">直属事业单位</td><td>非营利组织</td><td></td></tr>
</table>

（二）机构设置管理

1. 组成部门的设立、撤销或者合并，由国务院机构编制管理机关提出方案，经国务院常务会议讨论通过后，由国务院总理提请全国人大决定；在全国人大闭会期间，提请全国人大常委会决定。

2. 直属机构、办事机构、议事协调机构和部门管理国家局的设立、撤销或者合并，由国务院机构编制管理机关提出方案，报国务院决定。

3. 国务院行政机构的司级内设机构的增设、撤销或者合并，经国务院机构编制管理机关审核方案，报国务院批准。

4. 国务院行政机构的处级内设机构的设立、撤销或者合并，由国务院行政机构根据国家有关规定决定，按年度报国务院机构编制管理机关备案。

如表 2-2 所示：

表 2-2

组成部门	中编办方案→国务院→全国人大/常委会决定
直属机构、办事机构、议事协调机构和部门管理国家局	中编办方案→国务院决定
司级内设机构	中编办方案→国务院批准
处级内设机构	国务院行政机构决定→中编办备案

例：(2011/2/40/单选）国家禁毒委员会为国务院议事协调机构。关于该机构，下列哪一说法是正确的？

A. 撤销由国务院机构编制管理机关决定

B. 可以规定行政措施

C. 议定事项经国务院同意,由有关的行政机构按各自的职责负责办理

D. 可以设立司、处两级内设机构

[解析]A 项错误。《国务院行政机构设置和编制管理条例》第 11 条规定:“国务院议事协调机构的设立、撤销或者合并,由国务院机构编制管理机关提出方案,报国务院决定。”

B 项错误,C 项正确。《国务院行政机构设置和编制管理条例》第六条第七款规定:“国务院议事协调机构承担跨国务院行政机构的重要业务工作的组织协调任务。国务院议事协调机构议定的事项,经国务院同意,由有关的行政机构按照各自的职责负责办理。在特殊或者紧急的情况下,经国务院同意,国务院议事机构可以规定临时性的行政管理措施。”

D 项错误。《国务院行政机构设置和编制管理条例》第 13 条规定:“国务院办公厅、国务院组成部门、国务院直属机构、国务院办事机构在职能分解的基础上设立司、处两级内设机构;国务院组成部门管理的国家行政机构根据工作需要可以设立司、处两级内设机构,也可以只设立处级内设机构。”由此可见,有关议事协调机构的内设机构,没有明确规定。

(三) 编制管理

国务院行政机构的编制,包括人员的数量定额和领导职数,依据职能配置和职位分类,按照精简的原则确定。

国务院行政机构的编制在机构设立时确定。编制方案应当包括下列事项:(1) 行政机构人员定额和人员结构比例;(2) 行政机构领导职数和司级内设机构领导职数。增加或者减少编制,由国务院机构编制管理机关审核方案,报国务院批准。

议事协调机构不单独确定编制,所需要的编制由承担具体工作的国务院行政机构解决。

办公厅、组成部门、直属机构、办事机构的司级内设机构的领导职数为一正二副;部门管理国家局的司级内设机构的领导职数根据工作需要为一正二副或者一正一副。

例:(2014/2/43/单选)国家税务总局为国务院直属机构。就其设置及编制,下列哪一说法是正确的?

A. 设立由全国人大及其常委会最终决定

B. 合并由国务院最终决定

C. 编制的增加由国务院机构编制管理机关最终决定

D. 依法履行国务院基本的行政管理职能

[解析]A 项错误,B 项正确。《国务院行政机构设置和编制管理条例》第 8 条规定:“国务院直属机构、国务院办事机构和国务院组成部门管理的国家行政机构的设立、撤销或者合并由国务院机构编制管理机关提出方案,报国务院决定。”

C 项错误。《国务院行政机构设置和编制管理条例》第 19 条规定:“国务院行政机构增加或者减少编制,由国务院机构编制管理机关审核方案,报国务院批准。”

D 项错误。《国务院行政机构设置和编制管理条例》第 6 条第 4 款规定:“国务院直属机构主管国务院的某项专门业务,具有独立的行政管理职能。”

三、 地方行政机关

地方行政机关,是指地方各级政府及其工作部门的总称。除了中央行政机关(国务院),其余都是地方行政机关。

(一) 地方行政机关

地方行政机关,包括地方各级政府(省、市、县、乡四级政府)及其工作部门。

地方各级政府是地方各级权力机关的执行机关,对本级人民代表大会和上一级国家行政机关负责并报告工作,受国务院统一领导。上级政府对下级政府的领导,不得越级。以省政府为例,省政府可以指挥市政府,但是不能指挥县政府、乡政府。但是,有一个例外,国务院可以向下越级,直接指挥省政府、市政府、县政府、乡政府。

地方政府工作部门之间的关系,分为两种:(1) 业务指导关系,即下级部门接受上级部门的业务指导,同时还接受本级政府的领导。以深圳市公安局为例,它既要接受广东省公安厅的业务指导,又要接受深圳市政府的领导。(2) 垂直领导关系,即下级部门只接受上级部门的领导。以深圳市安全局为例,它只接受广东省安全厅的领导。根据《行政复议法》的规定,只有五个部门实行垂直领导:国家安全机关、海关、国税、外汇管理、金融(包括中国人民银行、银保监会、证监会)。如图 2-5 所示:

上下级工作部门关系
- 业务指导关系
  - 本级政府领导
  - 上级部门指导
- 垂直领导关系→上级部门领导

图 2-5

(二)地方政府的机构设置和编制管理

1. 管理原则

地方各级政府的机构编制工作,实行中央统一领导、地方分级管理的体制。县级以上各级政府机构编制管理机关应当按照管理权限履行管理职责,并对下级机构编制工作进行业务指导和监督。

县级以上各级政府在设置机构、核定编制时,应当充分考虑财政的供养能力。机构实有人员不得突破规定的编制。禁止擅自设置机构和增加编制。

县级以上各级政府行政机构不得干预下级政府行政机构的设置和编制管理工作,不得要求下级政府设立与其业务对口的行政机构。

2. 机构设置管理

在设置地方各级政府行政机构时,应当以职责的科学配置为基础,并根据履行职责的需要,适时调整。但是,在一届政府任期内,地方各级人民政府的工作部门应当保持相对稳定。

地方各级政府行政机构的设立、撤销、合并或者变更规格、名称,由本级政府提出方案,经上一级政府机构编制管理机关审核后,报上一级政府批准;其中,县级以上地方各级政府行政机构的设立、撤销或者合并,还应当依法报本级人大常委会备案。

地方各级政府行政机构职责相同或者相近的,原则上由一个行政机构承担。行政机构之间对职责划分有异议的,应当主动协商解决。协商一致的,报本级政府机构编制管理机关备案;协商不一致的,应当提请本级政府机构编制管理机关提出协调意见,报本级人民政府决定。

地方各级政府设立议事协调机构,应当严格控制,可以交由现有机构承担职能的或者由现有机构进行协调可以解决问题的,不另设立。为办理一定时期内某项特定工作设立的议事协调机构,应当明确规定其撤销的条件和期限。议事协调机构不单独设立办事机构,具体工作由有关的行政机构承担。

地方各级政府行政机构根据工作需要和精干的原则,设立必要的内设机构。县级以上地方各级政府行政机构的内设机构的设立、撤销、合并或者变更规格、名称,由该行政机构报本级政府机构编制管理机关审批。

如表 2-3 所示:

表 2-3

机构设置	地方政府行政机构	本级政府方案→上级政府批准
	地方政府行政机构的内设机构	本级政府编制管理机关审批

3. 编制管理

地方各级政府行政机构的编制,按照精简的原则核定。机构编制管理机关应当按照编制的不同类别和使用范围审批编制,行政机构应当使用行政编制,事业单位应当使用事业编制,不得混用、挤占、挪用或者自行设定其他类别的编制。

地方各级政府的行政编制总额,由省、自治区、直辖市政府提出,经国务院机构编制管理机关审核后,报国务院批准。国务院机构编制管理机关报经国务院批准,可以在地方行政编制总额内对特定的行政机构的行政编制实行专项管理。议事协调机构不单独确定编制,所需要的编制由承担具体工作的行政机构解决。

地方各级政府根据调整职责的需要,可以在行政编制总额内调整本级政府有关部门的行政编制。但是,在同一个行政区域不同层级之间调配使用行政编制的,应当由省、自治区、直辖市政府机构编制管理机关报国务院机构编制管理机关审批。

地方的事业单位机构和编制管理办法,由省、自治区、直辖市政府机构编制管理机关拟订,报国务院机构编制管理机关审核后,由省、自治区、直辖市政府发布。

如表 2-4 所示:

表 2-4

编制管理	中央统一领导、地方分级管理
	地方各级政府的行政编制总额:由省级政府提出→中编办审核→国务院批准

例:(2011/2/98/不定选)甲市为乙省政府所在地的市。关于甲市政府行政机构设置和编制管理,下列说法正确的是:

A. 在一届政府任期内,甲市政府的工作部门应保持相对稳定

B. 乙省机构编制管理机关与甲市机构编制管理机关为上下级领导关系

C. 甲市政府的行政编制总额,由甲市政府提出,报乙省政府批准

D. 甲市政府根据调整职责的需要,可以在行政编制总额内调整市政府有关部门的行政编制

[解析]A 项正确。《地方各级人民政府机构设置和编制管理条例》第 8 条规定:"地方各级人民政府行政机构应当以职责的科学配置为基础,综合设置,做到职责明确、分工合理、机构精简、权责一致,决策和执行相协调。地方各级人民政府行政机构应当根据履行职责的需要,适时调整。但是,在一届政府任期内,地方各级人民政府的工作部门应当保持相对稳定。"

B 项错误。《地方各级人民政府机构设置和编制管理条例》第 5 条规定:"县级以上各级人民政府机构编制管理机关应当按照管理权限履行管理职责,并对下级机构编制工作进行业务指导和监督。"

C 项错误。《地方各级人民政府机构设置和编制管理条例》第 16 条规定:"地方各级人民政府的行政编制总额,由省、自治区、直辖市人民政府提出,经国务院机构编制管理机关审核后,报国务院批准。"

D 项正确。《地方各级人民政府机构设置和编制管理条例》第 18 条规定:"地方各级人民政府根据调整职责的需要,可以在行政编制总额内调整本级人民政府有关部门的行政编制。……"

第三节　被授权组织和被委托组织

除行政机关行使行政职权外,民间组织在一定条件下也可以行使行政职权,其权力来源主要有两种:一是法律、法规、规章的授权,二是行政机关的委托。前者叫被授权组织,可以成为行政主体;后者叫被委托组织,不可以成为行政主体。

一、 被授权组织

被授权组织,也称法律、法规、规章授权组织,是指根据法律、法规、规章的授权而行使行政权的组织。在不同的立法中,被授权组织的概念有所不同。例如,《行政许可法》《行政处罚法》规定了"法律、法规授权组织",而《行政诉讼法》规定了"法律、法规、规章授权组织"。

被授权组织在行使行政权时,具有行政主体资格,能够承担因行使所授权力而引起的法律责任,作为当事人参加行政复议和行政诉讼,也能够承担行政赔偿责任。一般来说,主要是民间组织被授权,但是在特殊情况下行政机关也可以被授权。

此外,在实践中存在"授权"与"委托"用词混乱的情况,判断被授权组织的标准是看权力是否来源于法律、法规或者规章。法律、法规、规章的"委托"视为授权,其他法律规范的"授权"视为委托。

常见的被授权组织有:

1. 行政机构。行政机构是行政机关的内部机构，具有内部职权，不以自己的名义对外实施行政行为，不具有行政主体资格。但是，有些行政机构得到法律、法规、规章的授权，具有了行政主体资格。如公安派出所，本身是派出的内部机构，但是得到《治安管理处罚法》的授权，可以作出警告、500 元以下罚款的决定，成为被授权组织。

2. 企业组织。企业单位以营利为目的，不宜成为被授权组织，但是在体制转轨时期，一些由行政机关转制而建立的全国性公司，被授权行使原来的某种行政职能。如全国烟草总公司和省级烟草公司，被《烟草专卖法》授予了下达卷烟生产指标的行政权。

3. 事业组织。事业组织不以营利为目的，它不是行政机关，不具有行政主体地位。但是有些事业单位得到了法律、法规、规章的授权，具有行政主体地位。如学校，被《教育法》授予了招收学生、处分学生、颁发毕业证书、聘任教师、处分教师等行政权。

4. 社会团体。社会团体是指社会成员按照自愿的原则，为实现特定的共同目标，根据其章程开展活动的非营利性社会组织。这些社会团体得到了法律、法规、规章的授权，行使特定的行政权力。如律师协会，被《律师法》授予了对律师进行奖励、惩戒等行政权。

5. 基层群众性自治组织。即居民委员会和村民委员会。根据《城市居民委员会组织法》和《村民委员会组织法》的授权，协助基层政府工作，行使某些行政权，如调解民间纠纷、协助维护社会治安等。

二、 被委托组织

被委托组织，也称行政机关委托的组织，是以委托机关的名义在委托事项范围内从事行政管理活动的组织。被委托组织只能根据行政机关的委托，以委托机关的名义行使特定的行政权，也由委托机关承担由此产生的法律责任。因此，被委托组织不具有行政主体资格。

一般来说，主要是民间组织被委托。但是在特殊情况下，行政机关也可以被委托。在不同的立法中，被委托组织的概念有所不同。例如，《行政处罚法》规定，行政机关只能委托事业组织实施行政处罚；《行政许可法》规定，行政机关只能委托行政机关实施行政许可。

此外，在实践中存在“授权”与“委托”用词混乱的情况，判断被委托组织的标准是看权力是否来源于行政机关，行政机关的“授权”视为委托。

常见的被委托组织有：(1) 治安联防队，受公安局委托；(2) 税收代扣代缴人，受税务局委托。

被授权组织与被委托组织的区别,如表 2-5 所示:

表 2-5

被授权组织=法律、法规、规章授权的组织 法律法规规章的"委托"=授权	被委托组织=行政机关委托的组织 行政机关的"授权"=委托
任何组织都可以被授权 行政处罚法、行政许可法:法律法规授权 行政诉讼法:法律法规规章授权	任何组织都可以被委托 行政处罚法:处罚权只能委托事业组织 行政许可法:许可权只能委托行政机关
常见的有: ① 行政机构 ② 企业组织(公用企业、全国性公司……) ③ 事业组织(学校……) ④ 社会团体(律师协会……) ⑤ 基层群众性自治组织(居委会、村委会)	常见的有: 治安联防队 税收代扣代缴人 ……

第四节　公　务　员

公务员法,是国家管理公务员、调整职务关系的法律规范。职务关系,是基于担任国家公职而产生的公务员与国家之间的权利义务关系。

一、公务员的概念、管理原则和管理体制

(一)公务员的概念

公务员,是指依法履行公职、纳入国家行政编制、由国家财政负担工资福利的工作人员。主要包括共产党机关、民主党派机关、人大机关、政协机关、监察机关、审判机关、检察机关、行政机关等八种机关的工作人员。但是,工勤人员不属于公务员。

(二)公务员管理原则

1. 公务员制度坚持中国共产党领导,坚持以马克思列宁主义、毛泽东思想、邓小平理论、"三个代表"重要思想、科学发展观、习近平新时代中国特色社会主义思想为指导,贯彻社会主义初级阶段的基本路线,贯彻新时代中国共产党的组织路线,坚持党管干部原则。

2. 公务员的管理,坚持公开、平等、竞争、择优的原则,依照法定的权限、条

件、标准和程序进行。

3. 公务员的管理,坚持监督约束与激励保障并重的原则。

4. 公务员的任用,坚持德才兼备、以德为先,坚持五湖四海、任人唯贤,坚持事业为上、公道正派,突出政治标准,注重工作实绩。

5. 公务员实行分类管理,以提高管理效能和科学化水平。

(三) 公务员管理体制

中央公务员主管部门负责全国公务员的综合管理工作。县级以上地方各级公务员主管部门负责本辖区内公务员的综合管理工作。上级公务员主管部门指导下级公务员主管部门的公务员管理工作。各级公务员主管部门指导同级各机关的公务员管理工作。

二、 公务员的条件、权利和义务

公务员应当具备下列条件:(1) 具有中华人民共和国国籍;(2) 年满十八周岁;(3) 拥护中华人民共和国宪法,拥护中国共产党领导和社会主义制度;(4) 具有良好的政治素质和道德品行;(5) 具有正常履行职责的身体条件和心理素质;(6) 具有符合职位要求的文化程度和工作能力;(7) 法律规定的其他条件。

公务员需要承担以下义务:(1) 忠于宪法,模范遵守、自觉维护宪法和法律,自觉接受中国共产党领导;(2) 忠于国家,维护国家的安全、荣誉和利益;(3) 忠于人民,全心全意为人民服务,接受人民监督;(4) 忠于职守,勤勉尽责,服从和执行上级依法作出的决定和命令,按照规定的权限和程序履行职责,努力提高工作质量和效率;(5) 保守国家秘密和工作秘密;(6) 带头践行社会主义核心价值观,坚守法治,遵守纪律,恪守职业道德,模范遵守社会公德、家庭美德;(7) 清正廉洁,公道正派;(8) 法律规定的其他义务。

公务员享有以下权利:(1) 获得履行职责应当具有的工作条件;(2) 非因法定事由、非经法定程序,不被免职、降职、辞退或者处分;(3) 获得工资报酬,享受福利、保险待遇;(4) 参加培训;(5) 对机关工作和领导人员提出批评和建议;(6) 提出申诉和控告;(7) 申请辞职;(8) 法律规定的其他权利。

例:(2015/2/44/单选)根据《公务员法》规定,下列哪一选项不是公务员应当履行的义务?

A. 公道正派　　　　B. 忠于职守

C. 恪守职业道德　　D. 参加培训

[解析]A 项、B 项、C 项正确,不选。《公务员法》第 14 条规定:"公务员应

当履行下列义务：……（四）忠于职守，勤勉尽责，服从和执行上级依法作出的决定和命令，按照规定的权限和程序履行职责，努力提高工作质量和效率；……（六）带头践行社会主义核心价值观，坚守法治，遵守纪律，恪守职业道德，模范遵守社会公德、家庭美德；（七）清正廉洁，公道正派；……”

D项错误，应选。《公务员法》第15条规定：“公务员享有下列权利：……（四）参加培训；……”

三、对公务员的基本管理制度

对公务员的基本管理制度，是关于公务员职务的取得、履行和退出等管理环节以及为公务员提供物质和权益保障的制度。

（一）职位分类，职务、职级和级别

1. 职位分类

公务员职位类别，按照公务员职位的性质、特点和管理需要，划分为综合管理类、专业技术类和行政执法类等类别。对于具有职位特殊性，需要单独管理的，可以增设其他职位类别。

2. 职务、职级和级别

国家实行公务员职务与职级并行制度，根据职位类别和职责设置领导职务、职级序列。

（1）职务。领导职务层次分为：国家级正职、副职，省部级正职、副职，厅局级正职、副职，县处级正职、副职，乡科级正职、副职，共10级。

（2）职级。职级在厅局级以下设置。综合管理类公务员职级序列分为：一级巡视员、二级巡视员、一级调研员、二级调研员、三级调研员、四级调研员、一级主任科员、二级主任科员、三级主任科员、四级主任科员、一级科员、二级科员，共12级。综合管理类以外其他职位类别公务员的职级序列，由国家另行规定。

（3）级别。公务员的领导职务、职级应当对应相应的级别。根据工作需要和领导职务与职级的对应关系，公务员担任的领导职务和职级可以互相转任、兼任；符合规定资格条件的，可以晋升领导职务或者职级。公务员的级别根据所任领导职务、职级及其德才表现、工作实绩和资历确定。公务员在同一领导职务、职级上，可以按照国家规定晋升级别。公务员的领导职务、职级与级别是确定公务员工资以及其他待遇的依据。

国家根据人民警察、消防救援人员以及海关、驻外外交机构等公务员的工作特点，设置与其领导职务、职级相对应的衔级。

（二）公职的取得

1. 公务员的录用

录用担任一级主任科员以下及其他相当职级层次的公务员，采取公开考试、严格考察、平等竞争、择优录取的办法。民族自治地方依照前款规定录用公务员时，依照法律和有关规定对少数民族报考者予以适当照顾。

中央机关及其直属机构公务员的录用，由中央公务员主管部门负责组织。地方各级机关公务员的录用，由省级公务员主管部门负责组织，必要时省级公务员主管部门可以授权设区的市级公务员主管部门组织。

报考公务员的条件包括：（1）公务员法第 13 条规定的条件；（2）省级以上公务员主管部门规定的拟任职位所要求的资格条件；（3）在规定的编制限额内并有相应的职位空缺。国家对行政机关中初次从事行政处罚决定审核、行政复议、行政裁决、法律顾问的公务员实行统一法律职业资格考试制度，由国务院司法行政部门商有关部门组织实施。

下列人员不得录用为公务员：（1）因犯罪受过刑事处罚的；（2）被开除中国共产党党籍的；（3）被开除公职的；（4）被依法列为失信联合惩戒对象的；（5）有法律规定不得录用为公务员的其他情形的。

招录机关具体工作的程序：（1）发布招考公告，根据报考资格条件对报考申请进行审查。（2）考试采取笔试和面试的方式进行。根据考试成绩确定考察人选，并对其进行报考资格复审、考察和体检，体检的项目和标准由中央公务员主管部门会同国务院卫生健康行政部门规定。（3）提出拟录用人员名单，并予以公示。公示期满，中央一级招录机关将拟录用人员名单报中央公务员主管部门备案；地方各级招录机关将拟录用人员名单报省级或者设区的市级公务员主管部门审批。录用特殊职位的公务员，经省级以上公务员主管部门批准，可以简化程序或者采用其他测评办法。（4）新录用的公务员试用期为 1 年。试用期满合格的，予以任职；不合格的，取消录用。

如表 2-6 所示：

表 2-6

<table>
<tr><td rowspan="3">录用</td><td>范围</td><td>一级主任科员以下的非领导职务</td></tr>
<tr><td>条件</td><td>肯定条件（职位资格+职位空缺）
否定条件（犯罪刑罚/开除党籍/开除公职/失信联合惩戒对象）</td></tr>
<tr><td>程序</td><td>考试→考察、体检→公示→{录用→试用 1 年→{任职；取消录用（内部人员）}；不予录用（外部人员）}</td></tr>
</table>

例:(2014/2/44/单选)王某经过考试成为某县财政局新录用的公务员,但因试用期满不合格被取消录用。下列哪一说法是正确的?

A. 对王某的试用期限,由某县财政局确定

B. 对王某的取消录用,应当适用辞退公务员的规定

C. 王某不服取消录用向法院提起行政诉讼的,法院应当不予受理

D. 对王某的取消录用,在性质上属于对王某的不予录用

[解析]A项、B项、D项错误。《公务员法》第34条规定:“新录用的公务员试用期为一年。试用期满合格的,予以任职;不合格的,取消录用。”

C项正确。《行政诉讼法》第13条规定:“人民法院不受理公民、法人或者其他组织对下列事项提起的诉讼:……(三)行政机关对行政机关工作人员的奖惩、任免等决定。”本题中,取消录用属于行政机关对公务员的内部行为,只能通过复核、申诉等途径寻求救济。不予录用属于行政机关对外部人员的具体行政行为,可以通过行政复议、行政诉讼的途径寻求救济。

提示:注意区分不予录用和取消录用。(1)报考公务员,不符合公务员录用条件的,不予录用。此时,该人是行政机关以外的人(外部人员),与行政机关的关系是外部关系,可以采取外部救济的方式,即行政复议或者行政诉讼。(2)新录用公务员试用期满考核不合格的,取消录用。此时,该人是行政机关内部的人(内部人员),与行政机关的关系是内部关系,可以采取内部救济的方式,即申诉或者控告。

2. 公务员职务、职级的任免

公务员领导职务实行选任制、委任制和聘任制。公务员职级实行委任制和聘任制。领导成员职务按照国家规定实行任期制。

公务员因工作需要在机关外兼职,应当经有关机关批准,并且不得领取兼职报酬,不得在企业或者其他营利性组织中兼任职务。

如表2-7所示:

表2-7

任职	选任制	宪法、组织法规定的人大及其常委会选举的领导职务
	委任制	一般的公务员职务
兼职	机关外兼职(经过有关机关批准+不得领取兼职报酬+不得在营利性组织中兼职)	

3. 公务员职位的聘任

机关根据工作需要,经省级以上公务员主管部门批准,可以对专业性较强的职位和辅助性职位实行聘任制。但是,职位涉及国家秘密的,不实行聘任制。

机关聘任公务员,可以参照公务员考试录用的程序进行公开招聘,也可以从符合条件的人员中直接选聘。双方按照平等自愿、协商一致的原则,签订聘任合同,合同期限为 1 年至 5 年。可以约定试用期,试用期为 1 个月至 12 个月。聘任合同应当报同级公务员主管部门备案。聘任制公务员实行协议工资制。机关依据《公务员法》和聘任合同对所聘公务员进行管理。

例:(2013/2/79/多选)孙某为某行政机关的聘任制公务员,双方签订聘任合同。下列哪些说法是正确的?

A. 对孙某的聘任须按照公务员考试录用程序进行公开招聘

B. 该机关应按照《公务员法》和聘任合同对孙某进行管理

C. 对孙某的工资可以按照国家规定实行协议工资

D. 如孙某与该机关因履行聘任合同发生争议,可以向人事争议仲裁委员会申请仲裁

[解析]A 项错误。《公务员法》第 101 条第 1 款规定:"机关聘任公务员可以参照公务员考试录用的程序进行公开招聘,也可以从符合条件的人员中直接选聘。"

B 项正确。《公务员法》第 104 条规定:"机关依据本法和聘任合同对所聘公务员进行管理。"

C 项正确。《公务员法》第 103 条第 3 款规定:"聘任制公务员实行协议工资制,具体办法由中央公务员主管部门规定。"

D 项正确。《公务员法》第 105 条规定:"聘任制公务员与所在机关之间因履行聘任合同发生争议的,可以自争议发生之日起六十日内申请仲裁。省级以上公务员主管部门根据需要设立人事争议仲裁委员会,受理仲裁申请。人事争议仲裁委员会由公务员主管部门的代表、聘用机关的代表、聘任制公务员的代表以及法律专家组成。当事人对仲裁裁决不服的,可以自接到仲裁裁决书之日起十五日内向人民法院提起诉讼。仲裁裁决生效后,一方当事人不履行的,另一方当事人可以申请人民法院执行。"

(三)公职的履行

1. 考核

公务员的考核应当按照管理权限,全面考核公务员的德、能、勤、绩、廉,重点考核政治素质和工作实绩。公务员的考核分为平时考核、专项考核和定期考核等方式。非领导成员公务员的定期考核采取年度考核的方式。先由个人按照职位职责和有关要求进行总结,主管领导在听取群众意见后,提出考核等次建议,由本机关负责人或者授权的考核委员会确定考核等次。领导成员的考核由主管

机关按照有关规定办理。

定期考核的结果分为优秀、称职、基本称职和不称职四个等次，以书面形式通知公务员本人，作为调整职位、职务、职级、级别、工资以及奖励、培训、辞退的依据。不称职的，降低一个职务或者职级层次任职。

如表 2-8 所示：

表 2-8

考核	内容	德、能、勤、绩、廉
	类型	平时考核、专项考核和定期考核
	结果	定期考核结果：优秀、称职、基本称职、不称职

2. 晋升

公务员领导职务应当逐级晋升。特别优秀的或者工作特殊需要的，可以按照规定破格或者越级晋升。厅局级正职以下领导职务出现空缺且本机关没有合适人选的，可以通过适当方式面向社会选拔任职人选。公务员晋升领导职务的，应当按照有关规定实行任职前公示制度和任职试用期制度。

公务员职级应当逐级晋升，根据个人德才表现、工作实绩和任职资历，参考民主推荐或者民主测评结果确定人选，经公示后，按照管理权限审批。

3. 奖励

对工作表现突出，有显著成绩和贡献，或者有其他突出事迹的公务员或者公务员集体，给予奖励。奖励坚持定期奖励与及时奖励相结合，精神奖励与物质奖励相结合、以精神奖励为主的原则。

奖励分为嘉奖、记三等功、记二等功、记一等功、授予称号。对受奖励的公务员或者公务员集体予以表彰，并对受奖励的个人并给予一次性奖金或者其他待遇。

如表 2-9 所示：

表 2-9

奖励	对象	公务员个人；公务员集体
	形式	精神奖励、物质奖励相结合，以精神奖励为主
	种类	嘉奖、记三等功、记二等功、记一等功、授予称号

4. 监督与惩戒

机关应当对公务员的思想政治、履行职责、作风表现、遵纪守法等情况进行监督，开展勤政廉政教育，建立日常管理监督制度。对公务员监督发现问题的，应当区分不同情况，予以谈话提醒、批评教育、责令检查、诫勉、组织调整、处分。对公务员涉嫌职务违法和职务犯罪的，应当依法移送监察机关处理。

处分共有六种：警告、记过、记大过、降级、撤职、开除。受处分的期间为：警告，6个月；记过，12个月；记大过，18个月；降级、撤职，24个月。公务员在受处分期间不得晋升职务、职级和级别，其中受记过、记大过、降级、撤职处分的，不得晋升工资档次。受撤职处分的，按照规定降低级别。

公务员因违纪违法应当承担纪律责任的，给予处分或者由监察机关给予政务处分；违纪违法行为情节轻微，经批评教育后改正的，可以免予处分。对同一违纪违法行为，监察机关已经作出政务处分决定的，公务员所在机关不再给予处分。

公务员执行公务时，认为上级的决定或者命令有错误的，可以向上级提出改正或者撤销该决定或者命令的意见；上级不改变该决定或者命令，或者要求立即执行的，公务员应当执行该决定或者命令，执行后果由上级负责，公务员不承担责任；但是，公务员执行明显违法的决定或者命令的，应当承担相应的责任。

如表2-10所示：

表2-10

<table>
<tr><td rowspan="4">处分</td><td>种类</td><td>警告（6个月）、记过（12个月）、记大过（18个月）、降级（24个月）、撤职（24个月）、开除</td></tr>
<tr><td>后果</td><td>处分期间不得晋升职务、职级和级别；不得涨工资（警告除外）</td></tr>
<tr><td>解除</td><td>解除处分后晋升工资、级别、职务不再受影响，但解除降级、撤职不视为恢复</td></tr>
<tr><td>抵抗权</td><td>上级决定命令：一般错误的提出意见后执行免责；明显违法的应当拒绝执行</td></tr>
</table>

5. 行政机关公务员处分

处分权限。(1) 对国务院组成人员给予处分，由国务院决定。其中，拟给予撤职、开除处分的，由国务院向全国人大提出罢免建议，或者向全国人大常委会提出免职建议。(2) 对地方政府领导人员给予处分，由上一级政府决定。拟给予县级以上地方政府领导人员撤职、开除处分的，应当先由本级政府向同级人大提出罢免建议。其中，拟给予县级以上地方政府副职领导人员撤职、开除处分的，也可以向同级人大常委会提出撤销职务的建议。拟给予乡镇政府领导人员撤职、开除处分的，应当先由本级政府向同级人大提出罢免建议。(3) 对地方政府工作部门正职领导人员给予处分，由本级政府决定。其中，拟给予撤职、开除处分的，由本级政府向同级人大常委会提出免职建议。

合并执行。公务员，同时有两种以上需要给予处分的行为的，应当分别确定其处分。处分种类不同的执行最重的处分；处分种类相同的执行该处分，在一个处分期以上、多个处分期之和以下决定处分期。处分期最长不得超过48个月。

立案调查。行政机关公务员违法违纪，已经被立案调查，不宜继续履行职责的，任免机关可以决定暂停其履行职务。被调查的公务员在违法违纪案件立案调查期间，不得交流、出境、辞去公职或者办理退休手续。

例：(2008/2/98/不定项)某行政机关负责人孙某因同时违反财经纪律和玩忽职守被分别给予撤职和记过处分。下列说法正确的是：

A. 应只对孙某执行撤职处分

B. 应同时降低孙某的级别

C. 对孙某的处分期为36个月

D. 解除对孙某的处分后，即应恢复其原职务

[解析]A项正确。本题中，孙某被分别给予撤职和记过处分，其中撤职处分最重，应只执行撤职处分。

B项正确。《公务员法》第64条第3款规定："受撤职处分的，按照规定降低级别。"

C项错误。《行政机关公务员处分条例》第7条规定："行政机关公务员受处分的期间为：(一) 警告，6个月；(二) 记过，12个月；(三) 记大过，18个月；(四) 降级、撤职，24个月。"

D项错误。《公务员法》第65条第2款规定："解除处分后，晋升工资档次、级别和职务、职级不再受原处分的影响。但是，解除降级、撤职处分的，不视为恢复原级别、原职务、原职级。"

从重处分。有下列情形之一的，应当从重处分：(1) 在2人以上的共同违法违纪行为中起主要作用的；(2) 隐匿、伪造、销毁证据的；(3) 串供或者阻止他人揭发检举、提供证据材料的；(4) 包庇同案人员的；(5) 法律、法规、规章规定的其他从重情节。

从轻处分。有下列情形之一的，应当从轻处分：(1) 主动交代违法违纪行为的；(2) 主动采取措施，有效避免或者挽回损失的；(3) 检举他人重大违法违纪行为，情况属实的。

减轻处分、免于处分。公务员主动交代违法违纪行为，并主动采取措施有效避免或者挽回损失的，应当减轻处分。行政机关公务员违纪行为情节轻微，经过批评教育后改正的，可以免予处分。

例：(2008/2/39/单选)关于行政机关公务员处分的说法，下列哪一选项是正确的？

A. 行政诉讼的生效判决撤销某行政机关所作的决定,即应给予该机关的负责人张某行政处分

B. 工商局干部李某主动交代自己的违法行为,即应减轻处分

C. 某环保局科长王某因涉嫌违纪被立案调查,即应暂停其履行职务

D. 财政局干部田某因涉嫌违纪被立案调查,即不应允许其挂职锻炼

[解析]A 项错误。《行政机关公务员处分条例》第 16 条规定:“行政机关经人民法院、监察机关、行政复议机关或者上级行政机关依法认定有行政违法行为或者其他违法违纪行为,需要追究纪律责任的,对负有责任的领导人员和直接责任人员给予处分。”

B 项错误。《行政机关公务员处分条例》第 14 条规定:“行政机关公务员主动交代违法违纪行为,并主动采取措施有效避免或者挽回损失的,应当减轻处分。行政机关公务员违纪行为情节轻微,经过批评教育后改正的,可以免予处分。”

C 项错误,D 项正确。《行政机关公务员处分条例》第 38 条规定:“行政机关公务员违法违纪,已经被立案调查,不宜继续履行职责的,任免机关可以决定暂停其履行职务。被调查的公务员在违法违纪案件立案调查期间,不得交流、出境、辞去公职或者办理退休手续。”可见,立案调查,是“可以”暂停履行职务,不是“应当”,故 C 项错误;立案调查,不得交流(包含挂职锻炼),故 D 项正确。

6. 交流

公务员可以在公务员和参照本法管理的工作人员队伍内部交流,也可以与国有企业和不参照本法管理的事业单位中从事公务的人员交流。交流的方式包括调任、转任。(1) 调任,是指国有企业、高等院校和科研院所以及其他不参照本法管理的事业单位中从事公务的人员,可以调入机关担任领导职务或者四级调研员以上及其他相当层次的职级。(2) 转任,是指公务员在不同职位、不同地区、不同部门之间的职务变动。对省部级正职以下的领导成员应当有计划、有重点地实行跨地区、跨部门转任,即“外部领导外部转任”。对担任机关内设机构领导职务和其他工作性质特殊的公务员,应当有计划地在本机关内转任,即“内部领导内部转任”。

此外,根据工作需要,机关可以采取挂职方式选派公务员承担重大工程、重大项目、重点任务或者其他专项工作。公务员在挂职期间,不改变与原机关的人事关系。

如表 2-11 所示:

表 2-11

交流	调任	国有企业、事业单位公务人员调入机关担任领导职务或者四级调研员以上职级
	转任	在八种机关内部的不同职位、不同地区、不同部门之间的职务变动
	挂职	选派公务员承担重大工程、重大项目、重点任务或者其他专项工作

7. 回避

回避,分为职务回避和公务回避。其中,职务回避包括两种:(1) 亲属回避。公务员之间有夫妻关系、直系血亲关系、三代以内旁系血亲关系以及近姻亲关系的,不得在同一机关担任双方直接隶属于同一领导人员的职务或者有直接上下级领导关系的职务,也不得在其中一方担任领导职务的机关从事组织、人事、纪检、监察、审计和财务工作。公务员不得在其配偶、子女及其配偶经营的企业、营利性组织的行业监管或者主管部门担任领导成员。因地域或者工作性质特殊,需要变通执行任职回避的,由省级以上公务员主管部门规定。(2) 地域回避。公务员担任乡级机关、县级机关、设区的市级机关及其有关部门主要领导职务的,应当实行地域回避。

公务回避,是指公务员执行公务时,涉及与本人或者上列亲属关系人员的利害关系,应当回避。

如表 2-12 所示:

表 2-12

回避	职务回避	亲属回避(夫妻、直系血亲、三代以内旁系血亲、近姻亲):① 不能相互直接领导;② 不能直属于同一领导;③ 不能一方担任领导,另一方从事组织人事、纪检监察、审计财务工作
		地域回避:乡级机关、县级机关、设区的市级机关及其有关部门主要领导职务
	公务回避	执行公务时涉及与本人或者上列亲属的利害关系

例:(2007/2/85/多选)下列哪些情形违反《公务员法》有关回避的规定?

A. 张某担任家乡所在县的县长

B. 刘某是工商局局长,其侄担任工商局人事处科员

C. 王某是税务局工作人员,参加调查一企业涉嫌偷漏税款案,其妻之弟任该企业的总经理助理

D. 李某是公安局局长,其妻在公安局所属派出所担任户籍警察

[解析]A 项错误,应选。《公务员法》第 75 条规定:"公务员担任乡级机关、

县级机关、设区的市级机关及其有关部门主要领导职务的，应当按照有关规定实行地域回避。”

B 项错误，应选；D 项正确，不选。《公务员法》第 74 条第 1 款规定：“公务员之间有夫妻关系、直系血亲关系、三代以内旁系血亲关系以及近姻亲关系的，不得在同一机关双方直接隶属于同一领导人员的职务或者有直接上下级领导关系的职位工作，也不得在其中一方担任领导职务的机关从事组织、人事、纪检、监察、审计和财务工作。”

C 项错误，应选。《公务员法》第 76 条规定：“公务员执行公务时，有下列情形之一的，应当回避：（一）涉及本人利害关系的；（二）涉及与本人有本法第 74 条第一款所列亲属关系人员的利害关系的；（三）其他可能影响公正执行公务的。”

（四）公职的退出

1. 辞职

辞职分为辞去公职和辞去领导职务两种。辞去公职属于公职的退出，而辞去领导职务不属于公职的退出。

辞去公职，应当向任免机关提出书面申请。任免机关应当自接到申请之日起 30 日内予以审批，对领导成员辞去公职的申请 90 日内予以审批。但是，有下列情形之一的，不得辞去公职：（1）未满国家规定的最低服务年限的；（2）在涉及国家秘密等特殊职位任职或者离开上述职位不满国家规定的脱密期限的；（3）重要公务尚未处理完毕，且须由本人继续处理的；（4）正在接受审计、纪律审查、监察调查，或者涉嫌犯罪，司法程序尚未终结的；（5）法律、行政法规规定的其他不得辞去公职的情形。

辞去领导职务，包括四种：（1）法定辞职。因工作变动需要辞去现任职务的，应当履行辞职手续。（2）自愿辞职。因个人或者其他原因，可以自愿提出辞去领导职务。（3）引咎辞职。领导成员因工作严重失误、失职造成重大损失或者恶劣社会影响的，或者对重大事故负有领导责任的，应当引咎辞去领导职务。（4）责令辞职。领导成员应当引咎辞职或者因其他原因不再适合担任现任领导职务，本人不提出辞职的，应当责令其辞去领导职务。

如表 2-13 所示：

表 2-13

辞职	辞去公职	禁止：① 最低服务年限未满；② 涉密职位未脱密；③ 重要公务未处理完毕且须本人继续处理；④ 审计审查程序未结束
	辞去领导职务	种类：① 法定辞职；② 自愿辞职；③ 引咎辞职；④ 责令辞职

2. 辞退

辞退是因为公务员担任公职存在缺陷,国家单方面解除公务员与机关之间公职关系的制度。

公务员有下列情形之一的,予以辞退:(1) 在年度考核中,连续两年被确定为不称职的;(2) 不胜任现职工作,又不接受其他安排的;(3) 因所在机关调整、撤销、合并或者缩减编制员额需要调整工作,本人拒绝合理安排的;(4) 不履行公务员义务,不遵守公务员纪律,经教育仍无转变,不适合继续在机关工作,又不宜给予开除处分的;(5) 旷工或者因公外出、请假期满无正当理由逾期不归连续超过 15 天,或者一年内累计超过 30 天的。

但是,对有下列情形之一的公务员,不得辞退:(1) 因公致残,被确认丧失或者部分丧失工作能力的;(2) 患病或者负伤,在规定的医疗期内的;(3) 女性公务员在孕期、产假、哺乳期内的;(4) 法律、行政法规规定的其他不得辞退的情形。

辞退决定应当以书面形式通知公务员。被辞退的公务员,可以领取辞退费或者根据国家有关规定享受失业保险。

公务员辞职或者被辞退,离职前应当办理公务交接手续,必要时按照规定接受审计。

如表 2-14 所示:

表 2-14

辞退	条件: ① 年度考核连续两年不称职; ② 不胜任现职又不接受其他安排; ③ 机关机构改革拒绝合理安排; ④ 不履行义务不遵守纪律; ⑤ 旷工连续 15 天或一年累计 30 天	除外: ① 因公致残的; ② 患病、负伤在医疗期内的; ③ 女性在孕期、产假、哺乳期内的

例:(2015/2/76/多选)关于公务员的辞职和辞退,下列哪些说法是正确的?

A. 重要公务尚未处理完毕的公务员,不得辞去公职

B. 领导成员对重大事故负有领导责任的,应引咎辞去公职

C. 对患病且在规定的医疗期内的公务员,不得辞退

D. 被辞退的公务员,可根据国家有关规定享受失业保险

[解析]A 项错误。《公务员法》第 86 条规定:"公务员有下列情形之一的,不得辞去公职:(一) 未满国家规定的最低服务年限的;(二) 在涉及国家秘密等特殊职位任职或者离开上述职位不满国家规定的脱密期限的;(三) 重要公务尚

未处理完毕,且须由本人继续处理的;(四)正在接受审计、纪律审查、监察调查,或者涉嫌犯罪,司法程序尚未终结的;(五)法律、行政法规规定的其他不得辞去公职的情形。”

B项错误。《公务员法》第87条第3款规定:“领导成员因工作严重失误、失职造成重大损失或者恶劣社会影响的,或者对重大事故负有领导责任的,应当引咎辞去领导职务。”

C项正确。《公务员法》第89条规定:“对有下列情形之一的公务员,不得辞退:(一)因公致残,被确认丧失或者部分丧失工作能力的;(二)患病或者负伤,在规定的医疗期内的;(三)女性公务员在孕期、产假、哺乳期内的;(四)法律、行政法规规定的其他不得辞退的情形。”

D项正确。《公务员法》第90条第2款规定:“被辞退的公务员,可以领取辞退费或者根据国家有关规定享受失业保险。”

3. 退休

退休,是指公务员因为达到国家规定的退休年龄或者完全丧失工作能力,而消灭与国家之间公职关系的制度。

公务员符合下列条件之一的,本人自愿提出申请,经任免机关批准,可以提前退休:(1)工作年限满30年的;(2)距国家规定的退休年龄不足5年,且工作年限满20年的;(3)符合国家规定的可以提前退休的其他情形的。

如表2-15所示:

表2-15

退休	退休年龄(60/55) 或完全丧失工作能力	提前退休:① 工作30年; ② 工作20年距退休年龄5年内

公务员辞去公职或者退休的,原系领导成员、县处级以上领导职务的公务员在离职3年内,其他公务员在离职2年内,不得到与原工作业务直接相关的企业或者其他营利性组织任职,不得从事与原工作业务直接相关的营利性活动。

(五)公职的保障

1. 物质保障

公务员实行国家统一规定的工资制度。公务员工资包括基本工资、津贴、补贴和奖金。公务员在定期考核中被确定为优秀、称职的,按照国家规定享受年终奖金。

公务员执行国家规定的工时制度，在法定工作日之外加班的，应当给予相应的补休，不能补休的按照国家规定给予补助。

如表 2-16 所示：

表 2-16

物质 保障	工时、休假。加班→补休，不能补休的给予补助
	定期考核优秀、称职→年终奖金（与处分无关）

2. 权益保障

公务员对涉及本人的下列人事处理不服的，可以自知道该人事处理之日起 30 日内向原处理机关申请复核；对复核结果不服的，可以自接到复核决定之日起 15 日内，按照规定向同级公务员主管部门或者原处理机关的上一级机关提出申诉；也可以不经复核，自知道该人事处理之日起 30 日内直接提出申诉。具体事项包含：(1) 处分；(2) 辞退或者取消录用；(3) 降职；(4) 定期考核定为不称职；(5) 免职；(6) 申请辞职、提前退休未予批准；(7) 未按规定确定或者扣减工资、福利、保险待遇；(8) 法律、法规规定可以申诉的其他情形。对省级以下机关作出的申诉处理决定不服的，可以向申诉机关的上一级机关提出再申诉。受理公务员申诉的机关应当组成公务员申诉公正委员会，负责受理和审理申诉案件。

原处理机关应当自接到复核申请书后的 30 日内作出复核决定。申诉机关应当自受理之日起 60 日内作出处理决定；案情复杂的，可以适当延长，但是延长时间不得超过 30 日。复核、申诉期间不停止人事处理的执行。

公务员认为机关及其领导人员侵犯其合法权益的，可以依法向上级机关或者监察机关提出控告。受理控告的机关应当按照规定及时处理。

聘任制公务员与所在机关之间因履行聘任合同发生争议的，可以自争议发生之日起 60 日内申请仲裁。省级以上公务员主管部门根据需要设立人事争议仲裁委员会，受理仲裁申请。人事争议仲裁委员会由公务员主管部门的代表、聘用机关的代表、聘任制公务员的代表以及法律专家组成。当事人对仲裁裁决不服的，可以自接到仲裁裁决书之日起 15 日内向法院提起诉讼。仲裁裁决生效后，一方当事人不履行的，另一方当事人可以申请法院执行。

如表 2-17 所示：

表 2-17

权益保障	一般公务员	申诉	不利人事处理决定	① 知道处理 30 日内向原机关申请复核（接到申请书 30 日内决定） →接到决定 15 日内向同级人事部门或上级机关提出申诉（受理 60 日内决定） ② 知道处理 30 日内……提出申诉…… ★ 复核、申诉期间不停止执行
		控告	机关及其领导侵权	向上级机关或者监察机关提出
	聘任制公务员	诉讼	聘任合同争议	60 日内申请人事仲裁→15 日内提起民事诉讼

例：(2006/2/93/不定选)王某为某县劳动与社会保障局的一名科长，因违纪受到降级处分。下列何种说法不符合《公务员法》的规定？

A. 王某对处分不服，可自接到处分决定之日起 30 日内向某县人事局提出申诉

B. 王某对处分不服申请复核时，复核期间应暂停对王某的处分

C. 王某受处分期间，不得晋升级别和享受年终奖金

D. 处分解除后，王某的原级别即自行恢复

[解析]A 项错误。《公务员法》第 95 条第 1 款规定："公务员对涉及本人的下列人事处理不服的，可以自知道该人事处理之日起三十日内向原处理机关申请复核；对复核结果不服的，可以自接到复核决定之日起十五日内，按照规定向同级公务员主管部门或者作出该人事处理的机关的上一级机关提出申诉；也可以不经复核，自知道该人事处理之日起三十日内直接提出申诉：……"可见，降级处分属于公务员可以申诉的范围。但是，时间点的起算是"知道"而不是"接到"人事处理决定。

B 项错误。《公务员法》第 96 条第 2 款规定："复核、申诉期间不停止人事处理的执行。"

C 项错误。《公务员法》第 64 条第 1 款规定："公务员在受处分期间不得晋升职务、职级和级别，其中受记过、记大过、降级、撤职处分的，不得晋升工资档次。"第 80 条第 4 款规定："公务员在定期考核中被确定为优秀、称职的，按照国家规定享受年终奖金。"由此可见，王某受处分期间不得晋升级别，但是有可能

享受年终奖金,与处分无关。

D 项错误。《公务员法》第 65 条第 2 款规定:“解除处分后,晋升工资档次、级别和职务、职级不再受原处分的影响。但是,解除降级、撤职处分的,不视为恢复原级别、原职务、原职级。”

第三篇 行政行为法

第三章

行政行为

[本章提要]

本章阐述行政行为的基本理论。行政行为可以分为抽象行政行为、具体行政行为。

行政行为是行政法的基础概念。如果“官”的 power 影响了“民”的 right,产生了法律效果,“民”就可以通过行政复议、行政诉讼和行政赔偿的途径追究“官”的责任。

抽象行政行为,即行政机关的立法行为。正式立法,包括行政法规和行政规章,应当结合《立法法》,掌握《行政法规制定程序条例》《规章制定程序条例》的相关知识。

具体行政行为,即行政机关的执法行为。重点内容是具体行政行为的分类、成立、效力以及合法要件。

第一节　行政行为概述

一、 行政行为的概念

行政行为是指行政主体(“主”)行使行政职权(“权”)作出的对外产生法律效果(“责”)的行为。由此可知,判断行政行为的标准是:

1. “主”,即主体标准,必须是行政主体作出的行为。行政主体作出行政行为,有两种方式:一是行政主体直接作出,二是行政主体委托其他组织(被委托组织)作出。

2. “权”,即职权标准,必须是行使行政职权(公权力)的过程。如果行政主体行使的是私权力,如购买办公用品,则是民事行为。

3. “责”,即责任标准,必须产生一定的法律后果,即对相对人的权利义务产生影响。不产生实际影响的行为,就不是行政行为。

无“责”的行为,常见的有三种:(1) 行政调解,是指行政机关对民事纠纷的调解,如《治安管理处罚法》规定的公安机关对打架斗殴的调解,当事人对调解不服,可以就民事争议向法院提起民事诉讼,但是不能对公安机关提起行政诉讼。(2) 行政仲裁,包括《劳动法》规定的劳动仲裁和《公务员法》规定的人事仲裁,当事人对仲裁结果不服,可以就劳动争议向法院提起民事诉讼,但是不能对仲裁机关提起行政诉讼。(3) 行政指导,是指行政机关在职责范围内,对相对人灵活地采取的劝告、建议等柔性管理行为,不产生法律后果。当事人对行政指导行为不服,既不能提起行政诉讼,也不能提起民事诉讼。

二、 行政行为的特征

1. 执行性

行政行为是执行法律的行为,应有明确的法律依据,具有从属法律性。这里的法律是广义的,包括立法机关和行政机关制定的法律规范。这一点与对公民的要求是不同的,法无禁止即自由,公民只要不做法律禁止的事情即为合法。

2. 裁量性

行政主体可以在法律规定的范围内,在与立法目的和立法宗旨相符合的前提下,自由裁量作出行政行为。行政事务具有较大的变动性,所以要赋予行政行为一定的自由裁量空间。

3. 单方性

行政主体只要是在其法定职权范围内,即可自行决定和直接实施行政行为,不必与相对人协商或征得其同意。但是,行政合同是一个例外,需要行政主体和相对人双方的合意,是唯一的双方行政行为。

4. 权责统一性

行政行为的权力和责任是统一的。对相对人,表现为权力特征,行政主体依法行使管理职权,相对人必须服从。同时,对行政主体,表现为责任特征,行政主体违法或者不当行使职权,应当承担法律责任。

三、 行政行为的内容

行政行为的内容,是行政行为对相对人的权利、义务将要或者已经造成的具体影响。

1. 增加权利或减少义务

增加权利,是指行政主体增加相对人原来没有的权利,如公安局颁发驾驶执照。

减少义务,是指行政主体减少或者免除相对人原有的义务,如税务局减免企业税收。

2. 减少权利或增加义务

减少权利，包括剥夺相对人从事某种活动或行为的权利，一般是对违法行为的制裁，如工商局吊销企业营业执照。

增加义务，包括为相对人设定作为或不作为的义务，如环保局征收环保税。

3. 确认法律事实与法律地位

确认法律事实，即对具有法律意义的某种客观情况依法予以确认，这种客观情况是一定法律关系的基础，如卫生局作出医疗事故鉴定。

确认法律地位，即对某种法律关系是否存在及其存在的状况予以认定，如县政府颁发土地使用证。

四、 行政行为的分类

（一）行政立法行为、行政执法行为和行政司法行为

这是以行政权的表现方式为标准所作的分类。行政权包括行政立法权、行政执法权、行政司法权，因此，行政行为也分为行政立法行为、行政执法行为与行政司法行为。

1. 行政立法行为。这是指行政主体制定法律规范的活动，内容涉及对法律规范的制定、修改和废止。

2. 行政执法行为。这是指行政主体执行法律规范的活动，内容涉及法律规范的执行。

3. 行政司法行为。这是指行政主体裁决争议的活动。主要包括两种：(1) 行政裁决，是指行政主体依照法律授权，对当事人之间发生的民事纠纷进行审查、并作出裁决的行为。(2) 行政复议，主要是指上级行政机关对下级行政机关与相对人之间发生的行政纠纷进行审查，并作出复议决定的行为。

这种划分的意义，有助于对因行政权不同作用方式而形成的不同行政关系进行法律调整，从而规范行政行为。

（二）抽象行政行为和具体行政行为

这是以行政行为实施的对象为标准所作的划分。

1. 抽象行政行为。它是指行政主体的立法行为，即针对不特定对象制定的、能反复适用的行政规范性文件，包括行政法规和部门规章、地方政府规章（正式立法），以及其他规范性文件（非正式立法）。

2. 具体行政行为。它是指行政主体的执法行为，即根据法律规范的要求，对特定的相对人采取具体措施的行为，包括行政许可、行政处罚、行政强制，等等。

这种划分的意义，有助于确定和判断行政复议和行政诉讼的受案范围。对具体行政行为，可以直接审查。但是对抽象行政行为，只能附带审查。

行政立法行为、行政执法行为与行政司法行为的划分，与抽象行政行为与具体行政行为的划分，具有密切的关系。行政立法行为就是抽象行政行为，行政执法行为与行政司法行为统称为具体行政行为。一句话，“立法是抽象的，执法（司法也是一种执法）是具体的。”

两种分类的关系，如图 3-1 所示：

行政行为
- 行政立法行为＝抽象行政行为
- 行政执法行为 } 具体行政行为
- 行政司法行为 }

图 3-1

第二节　抽象行政行为

一、 抽象行政行为概述

抽象行政行为，是指行政主体制定法律规范的行为。

1. 行政法规、规章（包括部门规章和地方政府规章）。经过了准立法程序，是行政机关的正式立法。它们在《立法法》中有明确规定，属于行政法的正式渊源。

2. 其他规范性文件。也称有普遍约束力的决定、命令，包括四种：（1）国务院制定的、除行政法规以外的规范性文件；（2）规章机关制定的、除规章以外的规范性文件；（3）规章以下机关制定的规范性文件；（4）被授权组织制定的规范性文件，如《中国人民大学学生处分条例》。

《立法法》中规定的正式立法，包括宪法、法律、法规（包括行政法规、地方性法规和自治法规）、规章（包括部门规章和地方政府规章）等四大类法律规范。其他规范性文件，就是《立法法》没有规定的法律规范，属于行政法的非正式渊源。“其他”就是《立法法》所规定的正式立法之外的意思。

如表 3-1 所示：

表 3-1

抽象行政行为	正式立法：行政法规、规章（部门规章、地方政府规章）
	非正式立法：其他规范性文件（有普遍约束力的决定、命令） 所有行政主体 ＝① 国务院；② 规章机关；③ 规章以下机关；④ 被授权组织

二、 法律冲突的解决

法律冲突,是指不同的法律规范对同一事项作出了相互矛盾的规定。由于立法机关不同、立法时间不同,实践中难免会出现法律冲突的问题。在法律规范发生冲突时,行政机关或者司法机关应当根据法律规范的效力等级、立法先后等标准,确定应当适用哪一个法律规范。

(一) 法律规范的效力等级

根据《宪法》和《立法法》的规定,在效力等级方面,最高的是宪法,第二是法律,第三是行政法规,第四是地方性法规、自治法规、部门规章、地方政府规章。

在一个省、自治区的范围内,地方性法规和地方政府规章的效力等级,有两个公式可以确定:(1)“人大高于政府”,人大立法高于政府立法。也就是说,省法规高于省规章,市法规高于市规章。(2)“上级高于下级”,上级机关立法高于下级机关立法。也就是说,省法规高于市法规,省规章高于市规章。

除此以外的情形,可称之为“条块分割”,“条”指部门规章,“块”指地方的法规和规章。条和条之间,块和块之间,条和块之间,都不能确定效力等级。

如图 3-2 所示:

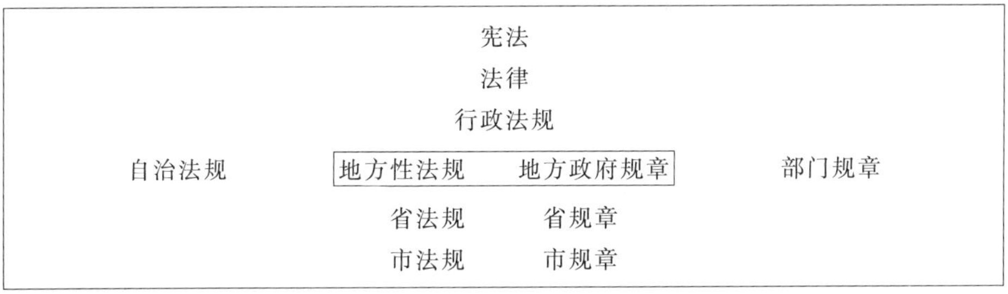

图 3-2

(二) 法律冲突的解决方式

1. 不同立法机关之间的法律冲突

(1) 能够判断效力等级的,按照“上位法优于下位法”的公式解决。

(2) 不能判断效力等级的,即“条块分割”的情形,由全国人大常委会和国务院来决定,可称之为“家长裁决法”:① 部门规章之间、部门规章与地方政府规章之间对同一事项的规定不一致时,由国务院裁决。② 地方性法规与部门规章之间对同一事项的规定不一致,不能确定如何适用时,向国务院提出意见,国务院认为应当适用地方性法规的,应当决定适用地方性法规的规定;认为应当适用部门规章的，应当提请全国人大常委会裁决。

如图 3-3 所示：

不同立法机关
- 上位法优于下位法
- “家长裁决法”
  - 规章 *vs.* 规章→国务院
  - 地方性法规 *vs.* 部门规章→国务院→全国人大常委会

图 3-3

2. 同一立法机关的法律冲突

（1）特别法优于一般法。如《治安管理处罚法》的追罚时效是 6 个月，《行政处罚法》的追罚时效是 2 年。

（2）新法优于旧法。

（3）新的一般法和旧的特别法发生冲突，不知如何适用的，由制定机关裁决。

（4）授权法与法律冲突，不知如何适用的，由全国人大常委会裁决。授权法有两种：一是全国人大授权国务院制定的法规（如××暂行条例），二是全国人大授权经济特区制定的法规（即经济特区法规）。授权法的“授权”实际上是“委托”，所以授权法的效力相当于法律。

如图 3-4 所示：

同一立法机关
- 特别法优于一般法
- 新法优于旧法
- 新的一般法 *vs.* 旧的特别法→不知如何适用→制定机关裁决
- 授权法 *vs.* 法律→不知如何适用→全国人大常委会裁决

图 3-4

例：（2004/2/40/单选）按照律师法规定，申请领取律师执业证书，司法行政机关应当自收到申请之日起 30 日内作出是否颁发的决定。按照行政许可法的规定，应当自受理行政许可申请之日起 20 日内作出行政许可决定。2004 年 7 月初，张某向省司法厅申请领取律师执业证书，司法厅的正确做法是：

A. 应当适用律师法，在 30 日内作出是否颁发的决定

B. 应当适用行政许可法，在 20 日内作出是否颁发的决定

C. 可以选择适用律师法或者行政许可法关于期限的规定作出决定

D. 因法律关于期限的规定不一致，报请全国人大常委会裁决后再作决定

[解析]A 项正确。《立法法》第 94 条第 1 款规定：“法律之间对同一事项的新的一般规定与旧的特别规定不一致，不能确定如何适用时，由全国人民代表大会常务委员会裁决。”《行政许可法》属于新的一般法，《律师法》是旧的特别法。

但是，本案不需要全国人大常委会裁决，因为不属于“不能确定如何适用”的情形。

《行政许可法》第42条第1款规定：“除可以当场作出行政许可决定的外，行政机关应当自受理行政许可申请之日起二十日内作出行政许可决定。二十日内不能作出决定的，经本行政机关负责人批准，可以延长十日，并应当将延长期限的理由告知申请人。但是，法律、法规另有规定的，依照其规定。”因此，本案应当直接适用《律师法》，在30日内作出是否颁发的决定。

三、行政法规

行政法规是指国务院为了实现对国家各项事务的管理，根据宪法和法律制定的规范性文件的总称。

制定行政法规，应当加强党的领导。制定政治方面法律的配套行政法规，应当按照有关规定及时报告党中央。制定经济、文化、社会、生态文明等方面重大体制和重大政策调整的重要行政法规，应当将行政法规草案或者行政法规草案涉及的重大问题按照有关规定及时报告党中央。

（一）事项范围

1. 执行性立法，即为执行法律的规定需要制定行政法规的事项。在我国，对某一事项，当上位法有了规定，下位法为了更好地执行，可以制定具体实施的细则，即“上粗下细”。因此，当法律对某一事项作出规定，国务院为了执行法律，可以制定执行性的行政法规。例如，全国人大制定《行政复议法》之后，国务院据此制定了《行政复议法实施条例》。

2. 自主性立法，即宪法第89条规定的国务院行政管理职权的事项。对某一事项，当上位法没有规定，下位法可以先行立法，即“上无下有”。因此，对某一事项，如果没有制定法律，国务院就可以制定行政法规。例如，关于公共场所禁止吸烟，全国人大尚未制定《控烟法》，国务院可以先行制定《控烟条例》。

3. 授权性立法，即全国人大授权的事项。应当由全国人大及其常委会制定法律的事项，国务院可以根据全国人大及其常委会的授权决定先制定行政法规，经过实践检验，待制定法律的条件成熟时，国务院应当及时提请全国人大及其常委会制定法律。但是，有关犯罪和刑罚、对公民政治权利的剥夺、限制人身自由的强制措施和处罚、司法制度等事项不得授权，因为涉及公民的核心权利，必须由全国人大及其常委会制定正式法律，也即“法律绝对保留”。

行政法规的名称一般称“条例”，也可以称“规定”“办法”等。国务院根据全国人大及其常委会的授权决定制定的行政法规，称“暂行条例”或者“暂行规定”。国务院各部门和地方人民政府制定的规章不得称“条例”。

如图 3-5 所示：

行政法规
- 执行性立法——执行法律（上粗下细）
- 自主性立法——没有法律（上无下有）
- 授权性立法——全国人大及其常委会授权，相当于法律

图 3-5

（二）制定程序

1. 立项。国务院有关部门认为需要制定行政法规的，应当向国务院报请立项。同时，国务院法制机构向社会公开征集行政法规制定项目建议。经过评估论证，国务院法制机构拟订国务院年度立法工作计划，报党中央、国务院批准后向社会公布。国务院年度立法工作计划在执行中可以根据实际情况予以调整。

2. 起草。国务院有关部门或者国务院法制机构具体负责起草。起草部门应当广泛听取意见，可以采取座谈会、论证会、听证会等多种形式。行政法规草案应当向社会公布，征求意见，但是经国务院决定不公布的除外。起草专业性较强的行政法规，可以吸收相关领域的专家参与起草，或者委托有关专家、教学科研单位、社会组织起草。行政法规草案送审稿，应当由起草部门主要负责人签署。几个部门共同起草的行政法规草案送审稿，应当由这几个部门主要负责人共同签署。

3. 审查。行政法规草案送审稿，由国务院法制机构负责审查。行政法规草案送审稿存在重大问题的，国务院法制机构可以缓办或者退回起草部门。国务院法制机构应当认真研究各方面的意见，与起草部门协商后，对行政法规草案送审稿进行修改，形成行政法规草案和对草案的说明。

4. 决定和公布。行政法规草案由国务院常务会议审议，或者由国务院审批。国务院常务会议审议行政法规草案时，由国务院法制机构或者起草部门作说明。国务院法制机构根据国务院对行政法规草案的审议意见，对行政法规草案进行修改，形成草案修改稿，报请总理签署国务院令公布施行，在国务院公报、中国政府法制信息网和全国范围内发行的报纸上刊载。行政法规自公布之日起30 日后施行；但是，涉及国家安全、外汇汇率、货币政策的确定以及公布后不立即施行将有碍行政法规施行的，可以自公布之日起施行。行政法规在公布后的30 日内由国务院办公厅报全国人大常委会备案。

5. 解释。行政法规有下列情形之一的，由国务院解释：（1）行政法规的规定需要进一步明确具体含义的；（2）行政法规制定后出现新的情况，需要明确适

用行政法规依据的。国务院各部门和省、自治区、直辖市人民政府可以向国务院提出行政法规解释要求。国务院法制机构研究拟订行政法规解释草案，报国务院同意后，由国务院公布或者由国务院授权国务院有关部门公布。行政法规的解释与行政法规具有同等效力。

对属于行政工作中具体应用行政法规的问题，省、自治区、直辖市人民政府法制机构以及国务院有关部门法制机构请求国务院法制机构解释的，国务院法制机构可以研究答复；其中涉及重大问题的，由国务院法制机构提出意见，报国务院同意后答复。

如表 3-2 所示：

表 3-2

立项	有关部门报送立项申请 + 法制机构向社会公开征集项目建议 → 法制机构拟订国务院年度立法工作计划，报党中央、国务院批准后向社会公布
起草	有关部门或由法制机构负责 → 草案向社会公布征求意见，国务院决定不公布的除外 → 起草部门向国务院报送 草案送审稿 ，主要负责人签署
审查	法制机构负责审查，草案送审稿存在重大问题的，可以缓办或者退回起草部门 →法制机构对草案送审稿进行修改，形成草案
决定公布	草案由国务院常务会议审议，或者由国务院审批。国务院常务会议审议时，由法制机构或者起草部门作说明 → 法制机构形成 草案修改稿 ，报请总理签署国务院令公布施行 → 国务院公报、全国性报纸和中国政府法制信息网刊登 → 公布之日起 30 日后施行，紧急的可以立即施行 → 30 日内由 国务院办公厅 报全国人大常委会备案
解释	国务院部门、省级政府，要求国务院解释，解释与行政法规同等效力 → 法制机构拟订解释草案，报国务院同意后，国务院或国务院授权有关部门公布 → 具体应用行政法规的问题，国务院部门法制机构或省级政府法制机构请求国务院法制机构解释

例：（2010/2/42/单选）关于行政法规的决定与公布，下列哪一说法是正确的？

A. 行政法规均应由国务院常务会议审议通过

B. 行政法规草案在国务院常务会议审议时，可由起草部门作说明

C. 行政法规草案经国务院审议报国务院总理签署前，不得再作修改

D. 行政法规公布后由国务院法制办报全国人大常委会备案

[解析]A 项错误,B 项正确。《行政法规制定程序条例》第 26 条规定:“行政法规草案由国务院常务会议审议,或者由国务院审批。国务院常务会议审议行政法规草案时,由国务院法制机构或者起草部门作说明。”

C 项错误。《行政法规制定程序条例》第 27 条第 1 款规定:“国务院法制机构应当根据国务院对行政法规草案的审议意见,对行政法规草案进行修改,形成草案修改稿,报请总理签署国务院令公布施行。”可见,必须先修改,再报请总理签署。

D 项错误。《行政法规制定程序条例》第 30 条规定:“行政法规在公布后的 30 日内由国务院办公厅报全国人民代表大会常务委员会备案。”

(三) 监督程序

合宪性审查权、合法性审查权,专属于全国人大常委会。全国人大常委会有权撤销同宪法和法律相抵触的行政法规、地方性法规、自治法规。

合宪性审查、合法性审查的提出程序是:

1. “要求”审查程序。国务院、中央军委、最高人民法院、最高检察院和各省自治区直辖市的人大常委会认为行政法规、地方性法规、自治法规同宪法或者法律相抵触,可以向全国人大常委会书面提出进行审查的要求。

2. “建议”审查程序。其他的国家机关和社会团体、企业事业组织以及公民,认为行政法规、地方性法规、自治法规同宪法或者法律相抵触的,可以向全国人大常委会提出进行审查的建议。

如表 3-3 所示:

表 3-3

国务院、中央军委、最高法、最高检、省级人大常委会	行政法规、地方性法规、自治法规	要求审查
其他组织和个人		建议审查

著名的孙志刚案,涉及合法性审查制度。2003 年,湖北籍大学毕业生孙志刚被广州市有关部门根据国务院制定的《城市流浪乞讨人员收容遣送办法》进行收容,并在收容期间被殴打致死。收容遣送属于限制人身自由的行政强制措施,根据《立法法》规定的法律绝对保留原则,行政法规无权作出限制人身自由的规定。因此,北京大学三位法学博士向全国人大常委会书面提出审查建议。后来,国务院废止了收容遣送办法,制定了《城市生活无着的流浪乞讨人员救助管理办法》。

例:(2003/2/23/单选)某地方性法规规定,企业终止与职工的劳动合同的,必须给予相应的经济补偿。某企业认为该规定与劳动法相抵触,有权作下列何种处理?

A. 向全国人大书面提出进行审查的建议

B. 向全国人大常委会书面提出进行审查的建议

C. 向国务院书面提出进行审查的要求

D. 向省人大书面提出进行审查的要求

[解析]B 项正确。《立法法》第 99 条规定:"国务院、中央军事委员会、最高人民法院、最高人民检察院和各省、自治区、直辖市的人民代表大会常务委员会认为行政法规、地方性法规、自治条例和单行条例同宪法或者法律相抵触的,可以向全国人民代表大会常务委员会书面提出进行审查的要求,由常务委员会工作机构分送有关的专门委员会进行审查、提出意见。前款规定以外的其他国家机关和社会团体、企业事业组织以及公民认为行政法规、地方性法规、自治条例和单行条例同宪法或者法律相抵触的,可以向全国人民代表大会常务委员会书面提出进行审查的建议,由常务委员会工作机构进行研究,必要时,送有关的专门委员会进行审查、提出意见。"

四、规章

规章,包括部门规章和地方政府规章。规章的名称一般称"规定""办法",但不得称"条例"。在行政立法中,只有行政法规才可以称"条例"。

制定规章,应当加强党的领导。制定政治方面法律的配套规章,应当按照有关规定及时报告党中央或者同级党委(党组)。制定重大经济社会方面的规章,应当按照有关规定及时报告同级党委(党组)。

(一)部门规章

1. 制定机关

包括国务院组成部门和直属机构。直属事业单位,如证监会,也可以根据法律授权制定部门规章。涉及两个以上国务院部门职权范围的事项,应当提请国务院制定行政法规或者由有关部门联合制定规章。

2. 事项范围

应当属于执行法律或者国务院的行政法规、决定、命令的事项,即执行性立法。没有法律或者国务院的行政法规、决定、命令的依据,部门规章不得设定减损公民、法人和其他组织权利或者增加其义务的规范,不得增加部门权力或者减少法定职责。

3. 制定程序

（1）立项。国务院部门内设机构向该部门报请立项，国务院部门也可以向社会公开征集规章制定项目建议。法制机构拟订年度规章制定工作计划，报本部门批准后向社会公布。年度规章制定工作计划在执行中，可以根据实际情况予以调整。

（2）起草。国务院部门组织起草，确定内部机构或者法制机构具体负责起草工作。除依法需要保密的外，应当将规章草案及其说明等向社会公布，征求意见。起草专业性较强的规章，可以吸收相关领域的专家参与起草，或者委托有关专家、教学科研单位、社会组织起草。起草的规章涉及重大利益调整或者存在重大意见分歧，对公民、法人或者其他组织的权利义务有较大影响，人民群众普遍关注，需要进行听证的，起草单位应当举行听证会听取意见。起草单位应当将规章草案送审稿按规定报送审查。

（3）审查。法制机构负责审查，规章草案送审稿存在重大问题的，法制机构可以缓办或者退回起草单位。法制机构认真研究各方面的意见，对规章草案送审稿进行修改，形成规章草案和对草案的说明。

（4）决定和公布。部门规章经部务会议或者委员会会议决定。审议规章草案时，由法制机构或者起草单位作说明。法制机构形成草案修改稿，报请部门首长签署命令予以公布，及时在国务院公报或者部门公报、全国范围内发行的报纸和中国政府法制信息网刊载，在公布之日起 30 日后施行；但是，涉及国家安全、外汇汇率、货币政策的确定以及公布后不立即施行将有碍规章施行的，可以自公布之日起施行。

（5）解释和备案。规章解释权属于规章制定机关，规章解释与规章具有同等效力。部门规章自公布之日起 30 日内由法制机构向国务院备案。

（二）地方政府规章

1. 制定机关

（1）省、自治区、直辖市的政府，即省级政府。（2）设区的市、自治州的政府，即市级政府。

2. 事项范围

（1）为执行法律、行政法规、地方性法规的规定需要制定规章的事项。（2）属于本行政区域的具体行政管理事项。市级政府制定地方政府规章，限于城乡建设与管理、环境保护、历史文化保护等方面的事项。已经制定的地方政府规章，涉及上述事项范围以外的，继续有效。应当制定地方性法规但条件尚不成熟的，因行政管理迫切需要，可以先制定地方政府规章。规章实施满 2 年需要继续实施规章所规定的行政措施的，应当提请本级人大或者其常委会制定地方性法规。没有法律、行政法规、地方性法规的依据，地方政府规章不得设定减损公民、法人和其他组织权利或者增加其义务的规范。

3. 制定程序

(1) 立项。省、市两级地方政府所属工作部门或者下级政府向该地方政府报请立项，地方政府也可以向社会公开征集规章制定项目建议。法制机构拟订年度规章制定工作计划，报地方政府批准后向社会公布。

(2) 起草。地方政府组织起草，确定工作部门或者法制机构具体负责起草工作，广泛听取意见，形成规章草案送审稿。

(3) 审查。法制机构负责审查，认真研究各方面的意见，对规章草案送审稿进行修改，形成规章草案和对草案的说明。

(4) 决定和公布。地方政府规章经政府常务会议或者全体会议决定。法制机构形成草案修改稿，报请地方政府首长签署命令予以公布，在本级政府公报、本行政区域范围内发行的报纸和中国政府法制信息网刊载，在公布之日起 30 日后施行；但是，涉及国家安全、外汇汇率、货币政策的确定以及公布后不立即施行将有碍规章施行的，可以自公布之日起施行。

(5) 解释和备案。规章解释权属于规章制定机关，规章解释与规章具有同等效力。地方政府规章自公布之日起 30 日内由法制机构向有关机关备案。

如表 3-4 所示：

表 3-4

立项	部门规章：部门内设机构向部门报请立项 地方规章：政府工作部门或下级政府向省市政府报请立项 同时，可以向社会公开征集制定项目建议 → 法制机构拟订年度立法计划（可在执行中调整），报报本部门、本级政府批准
起草	部门规章：由国务院部门组织起草，由内部机构或者法制机构具体负责 地方规章：由省市政府组织起草，由政府部门或者法制机构具体负责 →将草案向社会公布征求意见，依法需要保密的除外 →涉及重大利益调整或者存在重大意见分歧，对公民、法人或者其他组织的权利义务有较大影响，人民群众普遍关注，需要进行听证的，起草单位应当举行听证会 → 规章送审稿，由起草单位主要负责人签署
审查	由法制机构负责统一审查 → 法制机构对规章送审稿进行修改，形成规章草案

续表

决定和公布	部门规章:部务会议或委员会会议决定 地方规章:政府常务会议或全体会议决定 → 审议规章草案时,由法制机构或起草单位作说明 → 法制机构形成[草案修改稿],报请部门首长或者省长、市长签署命令予以公布 → 部门规章:国务院公报或者部门公报、全国性报纸和中国政府法制信息网刊载 地方规章:政府公报、地方性报纸和中国政府法制信息网刊载 → 公布之日起30日后施行(紧急的可以立即施行) → 30日内,由法制机构向有关机关备案
解释	规章解释权属于规章制定机关

例1:(2014/2/97/不定选)有关规章的决定和公布,下列说法正确的是:

A. 审议规章草案时须由起草单位作说明

B. 地方政府规章须经政府全体会议决定

C. 部门联合规章须由联合制定的部门首长共同署名公布,使用主办机关的命令序号

D. 规章公布后须及时在全国范围内发行的有关报纸上刊登

[解析]A项错误。《规章制定程序条例》第28条规定:"审议规章草案时,由法制机构作说明,也可以由起草单位作说明。"

B项错误。《规章制定程序条例》第27条规定:"……地方政府规章应当经政府常务会议或者全体会议决定。"

C项正确。《规章制定程序条例》第30条第2款规定:"部门联合规章由联合制定的部门首长共同署名公布,使用主办机关的命令序号。"

D项错误。《规章制定程序条例》第31条规定:"部门规章签署公布后,及时在国务院公报或者部门公报和中国政府法制信息网以及在全国范围内发行的报纸上刊载。地方政府规章签署公布后,及时在本级人民政府公报和中国政府法制信息网以及在本行政区域范围内发行的报纸上刊载。在国务院公报或者部门公报和地方人民政府公报上刊登的规章文本为标准文本。"

例2:(2015/2/97/不定选)2015年《立法法》修正后,关于地方政府规章,下列说法正确的是:

A. 某省政府所在地的市针对城乡建设与管理、环境保护、历史文化保护等以外的事项已制定的规章,自动失效

B. 应制定地方性法规但条件尚不成熟的,因行政管理迫切需要,可先制定地方政府规章

C. 没有地方性法规的依据，地方政府规章不得设定减损公民、法人和其他组织权利或者增加其义务的规范

D. 地方政府规章签署公布后，应及时在中国政府法制信息网上刊载

[解析]A 项错误。《立法法》第 82 条第 3 款规定："设区的市、自治州的人民政府……制定地方政府规章，限于城乡建设与管理、环境保护、历史文化保护等方面的事项。已经制定的地方政府规章，涉及上述事项范围以外的，继续有效。"

B 项正确。《立法法》第 82 条第 5 款规定："应当制定地方性法规但条件尚不成熟的，因行政管理迫切需要，可以先制定地方政府规章。规章实施满两年需要继续实施规章所规定的行政措施的，应当提请本级人民代表大会或者其常务委员会制定地方性法规。"

C 项错误。《立法法》第 82 条第 6 款规定："没有法律、行政法规、地方性法规的依据，地方政府规章不得设定减损公民、法人和其他组织权利或者增加其义务的规范。"

D 项正确。《立法法》第 86 条第 2 款规定："地方政府规章签署公布后，及时在本级人民政府公报和中国政府法制信息网以及在本行政区域范围内发行的报纸上刊载。"

(三) 规章的建议审查

国家机关、社会团体、企业事业组织、公民认为规章同法律、行政法规相抵触的，可以向国务院书面提出审查的建议，由国务院法制机构研究处理。此外，如果认为市政府规章同法律、行政法规相抵触或者违反其他上位法的规定的，也可以向本省、自治区政府书面提出审查的建议。

例：(2010/2/80/多选)某企业认为，甲省政府所在地的市政府制定的规章同某一行政法规相抵触，可以向下列哪些机关书面提出审查建议？

A. 国务院　　B. 国务院法制办

C. 甲省政府　　D. 全国人大常委会

[解析]A 项、C 项正确。《规章制定程序条例》第 35 条规定："国家机关、社会团体、企业事业组织、公民认为规章同法律、行政法规相抵触的，可以向国务院书面提出审查的建议，由国务院法制机构研究并提出处理意见，按照规定程序处理。国家机关、社会团体、企业事业组织、公民认为设区的市、自治州的人民政府规章同法律、行政法规相抵触或者违反其他上位法的规定的，也可以向本省、自治区人民政府书面提出审查的建议，由省、自治区人民政府法制机构研究并提出处理意见，按照规定程序处理。"对甲省政府所在地的市规章的审查建议，可以

向国务院和甲省政府提出。

五、 其他规范性文件

其他规范性文件,又称为有普遍约束力的决定、命令,是指行政机关制定的除行政法规和行政规章以外的行政规范性文件。

制定发布其他规范性文件的机关,可以是任何行政主体,包括国务院、规章制定机关、规章以下机关和被授权组织。

六、 抽象行政行为的监督

对于不适当的抽象行政行为,有三种监督途径:(1) 自己监督自己,即行政机关可以撤销或者改变自己制定的法律规范。(2) 上级监督下级,即上级行政机关可以撤销或者改变下级行政机关制定的法律规范。(3) 人大监督政府,即人大常委会有权撤销同级政府制定的法律规范,但是不能改变。前两种途径可以“改变”,因为都是行政机关监督行政机关,属于行政权监督行政权;第三种途径不能改变,因为是立法机关监督行政机关,属于立法权监督行政权。一句话,同权可以改变,跨权不能改变。

如图 3-6 所示:

抽象行政行为的监督
- 制定机关监督:撤销或改变
- 上级机关监督:撤销或改变
- 同级人大监督:撤销不改变

图 3-6

第三节　具体行政行为

一、 具体行政行为的概念和分类

(一) 具体行政行为的概念

具体行政行为,是行政机关依法就特定事项对特定的相对人的权利义务作出的行政职权行为。具体行政行为是法律行为,其目的在于产生一定的法律后果,使行政法上的权利义务关系得以建立、变更或者消灭。

具体行政行为有两个相关的概念,一个是事实行为,一个是准备性行政行为。

1. 事实行为

事实行为是不以建立、变更或者消灭当事人权利义务为目的的行政活动。

行政机关的事实行为，如果影响公民的权利义务，如非法拘禁、非法殴打等行为，当事人就可以根据“有权利必有救济”的原则，对其申请行政复议或者提起行政诉讼。

2. 准备性行政行为

准备性行政行为是行政机关为最终作出权利义务安排进行的程序性、阶段性行为，如行政检查。准备性行为，一般来说，是“不成熟”的具体行政行为，没有影响公民的权利义务，相对人不能对其申请行政复议或者提起行政诉讼。

（二）具体行政行为的分类

1. 依职权行政行为与依申请行政行为

二者的划分标准是行政行为是否以当事人的申请作为实施条件。（1）依职权行政行为，也称主动行政行为，是指行政机关直接依职权作出的行政行为。大部分行政行为是依职权行政行为，如行政征收。（2）依申请行政行为，也称被动行政行为，是指行政机关根据当事人的申请作出的行政行为，如行政许可。

这种划分的意义是，明确二者不同的实施条件，有助于法院对行政行为的审查判断。依职权行为，只要法定事实发生，行政机关必须实施行政行为，不实施即为不作为违法。依申请行政行为，以相对人申请为前提，行政机关不能主动为之。如果相对人申请符合法定条件，行政机关就应当实施行政行为，否则构成不作为违法。

2. 作为行政行为与不作为行政行为

二者的划分标准是行政机关是否改变现有法律状态（权利义务关系）。（1）作为行政行为，是指行政机关积极改变现有法律状态、履行法定职责作出的行政行为。（2）不作为行政行为，是指行政机关消极维持现有法律状态、不履行法定职责的行政行为。不作为，包括拒绝履行和拖延履行两种情形。前者是明确表示拒绝实施行政行为，后者是过了法定期限没有实施行政行为。

这种划分的意义是，确定行政机关是否积极履行法定职责。作为行政行为，有可能合法，也可能违法。但是不作为行政行为，一定是违法的。

3. 羁束行政行为与裁量行政行为

二者的划分标准是行政行为受法律规范拘束的程度。（1）羁束行政行为，是指法律规范对行政行为的范围、方法、手段等方面作出严格规定，行政机关基本没有选择余地的行为，如税务机关征税的税率、税额。（2）裁量行政行为，是指法律规范对行政行为的范围、方法、手段等方面给予行政机关裁量余地的行为，如派出所可以作出警告、500 元以下罚款的处罚决定。

这种划分的意义是，对羁束行政行为，主要审查合法性，行政复议、行政诉讼都可以审查。但是对裁量行为，主要审查合理性，行政复议可以审查，而行政诉讼不予审查。

4. 授益行政行为与负担行政行为

二者的划分标准是行政行为对有关当事人的法律效果。（1）授益行政行为，是指行政机关为相对人增加权利或者减少义务的行政行为，如行政许可。（2）负担行政行为，是指行政机关为相对人减少权利或者增加义务的行政行为，如行政征收。

这种划分的意义是，对授益行政行为，行政机关原则上不得撤销或者改变。但是，在特定情形下可以废止，并对相对人的信赖利益损失予以补偿。

5. 要式行政行为与非要式行政行为

二者的划分标准是行政行为是否需要具备法定的形式。（1）要式行政行为，是指需要具备书面文字等其他特定意义符号为生效必要条件的行政行为。（2）非要式行政行为，是指不需要具备书面文字或者其他特定意义符号就可以生效的行政行为。实践中，非要式行为非常少见，如《治安管理处罚法》规定的警察在执法现场可以口头传唤。

这种划分的意义是，要式行为如果不具备相应的形式，就会被宣布无效。而非要式行为原则上不发生因形式而违法的问题。

例：（2011/2/49/单选）关于具体行政行为，下列哪一说法是正确的？

A. 行政许可为依职权的行政行为

B. 具体行政行为皆为要式行政行为

C. 法律效力是具体行政行为法律制度中的核心因素

D. 当事人不履行具体行政行为确定的义务，行政机关予以执行是具体行政行为确定力的表现

[解析]A 项错误。《行政许可法》第 2 条规定："本法所称行政许可，是指行政机关根据公民、法人或者其他组织的申请，经依法审查，准予其从事特定活动的行为。"所以，行政许可为依申请的行政行为。

B 项错误。具体行政行为可以分为要式行政行为与非要式行政行为。

C 项正确。具体行政行为是指行政主体实施的能够产生法律效力的行为。

D 项错误。确定力是指有效成立的具体行政行为，具有不可变更力，即非依法不得随意变更或撤销和不可争辩力；执行力是指具体行政行为生效后，行政机关依法有权采取一定手段、使行政行为的内容得以实现的效力。本项中，应为执行力的表现。

二、具体行政行为的成立与效力

（一）具体行政行为的成立

具体行政行为的成立，是指具体行政行为在法律上存在。具体行政行为发生法律效力是以其成立为前提的。具体行政行为成立的一般条件是：

1. 在主体上，具体行政行为由享有行政职权的行政机关及其工作人员，或者是被授权组织、被委托组织及其工作人员作出。这种行政职权不一定是法定职权，即使超越职权或者滥用职权，也不影响行政行为的成立。

2. 在内容上，具体行政行为是向当事人作出具有法律效果的意思表示。至于其意思表示是否真实，并不影响行政行为的成立。

3. 在程序上，具体行政行为按照法律规定的时间和方式送达，产生一定的法律效果，使相对人的权利义务受到影响。

如图 3-7 所示：

成立条件
- 主体：行政主体
- 内容：行政权
- 程序：送达

图 3-7

（二）具体行政行为的效力

具体行政行为的效力，是指已经成立的具体行政行为所具有的能够对外产生特定法律效果的作用力。一般认为，行政行为具有公定力，是指行政行为一经作出，无论是否真的合法，都推定具有合法的法律效力，有关组织和个人应当服从和尊重。公定力，包括确定力、拘束力、执行力。

1. 确定力

确定力是指具体行政行为生效后，具有不可变更力，即不再争议、不得更改的效力。不可变更力，并不是说绝对不可变更，而是说不可随意变更。总结起来，具体行政行为有三种监督途径：（1）自己监督自己，即行政机关撤销或者改变自己作出的具体行政行为。（2）上级监督下级，即上级行政机关撤销或者改变下级行政机关作出的具体行政行为。（3）法院监督政府，即人民法院在行政诉讼中撤销或者改变行政机关作出的具体行政行为。这个“改变”特指《行政诉讼法》规定的“行政处罚明显不当，或者其他行政行为涉及对款额的确定、认定确有错误的”，法院可以作出变更判决。前两种监督途径，属于行政权监督行政权,可以改变。第三种监督途径,属于司法权监督行政权,依照法理本来不能改变,其实是一个特例。

2. 拘束力

拘束力是指具体行政行为生效后,行政机关和相对人必须遵守,其他国家机关和社会成员必须尊重的效力。也就是说,具体行政行为具有普遍拘束力。

3. 执行力

执行力是指具体行政行为生效后,如果相对人不履行义务,行政机关有权自行执行或者申请法院执行、使行政行为的内容得以实现的效力。在行政复议、行政诉讼期间,具体行政行为以不停止执行为原则,以停止执行为例外。

如图 3-8 所示:

公定力
- 确定力:不可更改力
  - 行政机关撤销或改变
  - 上级机关撤销或改变
  - 人民法院撤销或改变

  (法院改变:行政处罚明显不当或其他行为款额错误)
- 拘束力:行政机关、相对人遵守,其他组织和个人尊重
- 执行力:相对人自愿履行,否则行政机关自行或申请法院强制执行

  ☆(复议诉讼期间)不停止执行原则,以停止执行为例外

图 3-8

例:(2009/2/80/多选)关于具体行政行为的成立和效力,下列哪些选项是错误的?

A. 与抽象行政行为不同,具体行政行为一经成立即生效

B. 行政强制执行是实现具体行政行为执行力的制度保障

C. 未经送达领受程序的具体行政行为也具有法律约束力

D. 因废止具体行政行为给当事人造成损失的,国家应当给予赔偿

[解析]A 项错误,应选。具体行政行为成立,不一定立即生效,还存在附条件生效、附期限生效的情形。

B 项正确,不选。行政机关作出具体行政行为后,当事人应当积极主动地履行相关义务。如果当事人不履行义务,具体行政行为的执行力就发生作用,行政机关可以依法自行强制执行,或者申请法院强制执行。

C 项错误,应选。具体行政行为成立的条件之一,是在程序上按照法律规定的时间和方式进行送达。未经送达受领程序的具体行政行为,就没有成立,不具有法律约束力。

D 项错误,应选。废止具体行政行为给当事人造成损失,行政机关应当给予补偿。请注意区分,撤销具体行政行为给当事人造成损失,行政机关应当给予赔

偿。一句话,合法行为→废止→补偿;违法行为→撤销→赔偿。

(三)具体行政行为的有效、可撤销、无效和废止

1. 有效的具体行政行为

具体行政行为有效的条件,是合法且合理。

公定力是假定合法的效力,因此,需要用行政法的两大原则对具体行政行为进行验证,才能判定其到底合法不合法。根据控权法的理论,如果具体行政行为符合两大原则,就是有效的。如果具体行政行为违反两大原则,就是可撤销的或者无效的。

2. 可撤销的具体行政行为

具体行政行为可撤销的条件,是违法或明显不当。“违法”是指具体行政行为缺乏合法要件,“明显不当”是指具体行政行为的内容不合理。

可撤销的具体行政行为,具有公定力。(1)在实体法上,撤销的效力可以溯及至该具体行政行为成立之日;(2)在程序法上,必须有权机关经过法定程序才能撤销;(3)在处理后果上,具体行政行为被撤销后,如果相关义务已经履行的,能够恢复原状的应当恢复原状。

3. 无效的具体行政行为

具体行政行为无效的条件,是重大且明显违法。

无效的具体行政行为,不具有公定力。(1)在实体法上,自作出之时就没有法律约束力,当事人不受它的拘束,其他国家机关和其他社会成员也可以不尊重。(2)在程序法上,合法权益受到损害的相对人,可以在任何时候主张该具体行政行为无效,有权机关可在任何时候宣布该具体行政行为无效。(3)在处理后果上,具体行政行为被确认无效后,原则上应当尽可能恢复到具体行政行为作出以前的状态。

具体行政行为的有效、可撤销、无效的关系,如表3-5所示:

表3-5

有效	合法+合理		
可撤销	一般违法或明显不当	有公定力→有救济时效限制	有溯及力,赔偿
无效	重大且明显违法	无公定力→无救济时效限制	有溯及力,赔偿

4. 具体行政行为的废止

具体行政行为废止的条件,是客观条件发生重大变化。包括:(1)具体行政行为所依据的法律、法规、规章、政策已经被修改、废止或撤销,即“大前提变

了”。(2) 具体行政行为所根据的客观事实已经发生重大变化,即“小前提变了”。(3) 具体行政行为所期望的法律效果已经实现,没有继续存在的必要,即“结论已经实现了”。

具体行政行为废止的法律结果。被废止的具体行政行为,自废止之日起丧失效力。如果废止给当事人合法权益造成损失,根据信赖利益保护原则,行政机关应当给予适当的补偿。

例:(2013/2/85/多选)关于具体行政行为的合法性与效力,下列哪些说法是正确的?

A. 遵守法定程序是具体行政行为合法的必要条件

B. 无效行政行为可能有多种表现形式,无法完全列举

C. 因具体行政行为废止致使当事人的合法权益受到损失的,应给予赔偿

D. 申请行政复议会导致具体行政行为丧失拘束力

[解析]A 项正确,当选。具体行政行为合法的五个要件是:事实证据确凿、适用法律正确、符合法定程序、没有超越职权、没有滥用职权。

B 项正确,当选。无效行政行为是指重大且明显违法的行政行为,自始不产生法律效力。无效行政行为的表现方式多种多样,必须根据各个具体行为的情况以及相关法律的规定来判断,无法完全列举。

C 项错误,不选。根据信赖利益保护原则,因具体行政行为废止致使当事人的合法权益受到损失的,应给予补偿而不是赔偿。

D 项错误,不选。拘束力是指具体行政行为一经生效,行政机关和对方当事人都必须遵守,其他国家机关和社会成员必须予以尊重的效力。行政复议不影响具体行政行为的拘束力。

三、 具体行政行为的一般合法要件

具体行政行为成立,并不意味着合法有效。只有具备合法要件,才能认定具体行政行为是合法的。判断具体行政行为合法的标准,有五个要件:

1. 事实证据确凿

行政机关应当“先取证、后决定”,首先要有确实充分的事实证据,才能作出行政决定。事实证据应当是确实可靠的,即具有合法性、真实性和关联性。

2. 正确适用法律

行政管理是一种适用法律的国家活动,必须依法作出行政决定。行政机关应当执行符合上位法的法律规范,如果上位法与下位法抵触,就应当选择适用上位法。

3. 符合法定程序

法定程序赋予行政方法和形式以权利义务的法律属性，要求行政机关行使职权时必须遵守。但是，要区分严重违反程序和一般的程序瑕疵。具体行政行为严重违反程序，是违法行为，应当被撤销；如果一般违反程序，如一般性的书写错误、计算错误，是程序瑕疵，不具有违法性，可以通过程序补正来解决。

4. 没有超越职权

行政机关应当在法律授予的权限以内活动，职权范围主要由行政组织法（包括国务院组织法和地方组织法）和单行授权法规定。

超越职权，简称越权，包括两种情形：(1) 种类越权，即在种类上超越了法律授权，如公安派出所作出拘留决定。(2) 幅度越权，即在幅度上超越了法律授权，如公安派出所的罚款超过了 500 元。

5. 没有滥用职权

行政机关在作出行政决定时，不只是机械和简单地依照有关法律和有关条款办事，而且还要符合法律的精神和立法目的。

滥用职权，是指行政行为在形式上合法、但是在内容上严重不合理，属于实质违法的范畴。常见的滥用职权，包括三种情形：(1) 畸轻畸重，即行政机关滥用裁量权，行政决定比例失衡。(2) 不公平对待，即同等情况不同对待，或者相同情况不同对待。(3) 不正当考虑，即行政机关考虑了无关的因素。

滥用职权与超越职权不同。超越职权是形式上不合法，无权即为超越。滥用职权是形式上合法、但是内容上严重不合理，有权但严重违反立法目的即为滥用。

以上五个要件，在行政法上称之为“五指山”。五个要件同时具备，具体行政行为就是合法的。五缺一，具体行政行为就是违法的，就应当被撤销。

五个要件，理论依据是三段论逻辑。行政机关以事实为根据，以法律为准绳，作出行政决定。其中，事实证据是小前提，法律依据是大前提，行政决定是结论。因此，判断具体行政行为是不是合法，就是看两个前提是不是合法。在五个合法性要件中，第一个要件属于小前提方面的，后四个要件属于大前提方面的。

如图 3-9 所示：

事实证据 +	法律依据 →	行政决定
① 事实证据确凿	② 正确适用法律 ③ 符合法定程序（没有严重违反） ④ 没有超越职权 ⑤ 没有滥用职权	

图 3-9

四、具体行政行为的一些类型

(一)行政监督检查

行政监督检查,是指行政机关对相对人遵守法律规范的情况进行的督促检查,其目的是为了防止和纠正相对人的违法行为。常见的形式有行政检查、行政调查、行政检验,等等。

(二)行政征收

行政征收,是行政机关强制、无偿向相对人征收钱物的活动。主要包括以下两类:

1. 行政征税,是指税务机关行使征收权,依照税法规定的标准,向纳税义务人收取税款的行政行为。行政征税是行政征收中最主要的方面,按照税收支配权的不同,可分为中央税、地方税和中央地方共享税。

2. 行政征费,又称行政收费,是指行政机关向相对人收取费用的行政行为。常见的行政收费有:(1)以筹集建设资金为目的的收费,如机场建设费;(2)以保护环境和自然资源为目的的收费,如矿产资源补偿费;(3)以发展教育、社会保障等公共事业为目的的收费,如教育事业附加费。

(三)行政征用

行政征用,是指行政机关为了公共利益的需要,依法强制、有偿征用相对人的财产或劳务的行为。例如,政府征用集体土地,警察在紧急情况下征用公民的交通工具。

(四)行政裁决

行政裁决,是行政机关依照法律授权,对平等主体之间发生的、与行政管理密切相关的特定民事争议进行审查、裁决的行为,是一种准司法行为。与行政复议(对象是行政争议),合称行政司法行为。

行政裁决相当于民事诉讼,行政裁决机关相当于法院。因此,当事人对行政裁决不服,不能直接提起民事诉讼,可以提起行政诉讼附带民事诉讼。

行政裁决主要有以下三类:

1. 权属纠纷裁决,是指行政机关对平等主体之间,因涉及与行政管理相关的某一财产、资源的所有权、使用权的归属发生争议所作出的裁决。如《土地管理法》第16条第2款规定:“单位之间的争议,由县级以上人民政府处理;个人之间、个人与单位之间的争议，由乡级人民政府或者县级以上人民政府处理。”

2. 侵权纠纷裁决，是指在平等主体之间，一方当事人认为其行政法上的合法权益受到了另一方侵犯时，依法请求行政机关制止侵害，并责令侵权方对其侵害行为已造成的损失予以赔偿。

3. 损害赔偿裁决，是指行政机关对平等主体之间的合法权益受到侵害而引起的赔偿争议所作的裁决。

行政裁决与行政调解、行政仲裁不同，见表 3-6。行政调解和行政仲裁也是行政机关对民事争议的处理，但是不属于行政行为。当事人对行政调解和行政仲裁不服，只能提起民事诉讼。“法考”涉及的行政调解特指《治安管理处罚法》中规定的公安机关对打架斗殴、毁损财物的调解，行政仲裁特指《劳动法》中的劳动仲裁和《公务员法》中的人事仲裁。

表 3-6

	对象	条件	效力	救济
行政裁决	民事争议	行政裁决权	有强制力	行政诉讼
行政调解（1 个）		行政调解权	无强制力	民事诉讼
行政仲裁（2 个）		行政仲裁权	无强制力	民事诉讼

（五）行政确认

行政确认是指行政机关对相对人的法律地位、法律关系、法律事实给予确定、认可、证明并予以书面宣告的行为。

实践中，行政确认的形式主要是各种证书，如土地局颁发的土地使用权证、房管局颁发的房屋所有权证、民政局颁发的结婚证、公安局颁发的身份证、学校颁发的毕业证。此外，还有公安机关的交通事故鉴定、卫生局的医疗事故鉴定。

行政确认与行政许可不同。行政确认是对相对人既有的身份、能力、权利、事实的确定和认可，其法律效果具有前溯性。而行政许可是允许被许可人今后可以进行某种对一般人禁止的行为，其法律效果具有后及性。

（六）行政给付

行政给付又称行政物质帮助，是指行政机关对公民在年老、疾病或丧失劳动能力等情况或其他特殊情况下，赋予其一定的物质权益或与物质有关的权益的行为。

行政给付形式，常见的有三种：（1）抚恤金，包括两种：一是伤残抚恤金，发放对象为革命伤残军人、因公致残的职工等；一是死亡抚恤金，发放对象为革命烈士、因公牺牲的人的家属。(2) 最低生活保障金,是对家庭人均收入低于当地最低生活标准的人口给予一定现金资助,以保证该家庭成员基本生活所需。(3) 社会保险金,是指由被保险人交纳的保险费而形成的一种基金,当被保险人遇到不幸或遭到损失时,即可用此保险基金进行补偿,包括养老保险、医疗保险、生育保险、失业保险和工伤保险。

(七) 行政合同

行政合同,也称行政协议,是指行政机关与相对人为实现行政目的经过协商达成的设立、变更和终止双方权利义务的协议。行政合同与民事合同不同,前者是为了行政目的,后者是为了民事目的。

行政合同的种类有:(1) 财产性的行政合同,是指行政机关为了提高国有资产的使用效益及所需货物和服务的采购效益而订立的合同。如国有土地使用权出让合同、农村土地承包合同、国家订货合同。(2) 管理性的行政合同,是指规定行政管理职权的行使为内容的合同。如政府特许权协议、减免税收合同。

第四章 行政处罚

[本章提要]

《行政处罚法》《行政许可法》《行政强制法》并称为控制具体行政行为的“三部曲”,构成了控制行政执法权的法律体系。

行政处罚属于行政制裁,与民事制裁、刑事制裁并称为三大制裁。行政处罚与刑罚在很多方面具有相似之处。学习《行政处罚法》,要重点掌握行政处罚的设定权、行政处罚的种类、一事不再罚原则以及行政处罚程序。

《治安管理处罚法》,是《行政处罚法》的特别法。

第一节 行政处罚的概念和原则

一、 行政处罚的概念

行政处罚,是行政机关对违反行政法规范的相对人实施的法律制裁行为。

行政处罚的特征是:

1. 行政处罚是行政机关行使国家惩罚权的活动。不具有行政职权的企业、事业单位和其他组织,为维护内部工作生活秩序,按照组织章程或群众公约所采取的处罚措施,不属于行政处罚。

2. 行政处罚是处理相对人违法行为的管理活动,不同于行政机关对其内部违法失职的公务员的行政处分。行政处罚是外部行为,相对人可以通过行政复议、行政诉讼的途径寻求救济。而行政处分是内部行为,公务员只能够通过申诉、控告的途径寻求救济。

3. 行政处罚是维护行政管理秩序的具体行政行为,不同于惩罚犯罪的刑罚。禁止以行政处罚代替刑罚。

二、 行政处罚的原则

(一) 处罚法定原则

处罚法定,是行政处罚最重要的原则,是合法行政原则在行政处罚领域的具体表现。(1) 设定法定,只有法律、法规、规章明文规定应予行政处罚的行为才受处罚。(2) 实施法定,行政处罚必须由具有法定行政处罚权的行政机关,按照法定的程序实施。没有法定依据或者不遵守法定程序的,行政处罚无效。

(二) 公正公开原则

公正原则。(1) 实体公正。设定和实施行政处罚必须以事实为依据,与违法行为的事实、性质、情节以及社会危害程度相当。(2) 程序公正。行政机关要给予被处罚人公正待遇,充分尊重当事人程序上所拥有的独立人格与尊严,避免因处罚的武断专横而侵犯当事人权益。

公开原则。(1) 立法信息公开。对违法行为给予行政处罚的规定必须公布,未经公布的不得作为行政处罚的依据,即"内部文件"不对外。(2) 执法信息公开。对违法行为实施处罚的程序必须公开,但是涉及国家秘密、商业秘密和个人隐私的除外。

(三) 处罚与教育相结合原则

行政处罚的最终目的在于恢复被破坏了的社会秩序,并促使相对人以后不再违法。因此,实施行政处罚,应当发挥行政制裁与促进认识转变的作用,教育相对人自觉守法。

(四) 保障当事人程序权利原则

在行政处罚中,相对人享有程序权利:(1) 在行政处罚过程中的陈述权、申辩权。(2) 行政处罚之后的申请行政复议、提起行政诉讼和请求国家赔偿的权利。

第二节 行政处罚的种类与设定

一、 行政处罚的种类

行政处罚的种类就是行政处罚的具体表现形式。《行政处罚法》明确列举了6种行政处罚,并且规定了兜底条款(n 种)。一句话,行政处罚的种类是"6+n"。

1. 警告,是指对违法行为人进行谴责以示警戒,是最轻微的处罚,必须采用书面的形式。注意其与行政处分的警告的区别。行政机关警告相对人(外部人员）属于行政处罚，警告公务员（内部人员）属于行政处分。

2. 罚款，是指对违法行为人设定金钱给付义务，对象是违法行为人的合法收入。注意其与行政强制措施的罚款、排除妨碍诉讼强制措施的罚款的区别。

3. 没收违法所得、没收非法财物，违法所得是指违法行为人因违法行为所获的金钱或其他财物，非法财物是指违法行为人所占有的违禁品或实施犯罪行为所使用的工具和物品。注意其与刑罚中的没收财产的区别。

4. 责令停产停业，是指限制违法行为人从事生产经营活动，附有限期改进或整顿要求，在限期内改正违法行为，可以恢复营业。注意其与责令改正的区别。

5. 暂扣或者吊销许可证、执照，是指行政机关依法暂时扣留或者吊销违法行为人的资格证书，从而暂时限制或者剥夺其从事某项活动的权利。暂扣是暂时中止某种资格，而吊销是永久终止某种资格。

6. 行政拘留，也叫治安拘留，是指公安机关依法对违反行政法律规范的人，在短期内限制其人身自由的一种处罚，只有县级以上公安机关才能行使。注意行政拘留与刑事拘留、司法拘留的区别。

此外，《行政处罚法》还规定了 n 种兜底条款，所谓 n，是指法律、行政法规规定的其他行政处罚。常见的有以下三种：

（1）通报批评，是指行政机关将对违法者的批评公布于众，指出违法行为，予以公开谴责。

（2）劳动教养，是指对有轻微犯罪行为、尚不够刑事处罚条件且有劳动能力的人予以强制性教育改造的处罚措施，由省级政府或大中城市的劳动教养管理委员会审查决定，期限一般为 1～3 年，必要时延长 1 年。2013 年 12 月，劳动教养制度已被废止。

（3）驱逐出境，是指公安机关对违反治安管理或者出境入境管理法律法规，情节严重，尚不构成犯罪的外国人，可以层报公安部处以驱逐出境。

如图 4-1 所示：

种类		
	1. 警告	区别于行政处分的警告
	2. 罚款	区别于行政强制的罚款、司法罚款
	3. 没收违法所得、非法财物	区别于刑罚的没收财产
	4. 责令停产停业	区别于责令改正
	5. 暂扣或吊销许可证、执照	
	6. 行政拘留	区别于刑事拘留、司法拘留

n：法律、行政法规规定的其他种类：通报批评、劳动教养、驱逐出境……

图 4-1

例:(2016/2/81/多选)下列哪些行政行为不属于行政处罚?

A. 质监局对甲企业涉嫌冒用他人商品识别代码的产品予以先行登记保存

B. 食品药品监管局责令乙企业召回已上市销售的不符合药品安全标准的药品

C. 环保局对排污超标的丙企业作出责令停产6个月的决定

D. 工商局责令销售不合格产品的丁企业支付消费者3倍赔偿金

[解析]A项错误,应选。《行政处罚法》第37条第2款规定:"行政机关在收集证据时,可以采取抽样取证的方法;在证据可能灭失或者以后难以取得的情况下,经行政机关负责人批准,可以先行登记保存,并应当在七日内及时作出处理决定,在此期间,当事人或者有关人员不得销毁或者转移证据。"可见,现行登记保存只是行政处罚取证的一个环节,不属于行政处罚。

B项错误,应选。《行政处罚法》第23条规定:"行政机关实施行政处罚时,应当责令当事人改正或者限期改正违法行为。"本项中,食品药品监管局责令召回药品属于责令改正,是行政处罚时的附带要求,不属于行政处罚。

C项正确,不选。《行政处罚法》第8条规定:"行政处罚的种类有:(一)警告;(二)罚款;(三)没收违法所得、没收非法财物;(四)责令停产停业;(五)暂扣或者吊销许可证、暂扣或者吊销执照;(六)行政拘留;(七)法律、行政法规规定的其他行政处罚。"本项中,环保局的行政处罚属于第4项。

D项错误,应选。本项中,工商局责令丁企业支付消费者赔偿金,属于对民事侵权纠纷的行政裁决,不属于行政处罚。

提示:行政处罚最突出的特点是惩罚性,A、B、D中行政机关的行为都不具有惩罚性。

二、 行政处罚的设定

行政处罚的设定,是指国家有权机关在行政处罚立法上的权力配置,即哪些国家机关以哪些法律规范来规定行政处罚。在我国,只有正式立法(法律、法规、规章)才能设定行政处罚,其他规范性文件不得设定行政处罚。

1. 法律,可以设定各种行政处罚。根据法律绝对保留原则,限制人身自由的行政处罚,只能由法律设定。

2. 行政法规,可以设定除限制人身自由以外的行政处罚。

3. 地方性法规,可以设定除限制人身自由(即行政拘留)、吊销企业营业执照以外的行政处罚。

4. 部门规章,可以设定警告或一定数量罚款的处罚,罚款的上限由国务院规定。

5. 地方政府规章，可以设定警告或一定数量罚款的行政处罚，罚款的上限由省、直辖市、自治区人大常委会规定。

以上所述设定，是创设权（“上无下有”）。此外，还有具体规定权（“上粗下细”），即在上位法规定的范围内作出具体规定的权力。对上位法已经设定的事项，下位法不能再设定，但是可以在上位法设定的行政处罚的行为、种类和幅度范围内作出具体规定。

如表 4-1 所示：

表 4-1

	创设权（“上无下有”）	具体规定权（“上粗下细”）
法律	6+n	下位法可以在上位法设定的范围内作出具体规定
行政法规	6+n-限制人身自由	
地方性法规	6-限制人身自由（=行政拘留）-吊销企业营业执照	
部门规章	警告、一定数量罚款（国务院规定上限）	
地方规章	警告、一定数量罚款（省级人大常委会规定上限）	

例：（2003/2/70/多选）我国《种子法》规定，违法经营、推广应当审定而未经审定通过的种子的，可处以 1 万元以上 5 万元以下罚款。某省政府在其制定的《某省种子法实施办法》中规定，违法经营、推广应当审定而未经审定通过的种子的，可处以 3 万元以上 5 万元以下罚款。下列说法哪些是正确的？

A.《某省种子实施办法》超越了《种子法》的规定，无效

B.《某省种子实施办法》没有超越《种子法》的规定，有效

C. 国务院若认为《某省种子实施办法》超越了《种子法》的规定，有权予以撤销

D. 受处罚人不服处罚申请行政复议的同时，可以对《某省种子实施办法》一并请求审查

［解析］A 项正确，B 项错误。《行政处罚法》第 13 条规定：“省、自治区、直辖市人民政府和省、自治区人民政府所在地的市人民政府以及经国务院批准的较大的市人民政府制定的规章可以在法律、法规规定的给予行政处罚的行为、种类和幅度的范围内作出具体规定。”本题中，《某省种子实施办法》提高了罚款的下限，缩小了上位法的范围，超越了《种子法》的规定，是无效的。

C 项正确。《立法法》第 97 条第 3 项规定：“国务院有权改变或者撤销不适当的部门规章和地方政府规章。”

D项错误。《行政复议法》第7条规定:“公民、法人或者其他组织认为行政机关的具体行政行为所依据的下列规定不合法,在对具体行政行为申请行政复议时,可以一并向行政复议机关提出对该规定的审查申请:(一) 国务院部门的规定;(二) 县级以上地方各级人民政府及其工作部门的规定;(三) 乡、镇政府的规定。前款所列规定不含国务院部、委员会规章和地方政府规章。规章的审查依照法律、行政法规办理。”本题中,《某省种子实施办法》是省级规章,当事人不能附带申请审查。

第三节　行政处罚的实施机关、管辖与适用

一、行政处罚的实施机关

1. 行政机关

行政处罚由具有行政处罚权的行政机关在法定职权范围内实施。同时,为了解决“多头处罚”的问题,有必要在条件成熟时合并某些行政处罚权——国务院或者经国务院授权的省、自治区、直辖市的政府可以决定一个行政机关行使有关行政机关的行政处罚权,但限制人身自由的行政处罚权只能由公安机关行使。

2. 被授权组织

法律、法规授权的具有管理公共事务职能的组织可以在法定授权范围内实施行政处罚。规章不得授权行政处罚。

3. 被委托组织

行政机关委托的组织实施行政处罚,必须符合以下条件:(1) 该组织是依法成立的管理公共事务的事业组织;(2) 该组织有熟悉有关法律、法规、规章和业务的工作人员;(3) 对违法行为需要进行技术检查或者技术鉴定的,应当有组织进行相应检查、鉴定的条件。

如表4-2所示:

表4-2

行政机关	权力合并:国务院或者经国务院授权的省级政府可以决定一个行政机关行使有关行政机关的行政处罚权,但限制人身自由的行政处罚权只能由公安机关行使
被授权组织	条件:法律、法规授权的具有管理公共事务职能的组织
被委托组织	条件:① 事业组织 ② 技术人员 ③ 技术条件(如需要)

二、行政处罚的管辖与适用

(一)行政处罚的管辖

行政处罚的管辖是指行政处罚主体之间对相对人违法行为查处的权限划分。

1. 级别管辖

行政处罚案件由县级以上地方政府具有行政处罚权的行政机关管辖,但是法律、行政法规另有规定的除外。

2. 地域管辖

行政处罚案件由违法行为发生地的行政机关管辖,但是法律、行政法规另有规定的除外。

3. 指定管辖

行政机关就管辖事项发生争议而协商未果,应当报请它们的共同上级行政机关指定管辖。

4. 移送管辖

当违法行为构成犯罪时,行政机关除应依法给予行政处罚外,还必须将案件移送司法机关追究其刑事责任。

如表 4-3 所示:

表 4-3

级别管辖	原则上县级以上行政机关,法律、行政法规另有规定的除外
地域管辖	原则上由违法行为发生地的行政机关管辖,另有规定的除外
指定管辖	管辖争议 → 报请共同上级机关
移送管辖	违法行为构成犯罪,将案件移送公安司法机关。不得以行政处罚代替刑罚

例:(2007/86/多选)运输公司指派本单位司机运送白灰膏。由于泄漏,造成沿途路面大面积严重污染。司机发现后即向公司汇报。该公司即组织人员清扫被污染路面。下列哪些选项是正确的?

A. 路面被污染的沿途三个区的执法机关对本案均享有管辖权,如发生管辖权争议,由三个区的共同上级机关指定管辖

B. 对该运输公司应当依法从轻或者减轻行政处罚

C. 本案的违法行为人是该运输公司

D. 本案的违法行为人是该运输公司和司机

[解析]A 项正确。《行政处罚法》第 20 条规定:“行政处罚由违法行为发生地的县级以上地方人民政府具有行政处罚权的行政机关管辖。法律、行政法规另有规定的除外。”第 21 条规定:“对管辖发生争议的,报请共同的上一级行政机关指定管辖。”

B 项正确。《行政处罚法》第 27 条第 1 款规定:“当事人有下列情形之一的,应当依法从轻或者减轻行政处罚:(一) 主动消除或者减轻违法行为危害后果的;(二) 受他人胁迫有违法行为的;(三) 配合行政机关查处违法行为有立功表现的;(四) 其他依法从轻或者减轻行政处罚的。”

C 项正确、D 项错误。本案的违法行为人是该运输公司,司机不承担直接责任。

(二) 行政处罚的适用

1. 责令改正

行政机关实施行政处罚时,应当责令当事人改正或者限期改正违法行为。行政处罚不是目的,而是教育当事人纠正违法行为,所以责令改正本身不是一种行政处罚,而是行政处罚时的附加要求。

2. “一事不再罚”

对当事人的同一个违法行为,不得给予两次以上罚款的行政处罚。这是为了解决实践中存在的“多头罚款”问题而作出的规定,《行政处罚法》仅仅禁止了“两次以上罚款”,至于几个行政机关进行几次行政处罚,法律并未作出限制,只要不是两次以上的罚款即可。

例:(2000/1/22/单选)王某回国携带应申报物品而未向海关申报,海关认定王某的行为构成走私,对其作出没收物品,并罚款 1000 元人民币的处罚。海关的上述处罚是否正确?

A. 是错误的,只能实施没收物品的处罚

B. 是错误的,只能实施罚款 1000 元的处罚

C. 是错误的,只能在没收与罚款中选择一种实施处罚

D. 是正确的,不违反一事不再罚的原则

[解析]D 项正确。《行政处罚法》第 24 条规定:“对当事人的同一个违法行为,不得给予两次以上罚款的行政处罚。”可见,一事不再罚原则的“罚”特指“罚款”。只要不是两次以上的罚款,就不违反一事不再罚原则。

3. 裁量情节

行政处罚机关可以根据对相对人违法情节轻重、社会危害程度大小等因素的考虑,最终作出与此相适应的处罚决定。(1) 不予处罚的情形:① 不满 14 周

岁的人实施违法行为的;② 精神病人在不能辨认或者不能控制自己行为时有违法行为的;③ 违法行为轻微并及时纠正,没有造成危害后果的。(2) 从轻或减轻处罚的情形:① 已满 14 周岁未满 18 周岁实施违法行为的;② 主动消除或者减轻违法行为危害后果的;③ 受他人胁迫有违法行为的;④ 配合行政机关查处违法行为有立功表现的;⑤ 其他依法从轻或减轻行政处罚的。

4. 处罚的折抵

在实践中,行政违法与刑事犯罪常常交织在一起。在一个行为同时构成行政违法和刑事犯罪,并受到行政处罚和刑事处罚的情况下,行政处罚法规定了"行刑折抵"。(1) 违法行为构成犯罪,法院判处拘役或者有期徒刑时,行政机关已经给予当事人行政拘留的,应当依法折抵相应刑期;(2) 违法行为构成犯罪,法院判处罚金时,行政机关已经给予当事人罚款的,应当折抵相应罚金。

例:(2004/2/98/不定选)关于行政处罚和刑罚的折抵,下列说法正确的是:

A. 行政拘留可以折抵拘役　　B. 行政拘留可以折抵有期徒刑

C. 没收违法所得可以折抵没收财产　　D. 罚款可以折抵罚金

[解析]A 项、B 项、D 项正确,C 项错误。《行政处罚法》第 28 条规定:"违法行为构成犯罪,人民法院判处拘役或者有期徒刑时,行政机关已经给予当事人行政拘留的,应当依法折抵相应刑期。违法行为构成犯罪,人民法院判处罚金时,行政机关已经给予当事人罚款的,应当折抵相应罚金。"

5. 追究时效

时效制度的主要目的在于维护社会秩序的稳定性。违法行为在 2 年内未被发现的,不再给予行政处罚,但法律另有规定的除外,如《治安管理处罚法》的规定是 6 个月。以上期限,从违法行为发生之日起计算;违法行为有连续或者继续状态的,从行为终了之日起计算。

行政处罚的管辖与适用,如表 4-4 所示:

表 4-4

责令改正	实施处罚时,应当责令改正或限期改正
一事不再罚	对当事人同一个违法行为,不得给予两次以上罚款(但是,多个机关可以作出多种处罚)
裁量情节	不予处罚:不满 14 周岁;精神病人在不能控制辨认行为时;违法轻微及时纠正无危害后果
	从轻减轻:14—18 周岁;主动消除或减轻危害后果;受他人胁迫;配合查处违法有立功表现

续表

处罚折抵	拘留→刑期(拘役、有期徒刑)
	罚款→罚金
追究时效	违法行为2年内未被有权机关发现的不再处罚,法律另有规定除外

例:(2004/2/44/单选)1997年5月,万达公司凭借一份虚假验资报告在某省工商局办理了增资的变更登记,此后连续四年通过了工商局的年检。2001年7月,工商局以办理变更登记时提供虚假验资报告为由对万达公司作出罚款1万元,责令提交真实验资报告的行政处罚决定。2002年4月,工商局又作出撤销公司变更登记,恢复到变更前状态的决定。2004年6月,工商局又就同一问题作出吊销营业执照的行政处罚决定。关于工商局的行为,下列哪一种说法是正确的?

A. 2001年7月工商局的处罚决定违反了行政处罚法关于时效的规定

B. 2002年4月工商局的处罚决定违反了一事不再罚原则

C. 2004年6月工商局的处罚决定是对前两次处罚决定的补充和修改,属于合法的行政行为

D. 对于万达公司拒绝纠正自己违法行为的情形,工商局可以违法行为处于持续状态为由作出处罚

[解析]A项正确,D项错误。《行政处罚法》第29条规定:"违法行为在二年内未被发现的,不再给予行政处罚。法律另有规定的除外。前款规定的期限,从违法行为发生之日起计算;违法行为有连续或者继续状态的,从行为终了之日起计算。"本题中,万达公司违法变更登记的行为发生在1997年5月,至2001年7月工商局给予处罚时,已经超过了2年的时效。所以,工商局不能再对其进行处罚。

B项错误。《行政处罚法》第24条规定:"对当事人的同一个违法行为,不得给予两次以上罚款的行政处罚。"本题中,工商局在2002年4月撤销变更登记,不是行政处罚,当然不是罚款,不违反一事不再罚原则。

C项错误。由于万达公司的违法行为已经超过了2年的处罚时效,工商局不得再对此进行处罚。因此,2001年7月工商局的罚款是违法的。2004年6月工商局又就同一问题作出吊销营业执照的行政处罚决定,实质上是一次新的行政处罚,更加违反了有关处罚时效的规定。

提示:万达公司在工商局"办理了增资的变更登记",违法行为就已经实施完毕,从此时开始计算2年的追罚时效。"此后连续四年通过了工商局的年

检”,并不说明违法行为有连续或者继续状态。

第四节　行政处罚的决定程序

《行政处罚法》实质上就是一部规范行政处罚的单行行政程序法,它的颁行是开启行政程序法制建设的标志性事件。行政处罚的决定程序分为简易程序和一般程序。听证程序是一般程序中的特殊程序,不是独立程序。

行政处罚程序的一般规则是:(1) 必须首先查明违法事实才能给予行政处罚。(2) 保障当事人程序权利,主要指了解权、陈述和申辩权、听证权和其他权利。行政机关及其执法人员在作出行政处罚决定之前,不向当事人告知给予行政处罚的事实、理由和依据,或者拒绝听取当事人的陈述、申辩,行政处罚决定不能成立;但是,当事人放弃陈述或者申辩权利的除外。

一、 简易程序

(一) 适用简易程序的条件

简易程序,又称当场决定程序。如果符合下列三个条件:(1) 违法事实确凿;(2) 有明确法定依据;(3) 处罚种类是警告或者罚款(对公民处以 50 元以下;对法人或者其他组织处以 1000 元以下),行政机关可以当场作出行政处罚决定。

(二) 执法人员的处罚程序

1. 表明身份

执法人员应向相对人出示执法身份证件。

2. 说明理由

执法人员应当告知当事人作出行政处罚决定的事实、理由及依据,并告知当事人依法享有的权利。

3. 听取陈述、申辩

当事人有权进行陈述和申辩。行政机关必须充分听取当事人的意见,对当事人提出的事实、理由和证据,应当进行复核;当事人提出的事实、理由或者证据成立的,行政机关应当采纳。行政机关不得因当事人申辩而加重处罚。

4. 作出处罚决定

行政执法人员填写行政处罚决定书,载明有关事项,签名或盖章后当场交付当事人。然后,将行政处罚决定报所属行政机关备案。

如表 4-5 所示：

表 4-5

简易程序	条件	违法事实确凿 + 法律依据明确 + 警告或罚款（公民 50 元以下、组织 1000 元以下）
	程序	① 表明身份；② 说明理由；③ 听取陈述申辩；④ 作出书面决定

二、 一般程序

一般程序，也可称为普通程序。具备上述三个条件，适用简易程序。反之，三个条件缺少一个，就适用一般程序。

一般程序主要是在简易程序的基础上，增加了调查检查和负责人决定两个程序。

1. 调查、检查

执法人员不得少于两人，并应向当事人和有关人员出示证件表明身份；询问或者检查应当制作笔录。行政机关在收集证据时，可以采取抽样取证的方法；在证据可能灭失或者以后难以取得的情况下，经行政机关负责人批准，可以先行登记保存，并应当在 7 日内及时作出处理决定。

例：（2011/2/44/单选）质监局发现王某生产的饼干涉嫌违法使用添加剂，遂将饼干先行登记保存，期限为 1 个月。有关质监局的先行登记保存行为，下列哪一说法是正确的？

A. 系对王某的权利义务不产生实质影响的行为

B. 可以由 2 名执法人员在现场直接作出

C. 采取该行为的前提是证据可能灭失或以后难以取得

D. 登记保存的期限合法

［解析］A 项错误。先行登记保存是行政机关取证的一个环节，已经对王某的权利义务产生了实质影响。

B 项、D 项错误，C 项正确。《行政处罚法》第 37 条规定："行政机关在调查或者进行检查时，执法人员不得少于两人，并应当向当事人或者有关人员出示证件。当事人或者有关人员应当如实回答询问，并协助调查或者检查，不得阻挠。询问或者检查应当制作笔录。行政机关在收集证据时，可以采取抽样取证的方法；在证据可能灭失或者以后难以取得的情况下，经行政机关负责人批准，可以先行登记保存，并应当在七日内及时作出处理决定，在此期间，当事人或者有关人员不得销毁或者转移证据。"

2. 负责人决定

行政机关负责人在对调查结果进行审查后，作出处罚或者不予处罚的决定。情节复杂或者重大违法行为给予较重的行政处罚，行政机关负责人应当集体讨论决定。

行政处罚决定书应当在宣告后当场交付当事人；当事人不在场的，行政机关应当在7日内依照《民事诉讼法》的有关规定，将决定书送达当事人。

如表4-6所示：

表4-6

一般程序	条件	除简易程序外的情形
	程序	简易程序①②③④+调查/检查(2人以上)+负责人决定(1个/集体)

三、 听证程序

听证程序，是在行政机关作出行政处罚决定之前，公开举行专门会议，由行政处罚机关调查人员提出指控、证据和处理建议，当事人进行申辩和质证的程序。听证程序不是与简易程序、一般程序相并列的独立程序，而是一般程序中的特殊情形。《行政处罚法》在中国率先引入听证程序，具有划时代的意义。

1. 举行听证的条件

行政机关作出责令停产停业、吊销许可证或者执照、较大数额罚款等行政处罚决定之前，应当告知当事人有要求举行听证的权利；当事人要求听证的，行政机关应当组织听证。当事人不承担行政机关组织听证的费用。

2. 听证的具体程序

(1) 当事人要求听证的，应当在行政机关告知后3日内提出；

(2) 行政机关应当在听证的7日前，通知当事人举行听证的时间、地点；

(3) 听证公开举行，但涉及国家秘密、商业秘密或者个人隐私的除外；

(4) 听证由行政机关指定的非本案调查人员主持，当事人认为主持人与本案有直接利害关系的，有权申请回避；

(5) 当事人可以亲自参加听证，也可以委托1~2人代理；

(6) 举行听证时，调查人员提出当事人违法的事实、证据和行政处罚建议，当事人进行申辩和质证；

(7) 听证应当制作笔录，笔录应当交当事人审核无误后签字或者盖章。

3. 处罚决定的作出

由行政机关在听证结束后，依照一般程序的有关规定作出处罚决定。听证笔录是调查结果，是行政处罚的“证据之一”。这与《行政许可法》不同，行政许可的听证笔录是“唯一证据”。

如表 4-7 所示：

表 4-7

听证程序	条件	① 责令停产停业；② 吊销许可证或执照；③ 较大数额罚款
	程序	行政机关告知 当事人 3 日内申请 行政机关 7 日前通知 听证公开进行，但涉密除外 案外人主持（调查人≠主持人） 质证 听证笔录（证据之一）

第五节 行政处罚的执行程序

一、执行的一般原则

1. 当事人自觉履行

行政处罚决定依法作出后，当事人应当在行政处罚决定的期限内，予以履行。

2. 不停止执行

当事人对行政处罚决定不服申请行政复议或者提起行政诉讼的，行政处罚不停止执行，法律另有规定的除外。

二、罚款的收缴

原则上罚缴分离，作出罚款决定的行政机关应当与收缴罚款的机构分离，作出行政处罚决定的行政机关及其执法人员不得自行收缴罚款。当事人应当自收到行政处罚决定书之日起 15 日内，到指定的银行缴纳罚款。银行应当收受罚款，并将罚款直接上缴国库。

但是，具备以下特殊情况，可以当场收缴罚款：

1. 在简易程序之下，有下列情形之一的，执法人员可以当场收缴罚款：（1）依法给予 20 元以下的罚款的；（2）不当场收缴事后难以执行的。

2. 在简易程序或者一般程序之下，在边远、水上、交通不便地区，行政机关及其执法人员作出罚款决定后，当事人向指定的银行缴纳罚款确有困难，经当事人提出，行政机关及其执法人员可以当场收缴罚款。

如表 4-8 所示：

表 4-8

简易程序下	20 元以下罚款
	不当场收缴事后难以执行的(公民 50 元以下,组织 1000 元以下)
简易程序、一般程序下	边远、水上、交通不便地区 + 向指定银行缴纳确有困难 + 当事人提出

行政机关及其执法人员当场收缴罚款的,必须向当事人出具省、自治区、直辖市财政部门统一制发的罚款收据,否则当事人有权拒绝缴纳罚款。

执法人员当场收缴的罚款,应当自收缴罚款之日起 2 日内,交至行政机关;在水上当场收缴的罚款,应当自抵岸之日起 2 日内交至行政机关;行政机关应当在 2 日内将罚款缴付指定的银行。

三、行政强制措施

当事人逾期不履行行政处罚决定的,作出行政处罚决定的行政机关可以采取下列措施,迫使当事人履行或者达到与当事人履行相同的状态:

1. 到期不缴纳罚款的,每日按罚款数额的 3% 加处罚款。根据《行政强制法》的规定,加处罚款的数额不得超出原来罚款的数额。

2. 根据法律规定,将查封、扣押的财物拍卖或者将冻结的存款划拨抵缴罚款。这里的法律是指正式法律,即全国人大及其常委会制定的法律。

3. 申请法院强制执行。根据《行政强制法》的规定,申请法院强制执行的前提是相对人没有提起行政诉讼,因为行政诉讼(民告官)与行政机关申请法院执行(官告民)是排他程序。

如表 4-9 所示:

表 4-9

罚款	逾期每日加收 3% 的罚款	但不得超出原来罚款的数额
罚款	将查封、扣押的财物拍卖或将冻结的存款划拨	必须有正式法律的规定
任何处罚	申请法院强制执行	当事人没有提起行政诉讼

例:(2004/2/78/多选)某市技术监督局根据举报,对力青公司进行突击检查,发现该公司正在生产伪劣产品,立即查封了厂房和设备,事后作出了没收全部伪劣产品并处罚款的决定。力青公司既不申请行政复议,也不提起行政诉讼,

且逾期拒绝履行处罚决定。对于力青公司拒绝履行处罚决定的行为，技术监督局可以采取下列哪些措施？

A. 申请人民法院强制执行

B. 将查封的财物拍卖抵缴罚款

C. 通知银行将力青公司的存款划拨抵缴罚款

D. 每日按罚款数额的3%加处罚款

[解析]A项、D项正确。《行政处罚法》第51条规定："当事人逾期不履行行政处罚决定的，作出行政处罚决定的行政机关可以采取下列措施：(一) 到期不缴纳罚款的，每日按罚款数额的百分之三加处罚款；(二) 根据法律规定，将查封、扣押的财物拍卖或者将冻结的存款划拨抵缴罚款；(三) 申请人民法院强制执行。"

B项、C项错误。《产品质量法》第18条规定："县级以上市场监督管理部门根据已经取得的违法嫌疑证据或者举报，对涉嫌违反本法规定的行为进行查处时，可以行使下列职权：(一) 对当事人涉嫌从事违反本法的生产、销售活动的场所实施现场检查；(二) 向当事人的法定代表人、主要负责人和其他有关人员调查、了解与涉嫌从事违反本法的生产、销售活动有关的情况；(三) 查阅、复制当事人有关的合同、发票、账簿以及其他有关资料；(四) 对有根据认为不符合保障人体健康和人身、财产安全的国家标准、行业标准的产品或者有其他严重质量问题的产品，以及直接用于生产、销售该项产品的原辅材料、包装物、生产工具，予以查封或者扣押。"由此可见，法律并没有授予技术监督局对被扣押、查封的财物进行拍卖以及要求银行划拨存款的权力，所以技术监督局对此只能申请法院强制执行，而不能自行强制执行。

第六节　治安管理处罚

一、治安管理处罚的概念

治安管理处罚，是指公安机关对治安管理方面的违法行为人予以行政制裁的活动，它是一种特殊的行政处罚。

违反治安管理的行为包括：(1) 扰乱公共秩序的行为；(2) 妨害公共安全的行为；(3) 侵犯人身权利、财产权利的行为；(4) 妨害社会管理的行为。这四种违反治安管理的行为，本身也是《刑法》中规定的犯罪行为。也就是说，这四种行为，情节严重构成犯罪的，依法追究刑事责任；尚不够刑事处罚的，由公安机关给予治安管理处罚。

例:(2013/2/46/单选)因关某以刻划方式损坏国家保护的文物,公安分局决定对其作出拘留10日,罚款500元的处罚。关某申请复议,并向该局提出申请、交纳保证金后,该局决定暂缓执行拘留决定。下列哪一说法是正确的?

A. 关某的行为属于妨害公共安全的行为

B. 公安分局应告知关某有权要求举行听证

C. 复议机关只能是公安分局的上一级公安机关

D. 如复议机关撤销对关某的处罚,公安分局应当及时将收取的保证金退还关某

[解析]A项错误。《治安管理处罚法》第3章规定了违反治安管理的行为,包括扰乱公共秩序的行为、妨害公共安全的行为、侵犯人身权利财产权利的行为、妨害社会管理的行为。破坏文物属于妨害社会管理的行为,《治安管理处罚法》第63条规定:"有下列行为之一的,处警告或者二百元以下罚款;情节较重的,处五日以上十日以下拘留,并处二百元以上五百元以下罚款:(一)刻划、涂污或者以其他方式故意损坏国家保护的文物、名胜古迹的;……"

B项错误。《治安管理处罚法》第98条规定:"公安机关作出吊销许可证以及处二千元以上罚款的治安管理处罚决定前,应当告知违反治安管理行为人有权要求举行听证;……"本题中,拘留10日、罚款500元,不适用听证程序。

C项错误。《行政复议法》第12条规定:"对县级以上地方各级人民政府工作部门的具体行政行为不服的,由申请人选择,可以向该部门的本级人民政府申请行政复议,也可以向上一级主管部门申请行政复议。对海关、金融、国税、外汇管理等实行垂直领导的行政机关和国家安全机关的具体行政行为不服的,向上一级主管部门申请行政复议。"本题中,对公安分局的行为不服,既可以向上一级公安机关申请复议,也可以向公安分局的本级人民政府申请复议。

D项正确。《治安管理处罚法》第111条规定:"行政拘留的处罚决定被撤销,或者行政拘留处罚开始执行的,公安机关收取的保证金应当及时退还交纳人。"

二、 治安管理处罚的种类和适用

(一) 治安管理处罚的种类

警告、罚款、行政拘留、吊销公安机关发放的许可证。此外,对违反治安管理的外国人,可以附加适用限期出境或者驱逐出境。

（二）治安管理处罚的适用

1. 没收违法所得、非法财物。办理治安案件所查获的违禁品、违法工具等非法财物，应当收缴。违反治安管理所得的财物，追缴退还被侵害人；没有被侵害人的，拍卖或者按照国家有关规定处理，所得款项上缴国库。

例：(2004/2/41/单选)张某委托刘某购书，并将一本存有1.3万元人民币的全国通兑活期存折交给刘某用于买书。刘某在途中取出该存折的3000元用于购买毒品，被公安机关当场抓获。审讯中，刘某供述存折中余下的1万元仍打算用于购买毒品。县法院对刘某判处有期徒刑15年。随后，公安机关作出行政处罚决定，关于当场查获的3000元和存折内的余款，正确的处理方法是：

A. 没收用于购买毒品的3000元，将存折内余款返还刘某

B. 没收用于购买毒品的3000元和准备用于购买毒品的存折内余款

C. 将刘某用于购买毒品的3000元和存折内余款返还张某

D. 没收用于购买毒品的3000元，将存折内余款返还张某

[解析]D项正确。《治安管理处罚法》第11条规定："办理治安案件所查获的毒品、淫秽物品等违禁品，赌具、赌资，吸食、注射毒品的用具以及直接用于实施违反治安管理行为的本人所有的工具，应当收缴，按照规定处理。违反治安管理所得的财物，追缴退还被侵害人；没有被侵害人的，登记造册，公开拍卖或者按照国家有关规定处理，所得款项上缴国库。"本题中，3000元毒品属于非法财物，应当收缴；存折中余款属于违法所得，应当退还被侵害人。

2. 拘留的合并执行。有两种以上违反治安管理行为的，分别决定，合并执行。行政拘留处罚合并执行的，最长不超过20日。

3. 接受调解与处罚。对于因民间纠纷引起的打架斗殴或者损毁他人财物等违反治安管理行为，情节较轻的，公安机关可以调解处理。(1) 当事人达成协议的，不予处罚。(2) 经调解未达成协议或者达成协议后不履行的，给予处罚，并告知当事人可以就民事争议向法院提起民事诉讼。

例：(2007/2/91/不定选)安某放的羊吃了朱某家的玉米秸，二人争执。安某殴打朱某，致其左眼部青紫、鼻骨骨折，朱某被鉴定为轻微伤。在公安分局的主持下，安某与朱某达成协议，由安某向朱某赔偿500元。下列说法正确的是：

A. 安某与朱某达成协议后，仍可以对安某进行治安处罚

B. 如果安某拒不履行协议，朱某可以直接向法院提起行政诉讼

C. 如果安某拒不履行协议，朱某应当先向区公安分局的上一级机关申请行政复议，对复议决定不服再提起行政诉讼

D. 如果安某拒不履行协议，朱某可以向法院提起民事诉讼

[解析]D 项正确。《治安管理处罚法》第 9 条规定:“对于因民间纠纷引起的打架斗殴或者损毁他人财物等违反治安管理行为,情节较轻的,公安机关可以调解处理。经公安机关调解,当事人达成协议的,不予处罚。经调解未达成协议或者达成协议后不履行的,公安机关应当依照本法的规定对违反治安管理行为人给予处罚,并告知当事人可以就民事争议依法向人民法院提起民事诉讼。”

4. 不执行拘留。违反治安管理行为人有下列情形之一,依照本法应当给予行政拘留处罚的,不执行行政拘留处罚:(1) 已满 14 周岁不满 16 周岁的;(2) 已满 16 周岁不满 18 周岁,初次违反治安管理的;(3) 70 周岁以上的;(4) 怀孕或者哺乳自己不满 1 周岁婴儿的。

5. 追罚时效。违反治安管理行为在 6 个月内没有被公安机关发现的,不再处罚。

治安管理处罚的适用,如表 4-10 所示:

表 4-10

没收违法所得、非法财物	非法财物→ 收缴; 违法所得→ 退还被侵害人,没有被侵害人的归国家
行政处罚的合并执行	多个违法行为:分别决定,合并执行,拘留合并不超过 20 天
接受调解与处罚	打架斗殴、毁损财物等情节较轻的→可以调解 ① 达成协议,不予处罚; ② 达不成协议,予以处罚,并告知当事人提起民事诉讼
不执行拘留	① 已满 14 周岁不满 16 周岁的;② 已满 16 周岁不满 18 周岁,初次违反治安管理的;③ 70 周岁以上的;④ 怀孕或者哺乳自己不满 1 周岁婴儿的
追罚时效	违法行为在 6 个月内没有被公安机关发现的,不再处罚

三、 处罚程序

(一) 调查

公安机关受理报案、控告、举报、投案后,认为属于违反治安管理行为的,应当立即进行调查;认为不属于违反治安管理行为的,应当告知报案人、控告人、举报人、投案人,并说明理由。

对违反治安管理行为人,公安机关传唤后应当及时询问查证,询问查证的时间不得超过 8 小时;情况复杂,依照本法规定可能适用行政拘留处罚的,询问查证的时间不得超过 24 小时。公安机关应当及时将传唤的原因和处所通知被传唤人家属。

公安机关对与违反治安管理行为有关的场所、物品、人身可以进行检查。检查时,人民警察不得少于2人,并应当出示工作证件和县级以上人民政府公安机关开具的检查证明文件。对确有必要立即进行检查的,人民警察经出示工作证件,可以当场检查,但检查公民住所应当出示县级以上人民政府公安机关开具的检查证明文件。检查妇女的身体,应当由女性工作人员进行。

例:(2009/2/88/多选)某县公安局接到有人在薛某住所嫖娼的电话举报,遂派员前往检查。警察到达举报现场,敲门未开破门入室,只见薛某一人。薛某拒绝在检查笔录上签字,警察在笔录上注明这一情况。薛某认为检查行为违法,提起行政诉讼。下列哪些选项是正确的?

A. 某县公安局应当对电话举报进行登记

B. 警察对薛某住所进行检查时不得少于二人

C. 警察对薛某住所进行检查时应当出示工作证件和县级以上政府公安机关开具的检查证明文件

D. 因薛某未在警察制作的检查笔录上签字,该笔录在行政诉讼中不具有证据效力

[解析]A项正确。《治安管理处罚法》第77条规定:"公安机关对报案、控告、举报或者违反治安管理行为人主动投案,以及其他行政主管部门、司法机关移送的违反治安管理案件,应当及时受理,并进行登记。"

B项、C项正确。《治安管理处罚法》第87条规定:"公安机关对与违反治安管理行为有关的场所、物品、人身可以进行检查。检查时,人民警察不得少于二人,并应当出示工作证件和县级以上人民政府公安机关开具的检查证明文件。对确有必要立即进行检查的,人民警察经出示工作证件,可以当场检查,但检查公民住所应当出示县级以上人民政府公安机关开具的检查证明文件。"

D项错误。《治安管理处罚法》第88条规定:"检查的情况应当制作检查笔录,由检查人、被检查人和见证人签名或者盖章;被检查人拒绝签名的,人民警察应当在笔录上注明。"因此,现场笔录无当事人签名并不当然不具有证据效力。

(二)决定

1. 处罚机关。治安管理处罚由县级以上人民政府公安机关决定;其中警告、500元以下的罚款可以由公安派出所决定。

2. 简易程序。违反治安管理行为事实清楚,证据确凿,处警告或者200元以下罚款的,可以当场作出治安管理处罚决定。

3. 听证。公安机关作出吊销许可证以及处2000元以上罚款的治安管理处

罚决定前,应当告知违反治安管理行为人有权要求举行听证;违反治安管理行为人要求听证的,公安机关应当及时依法举行听证。

4. 期限。公安机关办理治安案件的期限,自受理之日起不得超过30日;案情重大、复杂的,经上一级公安机关批准,可以延长30日。为了查明案情进行鉴定的期间,不计入办理治安案件的期限。

5. 处罚决定书送达。公安机关应当向被处罚人宣告治安管理处罚决定书,并当场交付被处罚人;无法当场向被处罚人宣告的,应当在2日内送达被处罚人。决定给予行政拘留处罚的,应当及时通知被处罚人的家属。有被侵害人的,公安机关应当将决定书副本抄送被侵害人。

6. 救济途径。被处罚人对治安管理处罚决定不服的,可以依法申请行政复议或者提起行政诉讼。

如表4-11所示:

表4-11

处罚机关	公安局(4+1)　★警告、500元以下罚款可以由派出所作出
简易程序	事实清楚,证据确凿,警告或200元以下罚款,可以当场作出
听证权	吊销许可证、2000元以上罚款
期限	受理之日起30日内,可以延长30日
决定书送达	当场或2日内送达(民事诉讼法)被处罚人 行政拘留,应当及时通知被处罚人的家属 抄送决定书副本→被侵害人(相关人)
救济途径	当事人可以申请行政复议,或者提起行政诉讼

例:(2006/2/82/多选)2006年5月2日,吴某到某县郊区旅社住宿,拒不出示身份证件,与旅社工作人员争吵并强行住入该旅社。该郊区派出所以扰乱公共秩序为由,决定对吴某处以300元罚款。下列哪些说法是正确的?

A. 派出所可以自己的名义作出该处罚决定

B. 派出所可以当场作出该处罚决定

C. 公安机关应当将此决定书副本抄送郊区旅社

D. 吴某对该罚款决定不服,应当先申请复议才能提起行政诉讼

[解析]A项正确。《治安管理处罚法》第91条规定:"治安管理处罚由县级以上人民政府公安机关决定;其中警告、五百元以下的罚款可以由公安派出所决定。"本题中,派出所有权以自己的名义作出300元罚款的决定。

B项错误。《治安管理处罚法》第100条规定:"违反治安管理行为事实清

楚,证据确凿,处警告或者二百元以下罚款的,可以当场作出治安管理处罚决定。”本题中,罚款数额为300元,不适用当场处罚程序。

C项正确。《治安管理处罚法》第97条第2款规定:“有被侵害人的,公安机关应当将决定书副本抄送被侵害人。”本题中,旅社为被侵害人。

D项错误。《治安管理处罚法》第102条规定:“被处罚人对治安管理处罚决定不服的,可以依法申请行政复议或者提起行政诉讼。”可见,治安处罚案件的救济程序,是自由选择复议诉讼,而不是复议前置。

(三)执行

1. 当场收缴罚款。受到罚款处罚的人应当自收到处罚决定书之日起15日内,到指定的银行缴纳罚款。但是,有下列情形之一的,人民警察可以当场收缴罚款:(1)被处50元以下罚款,被处罚人对罚款无异议的;(2)在边远、水上、交通不便地区,公安机关及其人民警察依照本法的规定作出罚款决定后,被处罚人向指定的银行缴纳罚款确有困难,经被处罚人提出的;(3)被处罚人在当地没有固定住所,不当场收缴事后难以执行的。

2. 拘留的暂缓执行。被处罚人不服行政拘留处罚决定,申请行政复议、提起行政诉讼的,可以向公安机关提出暂缓执行行政拘留的申请。公安机关认为暂缓执行不致发生社会危险的,由被处罚人或者其近亲属提出担保人,或者按每日200元的标准交纳保证金,行政拘留的处罚决定暂缓执行。

例:(2008/2/49/单选)某区公安局派出所突击检查孔某经营的娱乐城,孔某向正在赌博的人员通风报信,派出所突击检查一无所获。派出所工作人员将孔某带回调查,孔某因受到逼供而说出实情。派出所据此决定对孔某拘留10日,孔某不服提起诉讼。下列哪一选项是正确的?

A. 在作出拘留决定前,孔某有权要求举行听证

B. 对孔某的拘留决定违法

C. 某区公安分局派出所是本案被告

D. 因孔某起诉,公安机关应暂缓执行拘留决定

[解析]A项、D项错误。《治安管理处罚法》第107条规定:“被处罚人不服行政拘留处罚决定,申请行政复议、提起行政诉讼的,可以向公安机关提出暂缓执行行政拘留的申请。公安机关认为暂缓执行行政拘留不致发生社会危险的,由被处罚人或者其近亲属提出符合本法第一百零八条规定条件的担保人,或者按每日行政拘留二百元的标准交纳保证金,行政拘留的处罚决定暂缓执行。”据此,对拘留仅规定了“暂缓执行”的救济方式,并没有举行听证的规定,故A项错误。拘留的暂缓执行需要同时具备四个条件,故D项错误。

B 项正确。《治安管理处罚法》第 91 条规定:“治安管理处罚由县级以上人民政府公安机关决定;其中警告、五百元以下的罚款可以由公安派出所决定。”本题中,派出所没有拘留权,并且通过刑讯逼供的手段收集证据,所以拘留决定违法。

C 项错误。根据《行政诉讼法》的规定,派出机构的被告资格,“幅度越权告机构,种类越权告机关”。本案中,派出所作出拘留决定,属于种类越权,被告应为某区公安分局。

第五章

行政许可

[本章提要]

本章内容包括两个部分:《行政许可法》和《最高人民法院关于审理行政许可案件若干问题的规定》。

行政审批改革是当前的重点问题。由于受到计划经济的不利影响,中国的行政许可项目过多,低效刁难现象严重,阻碍了经济和社会发展。《行政许可法》的立法目的,就是要减少许可项目,简化许可程序,为公众提供优质服务。

第一节　行政许可概述

一、 行政许可的概念和特征

行政许可,也称行政审批,是指行政机关(包括被授权组织,下同)在法律一般禁止的情况下,根据公民、法人或者其他组织的申请,经依法审查,批准其从事特定活动的行为。

行政许可的特征是:

(1) 行政许可是依申请行为。申请人通过申请书向行政机关提出许可请求,并说明自已具备法定条件。

(2) 行政许可是管理性行为。不是管理性的行为,即使冠以审批、登记的名称,也不属于行政许可。

(3) 行政许可是外部行为。行政机关对其他行政机关或者对其直接管理的事业单位的人事、财务、外事等事项的审批,属于内部审批,不是行政许可。

(4) 行政许可是授益行为。行政许可的结果是,相对人获得了从事特定活动的权利或者资格。

二、 行政许可的原则

1. 依法许可原则

行政许可的设定和实施,应当依照法定的权限、范围、条件和程序。

2. 公开、公平、公正原则

公开原则包括两项内容:(1) 立法信息公开,有关行政许可的规定应当公布,未经公布的不得作为实施行政许可的依据;(2) 执法信息公开,行政许可的实施和结果,除涉及国家秘密、商业秘密或者个人隐私的外,应当公开。

公平原则要求行政主体对符合法定条件、标准的申请人,要一视同仁,不得歧视。

公正原则要求行政主体在行政许可行为中,不考虑不相关因素和应考虑相关因素。

3. 便民原则

实施行政许可,应当遵循便民的原则,提高办事效率,提供优质服务。

4. 程序保障原则

公民、法人或者其他组织对行政机关实施行政许可,享有陈述权、申辩权;有权申请行政复议或者提起行政诉讼;其合法权益因行政机关违法实施行政许可受到损害的,有权要求赔偿。

5. 信赖保护原则

公民、法人或者其他组织依法取得的行政许可受法律保护,行政机关不得擅自改变已经生效的行政许可。行政许可所依据的法律、法规、规章修改或者废止,或者准予行政许可所依据的客观情况发生重大变化的,为了公共利益的需要,行政机关可以变更或者撤回已经生效的行政许可。由此给公民、法人或者其他组织造成财产损失的,行政机关应当给予补偿。

6. 禁止转让原则

依法取得的行政许可,除法律、法规规定依照法定条件和程序可以转让的外,不得转让。

7. 法律监督原则

县级以上政府应当建立健全对行政机关实施行政许可的监督制度,加强对行政机关实施行政许可的监督检查。行政机关应当对公民、法人或者其他组织从事行政许可事项的活动实施有效监督。

第二节　行政许可的设定

一、行政许可设定的概念和原则

行政许可的设定,是指法律规范首次对某种行政许可的实施机关、条件、程序、期限等作出规定。"设定"使某种行政许可从无到有,是第一次规定,属于首次性规范。

在设定行政许可时，应当遵循经济和社会发展规律，有利于发挥公民、法人或者其他组织的积极性、主动性，维护公共利益和社会秩序，促进经济、社会和生态环境协调发展。

二、 行政许可的设定事项

可以设定行政许可的事项共有六项，除此以外的事项不得设定行政许可。而且，即使这些事项，如果具备四种情形，也可以不设定行政许可。这样规定的目的，是为了大幅度减少生活中的行政许可，促进市场经济发展。

可以设定行政许可的事项，包括以下六项：

1. 普通许可。直接涉及国家安全、公共安全、经济宏观调控、生态环境保护以及直接关系人身健康、生命财产安全等特定活动，需要按照法定条件予以批准的事项。普通许可的主要功能是防止危险、保障安全。

2. 特许。有限自然资源开发利用、公共资源配置以及直接关系公共利益的特定行业的市场准入等，需要赋予特定权利的事项。特许的主要功能是分配有限资源。

3. 认可。提供公众服务并且直接关系公共利益的职业、行业，需要确定具备特殊信誉、特殊条件或者特殊技能等资格、资质的事项。认可的主要功能是提高从业水平或者某种技能、信誉。

4. 核准。直接关系公共安全、人身健康、生命财产安全的重要设备、设施、产品、物品，需要按照技术标准、技术规范，通过检验、检测、检疫等方式进行审定的事项。核准的主要功能是防止危险、保障安全。

5. 登记。企业或者其他组织的设立等，需要确定主体资格的事项。登记的主要功能是提供证明或者信誉、信息。

6. 法律、行政法规规定可以设定行政许可的其他事项。

但是，以上所列事项，通过下列方式能够予以规范的，可以不设行政许可：(1) 公民、法人或者其他组织能够自主决定的；(2) 市场竞争机制能够有效调节的；(3) 行业组织或者中介机构能够自律管理的；(4) 行政机关采用事后监督等其他行政管理方式能够解决的。

如表 5-1 所示：

表 5-1

可设定行政许可的事项	① 安全活动——普通许可 ② 资源利用——特许 ③ 资格赋予——认可 ④ 技术审定——核准 ⑤ 组织设立——登记 ⑥ 法律、行政法规另有规定的

续表

可以不设定行政许可	① 相对人能够自主决定的 ② 市场竞争机制能够有效调节的 ③ 行业组织、中介机构能够自律管理的 ④ 行政机关采取事后监督等方式能够解决的

三、行政许可设定权

行政许可设定权，影响到公民、法人或者其他组织的权利和义务。在立法过程中，部门规章有部门利益，地方政府规章有地方利益，所以设定权受到极大的限制。部门规章、市规章不得设定行政许可，省规章仅仅可以设定临时性行政许可。

（一）经常性行政许可的设定

1. 法律、法规可以设定经常性行政许可。

2. 国务院的决定可以设定经常性行政许可，但是实施后，国务院应当及时提请全国人大及其常委会制定法律，或者自行制定行政法规。

（二）临时性行政许可的设定

1. 国务院的决定可以设定临时性行政许可。

2. 省级政府的规章也可以设定临时性行政许可。实施满一年需要继续实施的，应当提请本级人大及其常委会制定地方性法规。

（三）对下位法设定行政许可的限制

上位法有设定的，下位法不得再设定。但是，下位法可以在上位法设定的行政许可事项范围内，对实施该行政许可作出具体规定。

如表 5-2 所示：

表 5-2

	创设权（上无下有）	具体规定权（上粗下细）
法律、法规	经常性许可	下位法可以在上位法设定的范围内作出具体规定
国务院决定	经常性许可（及时转化为法律或行政法规） 临时性许可	
省政府规章	临时性许可（一年转化为地方性法规）	

（四）对地方立法设定行政许可的限制

地方性法规和省级政府规章，都是地方立法，可能存在地方利益。因此，对其行政许可设定权作出了限制：(1) 不得设定应当由国家统一确定的公民、法人或者其他组织的资格、资质的行政许可。(2) 不得设定企业或者其他组织的设立登记及其前置性行政许可。(3) 不得限制其他地区的个人或者企业到本地区从事生产经营和提供服务。(4) 不得限制其他地区的商品进入本地区市场。

四、行政许可的设定程序

（一）行政许可设定的内容

设定行政许可，应当规定行政许可的实施机关、条件、程序、期限。

（二）行政许可草案的起草

起草法律草案、法规草案和省级政府规章草案的单位，应当采取听证会、论证会等形式听取意见，并向制定机关说明设定该行政许可的必要性、对经济和社会可能产生的影响以及听取和采纳意见的情况。

（三）行政许可的评价制度

1. 设定机关的评价。设定机关应当定期对行政许可进行评价。如认为通过《行政许可法》第 13 条所列方式能够解决的，应当及时予以修改或者废止。

2. 实施机关的评价。实施机关可以对实施情况及存在的必要性适时进行评价，并将意见报告设定机关。

3. 公民、法人、其他组织的意见和建议。公民、法人或者其他组织可以向设定机关和实施机关提出意见和建议。

（四）授权停止实施行政许可制度

省级政府对行政法规设定的有关经济事务的行政许可，根据本行政区域经济和社会发展情况，认为通过《行政许可法》第 13 条所列方式能够解决的，报国务院批准后，可以在本行政区域内停止实施该行政许可。这里的省级政府，主要是指市场经济发达地区的省级政府，有些行政许可事项，在当地通过市场竞争方式已经能够有效调节，可以提请国务院批准，停止实施该行政许可。

如表 5-3 所示：

表 5-3

起草	起草单位应当采取听证会、论证会等形式听取意见
评价	① 设定机关：应当定期评价→第 13 条→及时修改废止 ② 实施机关：可以评价，并向设定机关报告意见 ③ 相 对 人：可以向设定机关、实施机关提出意见建议
授权停止实施	省级政府：对行政法规设定的经济事务行政许可 →第 13 条→报国务院批准→本省停止实施

例：(2016/2/79/多选）关于行政许可的设定权限，下列哪些说法是不正确的？

A. 必要时省政府制定的规章可设定企业的设立登记及其前置性行政许可

B. 地方性法规可设定应由国家统一确定的公民、法人或者其他组织的资格、资质的行政许可

C. 必要时国务院部门可采用发布决定的方式设定临时性行政许可

D. 省政府报国务院批准后可在本区域停止实施行政法规设定的有关经济事务的行政许可

[解析]A 项、B 项错误，应选。《行政许可法》第 15 条第 2 款规定："地方性法规和省、自治区、直辖市人民政府规章，不得设定应当由国家统一确定的公民、法人或者其他组织的资格、资质的行政许可；不得设定企业或者其他组织的设立登记及其前置性行政许可。其设定的行政许可，不得限制其他地区的个人或者企业到本地区从事生产经营和提供服务，不得限制其他地区的商品进入本地区市场。"

C 项错误，应选。《行政许可法》第 14 条第 2 款规定："必要时，国务院可以采用发布决定的方式设定行政许可。实施后，除临时性行政许可事项外，国务院应当及时提请全国人民代表大会及其常务委员会制定法律，或者自行制定行政法规。"可见，国务院可以采用发布决定的方式设定行政许可，而国务院部门不可以。

D 项正确，不选。《行政许可法》第 21 条规定："省、自治区、直辖市人民政府对行政法规设定的有关经济事务的行政许可，根据本行政区域经济和社会发展情况，认为通过本法第十三条所列方式能够解决的，报国务院批准后，可以在本行政区域内停止实施该行政许可。"

第三节　行政许可的实施机关

一、行政许可实施主体的资格

1. 行政机关，在法定职权范围内实施行政许可。

2. 被授权组织，法律、法规授权的具有管理公共事务职能的组织可以在法定授权范围内实施行政许可。在行政许可法中，规章不得授权。这一点，与行政处罚法相同。

3. 被委托组织，行政机关可以委托其他行政机关实施行政许可。行政许可权只能委托行政机关，而且必须依法委托。

二、行政许可实施主体制度中的创新

在实践中，许可权存在"两个分散"：一是在行政机关之间权力分散，即所谓"八个部门管不了一头猪"；二是在内部机构之间权力分散。因此，制度创新的目标就是合并权力、简化手续。

1. 相对集中行政许可权

经国务院批准，省级政府可以决定一个行政机关行使有关行政机关的行政许可权。

这一规定与《行政处罚法》相对集中处罚权的规定不同。《行政许可法》是"经国务院批准的省级政府"可以决定集中权力，《行政处罚法》是"国务院或者经国务院授权的省级政府"可以决定集中权力，前者是一个机关，后者是两个机关。

2. "一个窗口对外"

行政许可需要行政机关内设的多个机构办理的，该行政机关应当确定一个机构统一受理行政许可申请，统一送达行政许可决定。

3. 统一办理、联合办理、集中办理

行政许可需要地方政府两个以上部门分别实施的，本级政府可以确定一个部门受理行政许可申请并转告有关部门分别提出意见后统一办理，或者组织有关部门联合办理、集中办理。

如表 5-4 所示：

表 5-4

相对集中许可权	经国务院批准的省级政府，决定一个行政机关行使有关行政机关的行政许可权	
一个窗口对外	行政机关的多个行政机构	应当确定一个机构统一受理申请、送达决定
统一、联合、集中办理	地方政府的多个工作部门	可以确定一个部门受理申请并转告有关部门后统一办理或者组织有关部门联合办理、集中办理（一站式服务）

第四节　行政许可的实施程序

行政许可的实施程序，是指行政许可的实施机关从受理行政许可申请到作出准予、拒绝、中止、收回、撤销行政许可等决定的方式、步骤和时限的总称，包括一般程序和特别程序。

一、申请与受理

（一）对申请人的要求

1. 申请人可以委托代理人提出行政许可申请。但是，依法应当由申请人到行政机关办公场所提出行政许可申请的除外。

2. 行政许可申请可以通过信函、电报、电传、传真、电子数据交换和电子邮件等方式提出。

3. 申请人申请行政许可，应当如实向行政机关提交有关材料和反映真实情况，并对其申请材料实质内容的真实性负责。行政机关不得要求申请人提交无关的材料。

（二）对行政机关的要求

1. 申请书需要采用格式文本的，行政机关应当提供。格式文本中不得包含与申请行政许可事项没有直接关系的内容。

2. 行政机关应当将有关行政许可的事项以及需要提交的材料目录和申请书示范文本等在办公场所公示。申请人要求说明、解释的，行政机关应当说明、解释。

3. 行政机关应当推行电子政务，在行政机关的网站上公布行政许可事项，方便申请人采取数据电文等方式提出行政许可申请；应当与其他行政机关共享有关行政许可信息。

（三）行政机关对申请的处理

行政机关对申请人提出的行政许可申请，应当根据下列情况分别作出处理：

1. 申请事项依法不需要取得行政许可的，应当即时告知申请人不受理；

2. 申请事项依法不属于本行政机关职权范围的，应当即时作出不予受理的决定，并告知申请人向有关行政机关申请；

3. 申请材料存在可以当场更正的错误的，应当允许申请人当场更正；

4. 申请材料不齐全或者不符合法定形式的，应当当场或者在五日内一次告知申请人需要补正的全部内容，逾期不告知的，自收到申请材料之日起即为受理；

5. 申请事项属于本行政机关职权范围，申请材料齐全、符合法定形式，或者申请人按照本行政机关的要求提交全部补正申请材料的，应当受理行政许可申请。

行政机关受理或者不予受理行政许可申请，应当出具加盖本行政机关专用印章和注明日期的书面凭证。

如表 5-5 所示：

表 5-5

对申请人的要求	① 可以委托代理人申请，但是依法应当亲自到场的除外 ② 可以通过信函和数据电文的方式提交申请书 ③ 应当对申请材料实质内容的真实性负责
对行政机关的要求	① 应当提供申请书格式文本（如需要） ② 应当将有关事项、材料目录、申请书示范文本在办公场所公示 ③ 应当推行电子政务
行政机关对申请的处理	① 申请事项不需要取得许可→即时告知不受理 ② 申请事项不属本机关职权→即时书面不受理决定，告知正确机关 ③ 申请材料存在可以当场更正的错误→允许当场更正 ④ 申请材料不符合→当场或五日内一次性告知补正内容，逾期视为受理 ⑤ 各项符合→应当书面受理决定

例：（2010/2/43/单选）刘某向卫生局申请在小区设立个体诊所，卫生局受

理申请。小区居民陈某等人提出，诊所的医疗废物会造成环境污染，要求卫生局不予批准。对此，下列哪一选项符合《行政许可法》规定？

A. 刘某既可以书面也可以口头申请设立个体诊所

B. 卫生局受理刘某申请后，应当向其出具加盖本机关专用印章和注明日期的书面凭证

C. 如陈某等人提出听证要求，卫生局同意并听证的，组织听证的费用应由陈某承担

D. 如卫生局拒绝刘某申请，原则上应作出书面决定，必要时口头告知即可

[解析]A 项错误。《行政许可法》第 29 条规定："公民、法人或者其他组织从事特定活动，依法需要取得行政许可的，应当向行政机关提出申请。申请书需要采用格式文本的，行政机关应当向申请人提供行政许可申请书格式文本。……行政许可申请可以通过信函、电报、电传、传真、电子数据交换和电子邮件等方式提出。"可见，行政许可申请必须以书面形式提出。

B 项正确。《行政许可法》第 32 条第 2 款规定："行政机关受理或者不予受理行政许可申请，应当出具加盖本行政机关专用印章和注明日期的书面凭证。"

C 项错误。《行政许可法》第 47 条第 2 款规定："申请人、利害关系人不承担行政机关组织听证的费用。"

D 项错误。《行政许可法》第 38 条规定："申请人的申请符合法定条件、标准的，行政机关应当依法作出准予行政许可的书面决定。行政机关依法作出不予行政许可的书面决定的，应当说明理由，并告知申请人享有依法申请行政复议或者提起行政诉讼的权利。"可见，行政许可决定必须采用书面形式。

二、 审查与决定

（一）审查方式

1. 书面审查。申请人提交的申请材料齐全、符合法定形式，行政机关能够当场作出决定的，应当当场作出书面的行政许可决定。

2. 实地核查。依法需要对申请材料的实质内容进行核实的，行政机关应当指派两名以上工作人员进行核查。

3. 听取意见。发现行政许可事项直接关系他人重大利益的，应当告知该利害关系人。申请人、利害关系人有权进行陈述和申辩。行政机关应当听取申请人、利害关系人的意见。

（二）决定方式

1. 申请人的申请符合法定条件、标准的，行政机关应当依法作出准予行政许可的书面决定。行政机关依法作出不予行政许可的书面决定的，应当说明理由，并告知申请人享有依法申请行政复议或者提起行政诉讼的权利。

2. 行政机关作出准予行政许可的决定，需要颁发行政许可证件的，应当向申请人颁发加盖本行政机关印章的行政许可证件。行政机关实施检验、检测、检疫的，可以在合格的物品上加贴标签或者加盖印章。

3. 行政机关作出的准予行政许可决定，应当予以公开，公众有权查阅。

4. 法律、行政法规设定的行政许可，其适用范围没有地域限制的，申请人取得的行政许可在全国范围内有效。

如表 5-6 所示：

表 5-6

审查方式	① 书面审查：材料齐全、符合法定形式，能够当场决定的当场决定（可 1 人） ② 实地核查：需要核实材料实质内容的 →（2 人以上）核查 ③ 听取意见：直接关系他人重大利益的 → 事前告知利害关系人
决定方式	① 符合条件→书面许可决定；不符合条件→书面不许可决定，说明理由 ② 许可证件（如需要）。检验、检测、检疫，可以在物品上加标签或加印章 ③ 准予许可决定，予以公开，公众有权查阅 ④ 法律、行政法规设定的许可，如无地域限制，全国有效

例：（2005/2/46/单选）根据行政许可法的规定，下列有关行政许可的审查和决定的哪一种说法是正确的？

A. 对行政许可申请人提交的申请材料的审查，均应由行政机关两名以上工作人员进行

B. 行政机关作出准予行政许可决定和不予行政许可决定，均应采用书面形式

C. 行政机关作出准予行政许可决定后，均应向申请人颁发加盖本行政机关印章的行政许可证件

D. 所有的行政许可均在全国范围内有效

［解析］A 项错误。《行政许可法》第 34 条规定："行政机关应当对申请人提交的申请材料进行审查。申请人提交的申请材料齐全、符合法定形式，行政机关能够当场作出决定的，应当当场作出书面的行政许可决定。根据法定条件和程序，需要对申请材料的实质内容进行核实的，行政机关应当指派两名以上工作人

员进行核查。”可见，形式审查可以一个人，内容审查必须两人以上。

B 项正确。《行政许可法》第 38 条规定：“申请人的申请符合法定条件、标准的，行政机关应当依法作出准予行政许可的书面决定。行政机关依法作出不予行政许可的书面决定的，应当说明理由，并告知申请人享有依法申请行政复议或者提起行政诉讼的权利。”可见，行政许可是要式行政行为，准予许可或者不予许可都要书面决定。

C 项错误。《行政许可法》第 39 条规定，“行政机关作出准予行政许可的决定，需要颁发行政许可证件的，应当向申请人颁发加盖本行政机关印章的下列行政许可证件……行政机关实施检验、检测、检疫的，可以在检验、检测、检疫合格的设备、设施、产品、物品上加贴标签或者加盖检验、检测、检疫印章。”可见，许可证件只是一种可能性，还有加贴标签、加盖印章等形式。

D 项错误。《行政许可证》第 41 条规定：“法律、行政法规设定的行政许可，其适用范围没有地域限制的，申请人取得的行政许可在全国范围内有效。”所以，行政许可的效力范围，取决于法律规范的效力范围。法律、行政法规是全国性立法，其效力范围及于全国，除非有地域限制（例如，《香港基本法》是全国人大制定的法律，但是只在香港有效）。

三、 期限

1. 除可以当场作出行政许可决定的外，行政机关应当自受理申请之日起 20 日内作出行政许可决定。20 日内不能作出决定的，经本行政机关负责人批准，可以延长 10 日，并应当将延长期限的理由告知申请人。但是，法律、法规另有规定的，依照其规定。

2. 行政许可采取统一办理或者联合办理、集中办理的，办理的时间不得超过 45 日；45 日内不能办结的，经本级政府负责人批准，可以延长 15 日，并应当将延长期限的理由告知申请人。

3. 依法应当先经下级行政机关审查后报上级行政机关决定的行政许可，下级行政机关应当自其受理行政许可申请之日起 20 日内审查完毕。但是，法律、法规另有规定的，依照其规定。

4. 行政机关作出准予行政许可的决定，应当自作出决定之日起 10 日内向申请人颁发、送达行政许可证件，或者加贴标签，加盖检验、检测、检疫印章。

5. 行政机关作出行政许可决定，依法需要听证、招标、拍卖、检验、检测、检疫、鉴定和专家评审的，所需时间不计算在期限内。行政机关应当将所需时间书面告知申请人。

如表 5-7 所示：

表 5-7

决定	① 当场决定 ② 20日→ 本机关负责人批准延10日(理由),法律、法规另有规定的除外 ③ 统一、联合、集中办理,45日→本级政府负责人批准延15日(理由)
下级先审查	下级机关审查后报上级机关决定,20日内审查,法律、法规另有规定的除外
办证加签章	自许可决定之日10日内颁发许可证或者加贴标签、加盖印章
技术性扣除	听证、招标、检验等技术性审查时间,不计算在期限内(书面告知)

四、 听证

(一) 听证的事项

1. 法律、法规、规章规定实施行政许可应当听证的事项。

2. 行政机关认为需要听证的其他涉及公共利益的重大行政许可事项。

3. 行政许可直接涉及申请人与他人之间重大利益关系的事项。行政机关在作出行政许可决定前,应当告知申请人、利害关系人享有要求听证的权利;申请人、利害关系人在5日内提出听证申请的,行政机关应当在20日内组织听证。申请人、利害关系人不承担行政机关组织听证的费用。

(二) 听证的程序

1. 行政机关应当于举行听证的7日前将举行听证的时间、地点通知申请人、利害关系人,必要时予以公告。

2. 听证应当公开举行,但是涉及国家机密、商业秘密和个人隐私的除外。

3. 行政机关应当指定审查该行政许可申请的工作人员以外的人员为听证主持人,申请人、利害关系人认为主持人与该行政许可事项有直接利害关系的,有权申请回避。

4. 举行听证时,审查该行政许可申请的工作人员应当提供审查意见的证据、理由,申请人、利害关系人可以提出证据,并进行申辩和质证。

5. 听证应当制作笔录,听证笔录应当交听证参加人确认无误后签字或者盖章。

（三）听证笔录的效力

行政机关应当根据听证笔录，作出行政许可决定。也就是说，听证笔录是行政机关作出行政决定的“唯一依据”，这被称为案卷排他性原则。这一点与行政处罚法不同，行政处罚中的听证笔录只是“证据之一”。

如表 5-8 所示：

表 5-8

听证事项	① 法律、法规、规章规定的应当听证的事项（依职权） ② 行政机关认为需要听证的涉及公共利益的重大事项（依职权） ③ 直接涉及申请人与他人之间重大利益关系的事项（依申请）事前告知/5 日申请/20 日组织
听证程序	7 日前通知或公告 公开进行　　但涉密除外 案外人主持　审查人≠主持人 质证　　　　审查人 vs.申请人、利害关系人 听证笔录　　案卷排他性原则（唯一证据）

例：（2011/2/99/不定选）关于行政许可实施程序的听证规定，下列说法正确的是：

A. 行政机关应在举行听证 7 日前将时间、地点通知申请人、利害关系人

B. 行政机关可视情况决定是否公开举行听证

C. 申请人、利害关系人对听证主持人可以依照规定提出回避申请

D. 举办听证的行政机关应当制作笔录，听证笔录应当交听证参与人确认无误后签字或者盖章

[解析] A 项、C 项、D 项正确。《行政许可法》第 48 条规定：“听证按照下列程序进行：（一）行政机关应当于举行听证的七日前将举行听证的时间、地点通知申请人、利害关系人，必要时予以公告；（二）听证应当公开举行；（三）行政机关应当指定审查该行政许可申请的工作人员以外的人员为听证主持人，申请人、利害关系人认为主持人与该行政许可事项有直接利害关系的，有权申请回避；（四）举行听证时，审查该行政许可申请的工作人员应当提供审查意见的证据、理由，申请人、利害关系人可以提出证据，并进行申辩和质证；（五）听证应当制作笔录，听证笔录应当交听证参加人确认无误后签字或者盖章。行政机关应当根据听证笔录，作出行政许可决定。”

B 项错误。《行政许可法》第 5 条第 2 款规定：“……行政许可的实施和结

果,除涉及国家秘密、商业秘密或者个人隐私的外,应当公开。”可见,听证应当公开举行,但是涉密除外。本项中,“可视情况”的表述错误,“应视涉密与否”才是正确的。

五、 变更与延续

1. 变更

被许可人要求变更行政许可事项的,向作出行政许可决定的行政机关提出申请符合法定条件、标准的,行政机关应当依法办理变更手续。

2. 延续

被许可人需要延续依法取得的行政许可的有效期的,应当在该有效期届满30日前向许可机关提出申请。但是,法律、法规、规章另有规定的,依照其规定。行政机关应当在有效期届满前作出是否准予延续的决定;逾期未作决定的,视为准予延续。

例:(2009/2/40/单选)2001年原信息产业部制定的《电信业务经营许可证管理办法》(简称《办法》)规定“经营许可证有效期届满,需要继续经营的,应提前90日,向原发证机关提出续办经营许可证的申请。”2003年9月1日获得增值电信业务许可证(有效期为五年)的甲公司,于2008年拟向原发证机关某省通信管理局提出续办经营许可证的申请。下列哪一选项是正确的?

A. 因《办法》为规章,所规定的延续许可证申请期限无效

B. 因《办法》在《行政许可法》制定前颁布,所规定的延续许可证申请期限无效

C. 如甲公司依法提出申请,某省通信管理局应在甲公司许可证有效期届满前作出是否准予延续的决定

D. 如甲公司依法提出申请,某省通信管理局在60日内不予答复的,视为拒绝延续

[解析]A项、B项错误。《行政许可法》第50条第1款规定:“被许可人需要延续依法取得的行政许可的有效期的,应当在该行政许可有效期届满三十日前向作出许可决定的行政机关提出申请。但是,法律、法规、规章另有规定的,依照其规定。”本题中,信息产业部制定的《电信业务经营许可证管理办法》是规章,可以规定不同的期限,所以90日是有效的。

C项正确、D项错误。《行政许可法》第50条第2款规定:“行政机关应当根据被许可人的申请,在该行政许可有效期届满前作出是否准予延续的决定;逾期未作决定的,视为准予延续。”

六、 特别程序

（一）国务院许可程序

国务院实施行政许可的程序，适用有关法律、行政法规的规定。

（二）特许程序

需要赋予特定权利的事项的行政许可，行政机关应当通过招标、拍卖等公平竞争的方式作出决定。但是，法律、行政法规另有规定的，依照其规定。行政机关确定中标人、买受人后，应当作出准予行政许可的决定，并颁发行政许可证件。

（三）认可程序

1. 认可公民特定资格的程序。依法应当举行国家考试的，行政机关根据考试成绩和其他法定条件作出行政许可决定。考试由行政机关或者行业组织实施，公开举行。行政机关或者行业组织应当事先公布资格考试的报名条件、报考办法、考试科目以及考试大纲。但是，不得组织强制性的考前培训，不得指定教材或者其他助考材料。

2. 认可法人或者其他组织特定资格、资质的程序。行政机关根据申请人的专业人员构成、技术条件、经营业绩和管理水平等的考核结果作出行政许可决定。但是，法律、行政法规另有规定的，依照其规定。

（四）核准程序

行政机关应当按照技术标准、技术规范进行检验、检测、检疫，根据结果作出行政许可决定。实施检验、检测、检疫，应当自受理申请之日起 5 日内指派 2 名以上工作人员进行。不需要对结果作进一步技术分析即可认定的，应当当场作出行政许可决定。

行政机关作出不予行政许可决定的，应当书面说明不予行政许可所依据的技术标准、技术规范。

（五）登记程序

通常情况下，行政机关只对申请材料作形式审查。申请人提交的申请材料齐全、符合法定形式的，行政机关应当当场予以登记。需要对申请材料的实质内容进行核实的，应当指派 2 名以上工作人员进行核查。

（六）有数量限制的行政许可的程序

有数量限制的行政许可，2 个或者 2 个以上申请人的申请均符合法定条件、标准的，行政机关应当根据受理行政许可申请的先后顺序作出准予行政许可的决定。但是，法律、行政法规另有规定的除外。

如表 5-9 所示：

表 5-9

国务院实施许可	适用法律、行政法规
资源利用（特许）	通过招标、拍卖等公平竞争的方式作出决定，颁发许可证件
资格赋予（认可）	公民考试，公开事项，不得强制培训、指定教材资料。组织考核
技术审定（核准）	2 人以上，5 日内进行。不予许可，书面说明标准、规范
组织设立（登记）	通常只作形式审查，符合条件的当场登记。需要实质审查，2 人以上
有数量限制的许可	（受理）申请在先原则，法律、行政法规另有规定的除外

例：（2005/2/40/单选）一小区已建有 A 幼儿园，为满足需要，某区人民政府拟在该小区内再建一所幼儿园。张某和李某先后向某区人民政府提出申请，张某获批准。下列哪一种说法是正确的？

A. 某区人民政府必须在受理李某和张某的申请之日起 20 日内作出批准与否的决定

B. 某区人民政府按照张某和李某申请的先后顺序作出批准决定是不合法的

C. 李某有权对某区人民政府批准张某申请的行为提起行政诉讼

D. A 幼儿园有权对某区人民政府批准再建幼儿园的决定提起行政诉讼

［解析］A 项错误。《行政许可法》第 42 条规定：“除可以当场作出行政许可决定的外，行政机关应当自受理行政许可申请之日起二十日内作出行政许可决定。二十日内不能作出决定的，经本行政机关负责人批准，可以延长十日，并应当将延长期限的理由告知申请人。但是，法律、法规另有规定的，依照其规定。”可见，20 日只是一种可能性。

B 项错误。《行政许可法》第 57 条规定：“有数量限制的行政许可，两个或者两个以上申请人的申请均符合法定条件、标准的，行政机关应当根据受理行政许可申请的先后顺序作出准予行政许可的决定。但是，法律、行政法规另有规定的，依照其规定。”

C 项正确，D 项错误。《行政诉讼法》第 25 条第 1 款规定：“行政行为的相对人以及其他与行政行为有利害关系的公民、法人或者其他组织,有权提起诉讼。”本题中,区政府对张某作出的行政许可决定,李某是相关人,具有利害关系。但是,A 幼儿园不是相关人,没有利害关系。

第五节 行政许可的费用

一、 禁止收费原则与法定例外

行政机关实施行政许可和对行政许可事项进行监督检查,不得收取任何费用。但是,法律、行政法规规定收费的除外。

行政机关提供行政许可申请书格式文本,绝对不得收费。

二、 对收费的管理

行政机关实施行政许可,依照法律、行政法规收取费用的,应当按照公布的法定项目和标准收费;所收取的费用必须全部上缴国库,任何机关或者个人不得以任何形式截留、挪用、私分或者变相私分。财政部门不得以任何形式向行政机关返还或者变相返还实施行政许可所收取的费用。

第六节 监督检查

一、 对许可机关的监督

上级行政机关应当加强对下级行政机关实施行政许可的监督检查,及时纠正行政许可实施中的违法行为。

二、 对被许可人的监督

(一) 书面检查和实地检查

1. 行政机关应当建立健全监督制度,核查反映被许可人从事行政许可事项活动情况的有关材料,将监督检查的情况和处理结果予以记录归档。公众有权查阅记录。

2. 行政机关可以对产品进行抽样检查、检验、检测,对生产经营场所进行实地检查。检查时,可以查阅或者要求被许可人报送有关材料。

3. 行政机关对直接关系公共安全、人身健康、生命财产安全的重要设备、设施进行定期检验。检验合格的,应当发给证明文件。

4. 行政机关应当创造条件,实现与被许可人、其他有关行政机关的计算机档案系统互联,核查被许可人从事行政许可事项活动情况。

(二) 被许可人的自检制度

对直接关系公共安全、人身健康、生命财产安全的重要设备、设施,行政机关应当督促设计、建造、安装和使用单位建立相应的自检制度。行政机关发现这些设备、设施存在安全隐患的,应当责令停止建造、安装和使用,并责令改正。

(三) 对取得特许的人的监督

1. 被许可人未依法履行开发利用自然资源、公共资源义务的,行政机关应当责令限期改正。

2. 取得直接关系公共利益的特定行业的市场准入行政许可的被许可人,应当按照国家规定的标准和条件,向用户提供安全、方便、稳定和价格合理的服务,并履行普遍服务的义务;未经批准,不得擅自停业、歇业。

(四) 监督机制

1. 举报。个人和组织发现违法从事行政许可事项的活动,有权向行政机关举报,行政机关应当及时核实、处理。

2. 异地协助告知。被许可人在许可机关管辖区域外违法从事行政许可事项活动的,违法行为发生地的行政机关应当将被许可人的违法事实、处理结果抄告许可机关。

(五) 监督规则

行政机关实施监督检查,不得妨碍被许可人正常的生产经营活动,不得索取或者收受被许可人的财物,不得谋取其他利益。

如表 5-10 所示:

表 5-10

行政机关检查	① 书面检查:核查材料并记录归档;创造条件使计算机档案系统互联 ② 实地检查:抽查产品;检查场所;直接关系重要安全的设备设施,定期检验,发给证明
被许可人自检	直接关系重要安全的设备设施,督促建设、使用单位建立自检制度

续表

对特许的监督	① 资源利用特许的被许可人未履行开发利用义务的,责令限期改正 ② 市场准入特许的被许可人,合理、普遍服务。未经批准,不得擅自停业、歇业
监督机制	① 举报:个人、组织发现违法行为有权举报,行政机关应当及时核实处理 ② 异地协助告知:被许可人在管辖区域外违法,违法行为地的行政机关应当抄告许可机关
监督规则	不得妨碍正常的生产经营活动,不得索取收受财物,不得谋取其他利益

三、 行政许可的撤销

行政许可的撤销,是指行政机关颁发许可证之后,因行政许可行为存在违法情形,许可机关或者其上级机关作出的收回许可证的行为。

(一) 可以撤销

行政许可机关或者其上级行政机关,根据利害关系人的请求或者依据职权,发现存在下列情形之一的,可以撤销行政许可:(1) 行政机关工作人员滥用职权、玩忽职守作出准予行政许可决定的;(2) 超越法定职权作出准予行政许可决定的;(3) 违反法定程序作出准予行政许可决定的;(4) 对不具备申请资格或者不符合法定条件的申请人准予行政许可的;(5) 依法可以撤销行政许可的其他情形。这五种情况,就是具体行政行为五个合法性要件的缺失。

行政许可因为违法而被撤销,被许可人的合法权益受到损害的,行政机关应当依法给予赔偿。但是行政赔偿还要具备《国家赔偿法》规定的其他原则和要件,如过错原则,行政机关必须有过错才赔偿,如果相对人有过错在先,行政许可机关就不予赔偿。

(二) 应当撤销

被许可人以欺骗、贿赂等不正当手段取得行政许可的,应当予以撤销。而且,被许可人"欺骗、贿赂"在先,存在过错,所以被许可人基于行政许可取得的利益不受保护,行政许可机关不予赔偿。

(三) 撤销的例外

撤销行政许可,可能对公共利益造成重大损害的,不予撤销。这是为了避免对社会造成更大的伤害,而对违法行政许可的容忍。虽然如此,行政许可机关仍需采取补救、补偿措施。

如表 5-11 所示：

表 5-11

撤销	可以撤销	行政许可违法的　（过错赔偿）
	应当撤销	欺骗、贿赂等不正当手段取得许可的　（不予赔偿）
	不予撤销	撤销可能对公共利益造成重大损害的

例：(2004/2/96/不定选)甲厂经某市采砂许可证的法定发放机关地质矿产局批准取得了为期 5 年的采砂许可证，并经某区水电局等部门批准，在区江河管理站划定的区域内采砂。后因缴纳管理费问题与水电局发生纠纷。随后，该水电局越权向乙厂颁发了采砂许可证，准予乙厂在甲厂已被划定的区域内采砂。下列说法正确的是：

A. 根据甲厂的申请，某市地质矿产局可以撤销水电局发给乙厂的采砂许可证

B. 水电局应当撤销给乙厂发放的采砂许可证

C. 若乙厂的采砂许可证被撤销，发放许可证的水电局应承担乙厂相应的经济损失

D. 甲厂可以要求水电局赔偿因向乙厂颁发许可证给自己造成的经济损失

[解析]A 项错误，B 项正确。《行政许可法》第 69 条第 1 款规定："有下列情形之一的，作出行政许可决定的行政机关或者其上级行政机关，根据利害关系人的请求或者依据职权，可以撤销行政许可：(一) 行政机关工作人员滥用职权、玩忽职守作出准予行政许可决定的；(二) 超越法定职权作出准予行政许可决定的；(三) 违反法定程序作出准予行政许可决定的；(四) 对不具备申请资格或者不符合法定条件的申请人准予行政许可的；(五) 依法可以撤销行政许可的其他情形。"可见，只有行政许可机关及其上级行政机关，才有权撤销行政许可。本题中，水电局超越地质矿产局的职权，作出许可决定的水电局应当撤销行政许可，被越权的地质矿产局无权撤销。

C 项、D 项正确。《行政许可法》第 69 条第 4 款规定："依照本条第一款的规定撤销行政许可，被许可人的合法权益受到损害的，行政机关应当依法给予赔偿。……"本题中，行政许可是违法的，侵犯了甲厂、乙厂的合法权益，水电局应当赔偿乙厂的经济损失，甲厂也可以要求水电局赔偿自己的经济损失。

提示：具体行政行为的撤销，只有三种途径：① 自己监督自己，行政机关撤销自己的行政行为；② 上级监督下级，上级行政机关撤销下级行政机关的行政行为；③ 法院监督政府，法院在行政诉讼中撤销行政机关的行政行为。

四、行政许可的注销

行政许可的注销，是指行政许可自然失去效力后，行政许可机关依据法定程序收回行政许可证件或者公告行政许可失去效力。行政许可自注销之日起不再生效，但其效力亦不溯及既往。

有下列情形之一的，行政许可机关应当依法办理注销手续：(1) 行政许可有效期届满未延续的；(2) 赋予公民特定资格的行政许可，该公民死亡或者丧失行为能力的；(3) 法人或者其他组织依法终止的；(4) 行政许可依法被撤销、撤回，或者行政许可证件依法被吊销的；(5) 因不可抗力导致行政许可事项无法实施的；(6) 法律、法规规定的应当注销行政许可的其他情形。

例 1：(2008/2/87/多选) 对下列哪些情形，行政机关应当办理行政许可的注销手续？

A. 张某取得律师执业证书后，发生交通事故成为植物人

B. 田某违法经营的网吧被吊销许可证

C. 李某依法向国土资源管理部门申请延续采矿许可，国土资源管理部门在规定期限内未予答复

D. 刘某通过行贿取得行政许可证后，被行政机关发现并撤销其许可

[解析] A 项、B 项、D 项正确。《行政许可法》第 70 条规定："有下列情形之一的，行政机关应当依法办理有关行政许可的注销手续：(一) 行政许可有效期届满未延续的；(二) 赋予公民特定资格的行政许可，该公民死亡或者丧失行为能力的；(三) 法人或者其他组织依法终止的；(四) 行政许可依法被撤销、撤回，或者行政许可证件依法被吊销的；(五) 因不可抗力导致行政许可事项无法实施的；(六) 法律、法规规定的应当注销行政许可的其他情形。"A 项属于第二种情形，B 项、D 项属于第四种情形，应选。

C 项错误，不选。《行政许可法》第 50 条规定："被许可人需要延续依法取得的行政许可的有效期的，应当在该行政许可有效期届满三十日前向作出行政许可决定的行政机关提出申请。但是，法律、法规、规章另有规定的，依照其规定。行政机关应当根据被许可人的申请，在该行政许可有效期届满前作出是否准予延续的决定；逾期未作决定的，视为准予延续。"本项中，国土资源管理部门在规定期限内未予答复，视为准予延续，行政许可有效。

例 2：(2006/2/86/多选) 根据行政许可法的规定，下列关于行政许可的撤销、撤回、注销的哪些说法是正确的？

A. 行政许可的撤销和撤回都涉及被许可人实体权利

B. 规章的修改可以作为行政机关撤回已经生效的行政许可的理由

C. 因行政机关工作人员滥用职权授予的行政许可被撤销的,行政机关应予赔偿

D. 注销是行政许可被撤销和撤回后的法定程序

[解析]A 项正确。《行政许可法》第 2 条规定:“本法所称行政许可,是指行政机关根据公民、法人或者其他组织的申请,经依法审查,准予其从事特定活动的行为。”因此,行政许可是对被许可人权利的赋予,是授益行政行为。而撤销使行政许可自始无效,撤回使行政许可向后失去效力,都是对被许可人权利的剥夺。

B 项正确。《行政许可法》第 8 条规定:“公民、法人或者其他组织依法取得的行政许可受法律保护,行政机关不得擅自改变已经生效的行政许可。行政许可所依据的法律、法规、规章修改或者废止,或者准予行政许可所依据的客观情况发生重大变化的,为了公共利益的需要,行政机关可以依法变更或者撤回已经生效的行政许可。由此给公民、法人或者其他组织造成财产损失的,行政机关应当依法给予补偿。”可见,规章的修改可以作为行政机关撤回行政许可的理由。当然这个规章特指省级政府制定的规章。

C 项错误。《行政许可法》第 69 条第 4 款规定:“依照本条第一款的规定(即行政许可违法的)撤销行政许可,被许可人的合法权益受到损害的,行政机关应当依法给予赔偿。依照本条第二款的规定(即被许可人以欺骗、贿赂等不正当手段取得行政许可的)撤销行政许可的,被许可人基于行政许可取得的利益不受保护。”可见,撤销行政许可、对被许可人进行赔偿的条件,一是行政机关有过错,二是被许可人的合法权益受到损害。本题中,没有提到被许可人的合法权益受到损害,不一定有损害结果,所以不一定赔偿。

D 项正确。根据《行政许可法》第 70 条第 4 项规定,行政许可依法被撤销、撤回的,应当办理注销手续。

第七节 法律责任

一、 行政机关及其工作人员的法律责任

1. 行政机关违法设定行政许可,由有关机关责令改正或依法撤销。

2. 行政机关及其工作人员违法,由上级行政机关或监察机关责令改正或给予行政处分,或追究刑事责任。

3. 行政机关违法实施行政许可,给当事人合法权益造成损害的,应当予以行政赔偿。

二、申请人和被许可人的法律责任

申请人违法,予以行政处罚,情节严重的追究刑事责任。

1. 行政许可申请人隐瞒有关情况或者提供虚假材料申请行政许可的,行政机关不予受理或者不予行政许可,并给予警告;行政许可申请属于直接关系公共安全、人身健康、生命财产安全事项的,申请人在一年内不得再次申请该行政许可。

2. 被许可人以欺骗、贿赂等不正当手段取得行政许可的,行政机关应当依法给予行政处罚;取得的行政许可属于直接关系公共安全、人身健康、生命财产安全事项的,申请人在三年内不得再次申请该行政许可。

例:(2005/2/86/多选)根据行政许可法的规定,下列哪些说法是正确的?

A. 某区动植物检验局未按照法定标准收取许可费用,应当对其直接责任人给予行政处分

B. 医生李某死亡,卫生行政主管部门应当依法注销其医师资格

C. 某省公安厅对某高校教师出国护照的审批不适用行政许可法

D. 某企业通过贿赂手段取得的烟花爆竹生产许可证被撤销后,在一年之内不得再申请该项许可

[解析]A 项正确。《行政许可法》第 75 条第 1 款规定:"行政机关实施行政许可,擅自收费或者不按照法定项目和标准收费的,由其上级行政机关或者监察机关责令退还非法收取的费用;对直接负责的主管人员和其他直接责任人员依法给予行政处分。"

B 项正确。《行政许可法》第 70 条第 2 项规定,赋予公民特定资格的行政许可,该公民死亡或者丧失行为能力的,行政机关应当依法办理有关行政许可的注销手续。

C 项错误。《行政许可法》第 3 条规定:"行政许可的设定和实施,适用本法。有关行政机关对其他机关或者对其直接管理的事业单位的人事、财务、外事等事项的审批,不适用本法。"本题中,某高校既非行政机关,又非某省公安厅直接管理的事业单位,因此某省公安厅对某高校教师出国护照的审批,是外部审批,不是内部审批,应当适用行政许可法。

D 项错误。《行政许可法》第 79 条规定:"被许可人以欺骗、贿赂等不正当手段取得行政许可的,行政机关应当依法给予行政处罚;取得的行政许可属于直接关系公共安全、人身健康、生命财产安全事项的,申请人在三年内不得再次申请该行政许可;构成犯罪的,依法追究刑事责任。"本题中,该企业在三年之内不得再申请该项许可,而非一年之内。

第六章 行政强制

[本章提要]

《行政强制法》分为两个部分:行政强制措施、行政强制执行,可以把这两个部分看作两部法律,分开理解。

行政强制措施分为两种:(1) 避免危险 →控制人身自由。(2) 制止违法 →控制财物。

行政强制执行分为两种:(1) 行政机关有执行权 →自行执行。(2) 行政机关无执行权 →申请法院执行(非诉行政行为的执行)。

第一节　行政强制概论

一、 行政强制的概念和特点

(一) 行政强制的概念

行政强制,包括行政强制措施和行政强制执行。

行政强制措施,是指行政机关在行政管理过程中,为制止违法行为、防止证据损毁、避免危害发生、控制危险扩大等情形,依法对公民的人身自由实施暂时性限制,或者对公民、法人或者其他组织的财物实施暂时性控制的行为。也就是说,行政强制措施分为两种:(1) 为了避免危险对人身自由实施控制。(2) 为了制止违法对财物实施控制。

行政强制执行,是指行政机关或者行政机关申请法院,对不履行行政决定的公民、法人或者其他组织,依法强制履行义务的行为。也就是说,行政强制执行分为两个部分:(1) 行政机关自行执行。(2) 行政机关申请法院执行。

(二) 行政强制的特点

1. 行政性。行政强制发生在行政管理过程中,是行政机关为了实现行政目的,依照行政程序作出的行政行为。尽管行政机关可以依法申请法院实施强制,但行政强制的主体并不因此变成法院,行政强制也没有因此改变其行政的性质。这一特点将行政强制与刑事强制、诉讼强制分开。

2. 服从性。行政强制是行政机关的单方行为,具有强制力,相对人必须服从。这一特点将行政强制与行政指导、行政合同等非强制性行为分开。

3. 限制性。行政强制直接作用于当事人的人身自由和财产等权利,具有限制公民人身自由和财产权利的作用。这一特点将行政强制与行政处罚等行为分开。

4. 依附性。行政强制本身不是目的,不是为了强制而强制,而是为了其他行政行为的作出或者实现而服务的。

二、 行政强制的原则

1. 法定原则,即合法性原则。行政强制的设定和实施,应当依照法定的权限、范围、条件和程序。

2. 适当原则,即比例原则。行政强制的设定和实施,应当适当。采用非强制手段可以达到行政管理目的的,不得设定和实施行政强制。

3. 强制与教育相结合原则。例如,违法行为情节显著轻微或者没有明显社会危害的,可以不采取行政强制措施。

4. 不得谋取私利原则。行政机关及其工作人员不得利用行政强制权为单位或者个人谋取利益。

5. 程序保障原则。公民、法人或者其他组织对行政机关实施行政强制,享有陈述权、申辩权,有权申请行政复议或者提起行政诉讼;因行政机关违法实施行政强制受到损害的,有权依法要求赔偿。

第二节　行政强制的种类和设定

一、 行政强制措施的种类和设定

(一) 行政强制措施的种类

1. 限制公民人身自由。主要包括强制传唤、强制约束、强制隔离戒毒、强制带离现场等措施,只有法律才能设定。

2. 查封场所、设施或者财物。查封是行政机关以加贴封条的方式,限制当事人对财产的使用和处分的强制措施,主要针对不动产或者其他不便移动的财产。

3. 扣押财物。扣押是行政机关解除当事人对财产的占有并限制其处分的强制措施,主要针对可移动的财产,由行政机关保管。

4. 冻结存款、汇款。冻结是指限制金融资产流动的强制措施,只有法律才能设定。

5. 其他行政强制措施。

如表 6-1 所示:

表 6-1

行政强制措施(4+w)	① 限制公民人身自由 (法律保留)
	② 查封场所设施或者财物
	③ 扣押财物
	④ 冻结存款汇款 (法律保留)
	w:其他行政强制措施

例:(2016/2/46/单选)下列哪一行政行为不属于行政强制措施?

A. 审计局封存转移会计凭证的被审计单位的有关资料

B. 公安交通执法大队暂扣酒后驾车的贾某机动车驾驶证 6 个月

C. 税务局扣押某企业价值相当于应纳税款的商品

D. 公安机关对醉酒的王某采取约束性措施至酒醒

[解析]A 项、C 项、D 项属于行政强制措施,不选。《行政强制法》第 9 条规定:"行政强制措施的种类:(一) 限制公民人身自由;(二) 查封场所、设施或者财物;(三) 扣押财物;(四) 冻结存款、汇款;(五) 其他行政强制措施。"本题中,A 属于第二项,C 属于第三项,D 属于第一项。

B 项属于行政处罚,应选。《行政处罚法》第 8 条规定:"行政处罚的种类:(一) 警告;(二) 罚款;(三) 没收违法所得、没收非法财物;(四) 责令停产停业;(五) 暂扣或者吊销许可证、暂扣或者吊销执照;(六) 行政拘留;(七) 法律、行政法规规定的其他行政处罚。"本题中,B 属于第五项。

提示:行政强制措施最突出的特点是控制性,行政处罚最突出的特点是惩罚性。

(二) 行政强制措施的设定

有权设定行政强制措施的只有法律、行政法规和地方性法规。部门规章、地方政府规章和其他规范性文件不得设定。同时,行政强制措施是一般行政管理措施,不属于民族自治地方的特别需要,所以自治条例和单行条例也不得设定。

1. 法律的设定权。法律可以设定各种行政强制措施。

2. 行政法规的设定权。尚未制定法律，行政法规可以设定行政强制措施，但是不得设定限制人身自由、冻结存款汇款，因为它们属于法律保留的事项。

3. 地方性法规的设定权。尚未制定法律、行政法规的，地方性法规可以设定行政强制措施，但是仅限于查封场所设施或者财物、扣押财物。

以上所述设定，是创设权。此外，行政法规和地方性法规还有具体规定权，即在上位法规定的范围内作出具体规定的权力。对上位法已经设定的事项，下位法不能再设定，但是可以在上位法设定的行政强制措施的对象、条件、种类内作出具体规定。

如表 6-2 所示：

表 6-2

	创设权（上无下有）	具体规定权（上粗下细）
法律	4+w	下位法可以在上位法范围内作出具体规定
行政法规	2+w（2 =查封+ 扣押）	
地方性法规	2（2 =查封+ 扣押）	

二、 行政强制执行的方式和设定

行政强制执行包括两部分内容：一是行政机关自己强制执行，一是行政机关申请法院强制执行。这里列举的是指行政机关强制执行的方式。至于法院执行的方式，由行政诉讼法和民事诉讼法规定。

根据执行手段的不同，行政强制执行分为直接强制和间接强制。直接强制直接作用于当事人的人身和财产，形式较多，较为常见的有划拨存款汇款、拍卖或者依法处理财物。间接强制的手段较为平和，主要包括加处罚款或者滞纳金、代履行。

（一）行政强制执行的方式

1. 划拨存款、汇款。根据《商业银行法》的规定，划拨需要法律明确授权。

2. 拍卖或者依法处理查封、扣押的场所、设施或者财物。

3. 排除妨碍、恢复原状。在行政管理中，公民、法人或者其他组织的行为侵害了公共财产，影响了行政管理程序，行政机关可以要求当事人排除妨碍、恢复原状。

4. 代履行。是指行政机关对逾期不履行义务的当事人，可以自己或者委托第三人代为履行义务，并向当事人收取履行费用的执行方式。

5. 加处罚款或者滞纳金，属于执行罚。执行罚是指行政机关对逾期不履行义务的当事人加处金钱给付义务，迫使其履行义务。如《行政处罚法》规定，到期不缴纳罚款的，每日按罚款数额的 3% 加处罚款。

6. 其他强制执行方式。

如表 6-3 所示：

表 6-3

<table>
<tr><td rowspan="3">行政强制执行</td><td rowspan="2">行政机关自己执行</td><td>直接强制</td><td>划拨存款、汇款（法律保留）
拍卖或者依法处理查封扣押的场所设施财物
排除妨碍、恢复原状</td></tr>
<tr><td>间接强制</td><td>代履行
执行罚：加处罚款或者滞纳金</td></tr>
<tr><td>行政机关申请法院执行</td><td colspan="2">行政诉讼法 + 民事诉讼法</td></tr>
</table>

（二）行政强制执行的设定权

行政强制执行由法律设定，其他任何法律规范无权设定。法律没有规定行政机关强制执行的，作出行政决定的行政机关应当申请法院强制执行。一句话，有权的行政机关只能自行执行，无权的行政机关只能申请法院执行。

但是，税务机关和海关比较特殊，既可以自行执行，也可以申请法院执行。《税收征收管理法》第 88 条第 3 款规定："当事人对税务机关的处罚决定逾期不申请行政复议也不向人民法院起诉、又不履行的，作出处罚决定的税务机关可以采取本法第四十条规定的强制执行措施，或者申请人民法院强制执行。"《海关法》第 93 条规定："当事人逾期不履行海关的处罚决定又不申请复议或者向人民法院提起诉讼的，作出处罚决定的海关可以将其保证金抵缴或者将其被扣留的货物、物品、运输工具依法变价抵缴，也可以申请人民法院强制执行。"

如图 6-1 所示：

行政机关
- 有法律规定的强制执行权 → 自行执行
- 无法律规定的强制执行权 → 申请法院执行
- 法律同时规定强制执行权和申请法院执行权 → 两种执行

图 6-1

三、行政强制的设定程序

（一）行政强制草案的起草

起草法律草案、法规草案，拟设定行政强制的，起草单位应当采取听证会、论证会等形式听取意见，并向制定机关说明设定该行政强制的必要性、可能产生的影响以及听取和采纳意见的情况。

（二）行政强制的评价

1. 设定机关的评价。行政强制的设定机关应当定期对其设定的行政强制进行评价，并对不适当的行政强制及时予以修改或者废止。

2. 实施机关的评价。行政强制的实施机关可以对已设定的行政强制的实施情况及存在的必要性适时进行评价，并将意见报告该行政强制的设定机关。

3. 公民、法人、其他组织的意见和建议。公民、法人或者其他组织可以向行政强制的设定机关和实施机关就行政强制的设定和实施提出意见和建议。

如表 6-4 所示：

表 6-4

起草	起草单位应当采取听证会、论证会等形式听取意见
评价	① 设定机关：应当定期评价→不适当的，及时修改废止 ② 实施机关：可以评价，并向设定机关报告意见 ③ 相 对 人：可以向设定机关、实施机关提出意见建议

第三节　行政强制措施实施程序

一、一般规定

（一）实施行政强制措施的一般条件

行政机关履行行政管理职责，依照法律、法规的规定，实施行政强制措施。违法行为情节显著轻微或者没有明显社会危害的，可以不采取行政强制措施。

（二）行政强制措施的实施主体

1. 行政机关

行政强制措施由法律、法规规定的行政机关在法定职权范围内实施，由行政机关具备资格的行政执法人员实施。行政强制措施权不得委托。

相对集中行政处罚权的行政机关可以实施相对集中的行政强制措施。为了解决多头处罚问题，《行政处罚法》第16条规定："国务院或者经国务院授权的省、自治区、直辖市人民政府可以决定一个行政机关行使有关行政机关的行政处罚权，但限制人身自由的行政处罚权只能由公安机关行使。"这些行使相对集中行政处罚权的行政机关，可以实施法律、法规规定的与行政处罚权有关的行政强制措施。

2. 被授权组织

法律、行政法规授权的具有管理公共事务职能的组织在法定授权范围内，可以以自己的名义实施行政强制措施。

（三）实施行政强制措施的一般程序

1. 内部程序。行政强制措施直接关系到公民的人身权、财产权等基本权利，不能任由执法人员随意作出，必须在实施前向行政机关负责人报告并经批准。

2. 外部程序。(1) 由两名以上行政执法人员实施；(2) 出示执法身份证件；(3) 通知当事人到场；(4) 当场告知当事人采取行政强制措施的理由、依据以及当事人依法享有的权利、救济途径；(5) 听取当事人的陈述和申辩；(6) 制作现场笔录；(7) 现场笔录由当事人和行政执法人员签名或者盖章，当事人拒绝的，在笔录中予以注明；(8) 当事人不到场的，邀请见证人到场，由见证人和行政执法人员在现场笔录上签名或者盖章；(9) 法律、法规规定的其他程序。

（四）即时强制的程序

情况紧急，需要当场实施行政强制措施的，行政执法人员应当在24小时内向行政机关负责人报告，并补办批准手续。行政机关负责人认为不应当采取行政强制措施的，应当立即解除。

一般情况下，在实施行政强制措施前，应当向行政机关负责人报告并经批准。但是，在紧急情况下，为制止紧急事态或严重违法行为，需要当场实施行政强制措施，即时对当事人的人身、财产采取强制措施，来不及履行报告批准程序，一般把这种措施称为"即时强制"。

（五）实施限制人身自由行政强制措施的特别程序

人身自由是宪法保障的公民基本权利，依法享有人身自由是公民行使其他各项权利的前提和基础。为了体现从严规范的精神，增加了五项特别程序：(1) 当场告知或者实施行政强制措施后立即通知当事人家属实施行政强制措施的行政机关、地点和期限；(2) 在紧急情况下当场实施行政强制措施的，在返回行政机关后，立即向行政机关负责人报告并补办批准手续；(3) 实施行政强制措施不得超过法定期限；(4) 实施行政强制措施的目的已经达到或者条件已经消失，应当立即解除；(5) 法律规定的其他程序。

(六) 涉嫌犯罪案件移送的程序

违法行为涉嫌犯罪应当移送司法机关的，行政机关应当将查封、扣押、冻结的财物一并移送，并书面告知当事人。

如表 6-5 所示：

表 6-5

一般程序	内部程序	① 实施前须向行政机关负责人报告并经批准
	外部程序	② 由两名以上行政执法人员实施，出示执法身份证件 ③ 通知当事人到场，当场告知强制的理由、依据以及当事人权利，听取陈述申辩 ④ 制作现场笔录，由当事人和行政执法人员签名或者盖章
特别程序	即时强制的程序	紧急情况下需要当场实施，执法人员 24 小时内向负责人报告并补办批准手续
	限制人身自由的程序	① 当场告知或者事后立即通知当事人家属实施机关、地点和期限 ② 即时强制的，返回行政机关后立即向负责人报告并补办批准手续
	涉嫌犯罪移送的程序	将查封、扣押、冻结的财物一并移送，并书面告知当事人

二、查封、扣押

(一) 查封、扣押的实施主体

查封、扣押应当由法律、法规规定的行政机关实施，其他任何行政机关或者组织不得实施。

（二）查封、扣押的对象

查封、扣押限于涉案的场所、设施或者财物，不得查封、扣押与违法行为无关的场所、设施或者财物；不得查封、扣押公民个人及其所扶养家属的生活必需品。

当事人的场所、设施或者财物已被其他国家机关依法查封的，不得重复查封。

（三）查封、扣押的程序

1. 按照实施行政强制措施的一般程序。

2. 制作并当场交付查封扣押决定书和清单，一式二份，由当事人和行政机关分别保存。

3. 查封、扣押的期限不得超过30日；情况复杂的，经行政机关负责人批准，可以延长，但是延长期限不得超过30日，法律、行政法规另有规定的除外。延长查封、扣押的决定应当及时书面告知当事人，并说明理由。对物品需要进行检测、检验、检疫或者技术鉴定的，查封、扣押的期间不包括检测、检验、检疫或者技术鉴定的期间。检测、检验、检疫或者技术鉴定的期间应当明确，并书面告知当事人。检测、检验、检疫或者技术鉴定的费用由行政机关承担。

4. 对查封、扣押的场所、设施或者财物，行政机关应当妥善保管，不得使用或者损毁；造成损失的，应当承担赔偿责任。对查封的场所、设施或者财物，行政机关可以委托第三人保管，第三人不得损毁或者擅自转移、处置。因第三人的原因造成的损失，行政机关先行赔付后，有权向第三人追偿。因查封、扣押发生的保管费用由行政机关承担。

5. 行政机关采取查封、扣押措施后，应当及时查清事实，在规定的期限内作出处理决定。对违法事实清楚，依法应当没收的非法财物予以没收；法律、行政法规规定应当销毁的，依法销毁；应当解除查封、扣押的，作出解除查封、扣押的决定。

6. 有下列情形之一的，行政机关应当及时作出解除查封、扣押决定：(1) 当事人没有违法行为；(2) 查封、扣押的场所、设施或者财物与违法行为无关；(3) 行政机关对违法行为已经作出处理决定，不再需要查封、扣押；(4) 查封、扣押期限已经届满；(5) 其他不再需要采取查封、扣押措施的情形。解除查封、扣押应当立即退还财物；已将鲜活物品或者其他不易保管的财物拍卖或者变卖的，退还拍卖或者变卖所得款项。变卖价格明显低于市场价格，给当事人造成损失的，应当给予补偿。

如表6-6所示：

表 6-6

实施主体	法律、法规规定的行政机关
对象	限于涉案的场所、设施或者财物,不得重复查封
程序	制作并当场交付决定书和清单,一式二份,由当事人和行政机关分别保存 不得超过 30 日;延长期限不得超过 30 日,法律、行政法规另有规定的除外 检测、检验、检疫或者技术鉴定的期间要扣除,费用由行政机关承担妥善保管,不得使用或者损毁 可以委托第三人保管,费用由行政机关承担事后及时查清事实,在规定期限内作出处理决定

例:(2012/2/80/多选)某工商局以涉嫌非法销售汽车为由扣押某公司 5 辆汽车。下列哪些说法是错误的?

A. 工商局可以委托城管执法局实施扣押

B. 工商局扣押汽车的最长期限为 90 日

C. 对扣押车辆,工商局可以委托第三人保管

D. 对扣押车辆进行检测的费用,由某公司承担

[解析]A 项错误,应选。《行政强制法》第 17 条第 1 款规定:"行政强制措施由法律、法规规定的行政机关在法定职权范围内实施。行政强制措施权不得委托。"

B 项错误,应选。《行政强制法》第 25 条第 1 款规定:"查封、扣押的期限不得超过三十日;情况复杂的,经行政机关负责人批准,可以延长,但是延长期限不得超过三十日。法律、行政法规另有规定的除外。"可见,扣押的最长期限应为 60 日。

C 项正确,不选。《行政强制法》第 26 条规定:"对查封、扣押的场所、设施或者财物,行政机关应当妥善保管,不得使用或者损毁;造成损失的,应当承担赔偿责任。对查封的场所、设施或者财物,行政机关可以委托第三人保管,第三人不得损毁或者擅自转移、处置。因第三人的原因造成的损失,行政机关先行赔付后,有权向第三人追偿。因查封、扣押发生的保管费用由行政机关承担。"本题中,对扣押车辆,工商局可以自己保管,也可以委托第三人保管。

D 项错误,应选。《行政强制法》第 25 条第 3 款规定:"对物品需要进行检测、检验、检疫或者技术鉴定的,查封、扣押的期间不包括检测、检验、检疫或者技术鉴定的期间。检测、检验、检疫或者技术鉴定的期间应当明确,并书面告知当事人。检测、检验、检疫或者技术鉴定的费用由行政机关承担。"本题中,检测费用应由行政机关承担。

三、冻结

（一）冻结的实施主体和对象

冻结存款、汇款应当由法律规定的行政机关实施，不得委托给其他行政机关或者组织；其他任何行政机关或者组织不得冻结存款、汇款。

冻结存款、汇款的数额应当与违法行为涉及的金额相当；已被其他国家机关依法冻结的，不得重复冻结。

（二）冻结的程序

1. 按照实施行政强制措施的一般程序，但不是所有程序，只需要遵守四个程序：实施前须向行政机关负责人报告并经批准；由两名以上行政执法人员实施；出示执法身份证件；制作现场笔录。因为冻结有其独特性，故而有别于一般程序性规定。

2. 行政机关决定实施冻结存款、汇款的，向金融机构交付冻结通知书。金融机构应当立即予以冻结，不得拖延，不得在冻结前向当事人泄露信息。法律规定以外的行政机关或者组织要求冻结当事人存款、汇款的，金融机构应当拒绝。

3. 行政机关决定实施冻结存款、汇款的，应当在 3 日内向当事人交付冻结决定书。

4. 冻结存款、汇款之日起 30 日内，行政机关应当作出处理决定或者作出解除冻结决定；情况复杂的，经行政机关负责人批准，可以延长，但是延长期限不得超过 30 日，法律另有规定的除外。延长冻结的决定应当及时书面告知当事人，并说明理由。

5. 有下列情形之一的，行政机关应当及时作出解除冻结决定：（1）当事人没有违法行为；（2）冻结的存款、汇款与违法行为无关；（3）行政机关对违法行为已经作出处理决定，不再需要冻结；（4）冻结期限已经届满；（5）其他不再需要采取冻结措施的情形。行政机关作出解除冻结决定的，应当及时通知金融机构和当事人，金融机构接到通知后应当立即解除冻结。行政机关逾期未作出处理决定或者解除冻结决定的，金融机构应当自冻结期满之日起解除冻结。

如表 6-7 所示：

表 6-7

实施主体	法律规定的行政机关
对象	冻结存款、汇款的数额与违法行为涉及的金额相当，不得重复冻结

续表

程序	向金融机构交付冻结通知书 3 日内向当事人交付冻结决定书 30 日内作出处理决定,延长期限不得超过 30 日,法律另有规定的除外

第四节 行政机关强制执行程序

一、一般规定

(一)实施行政强制执行的一般条件

行政机关依法作出行政决定后,当事人在行政机关决定的期限内不履行义务的,具有行政强制执行权的行政机关强制执行。

(二)事先催告程序

行政机关作出强制执行决定前,应当事先催告当事人履行义务,催告应当以书面形式作出。

当事人收到催告书后有权进行陈述和申辩。行政机关应当充分听取当事人的意见,对当事人提出的事实、理由和证据,应当进行记录、复核。当事人提出的事实、理由或者证据成立的,行政机关应当采纳。

例:(2012/2/84/多选)规划局认定一公司所建房屋违反规划,向该公司发出《拆除所建房屋通知》,要求公司在 15 日内拆除房屋。到期后,该公司未拆除所建房屋,该局发出《关于限期拆除所建房屋的通知》,要求公司在 10 日内自动拆除,否则将依法强制执行。下列哪些说法是正确的?

A.《拆除所建房屋通知》与《关于限期拆除所建房屋的通知》性质不同

B.《关于限期拆除所建房屋的通知》系行政处罚

C. 公司可以对《拆除所建房屋通知》提起行政诉讼

D. 在作出《拆除所建房屋通知》时,规划局可以适用简易程序

[解析]A 项正确,B 项错误。《行政强制法》第 35 条规定:“行政机关作出强制执行决定前,应当事先催告当事人履行义务。催告应当以书面形式作出,并载明下列事项:(一)履行义务的期限;(二)履行义务的方式;(三)涉及金钱给付的,应当有明确的金额和给付方式;(四)当事人依法享有的陈述权和申辩权。”本题中,《拆除所建房屋通知》属于行政强制执行,《关于限期拆除所建房屋

的通知》属于催告。

C项正确。《行政诉讼法》第12条规定:"人民法院受理公民、法人或者其他组织提起的下列诉讼:……(二)对限制人身自由或者对财产的查封、扣押、冻结等行政强制措施和行政强制执行不服的;……"本题中,行政强制执行是具体行政行为,属于行政诉讼受案范围。

D项错误。《行政强制法》中没有规定行政强制执行的简易程序。

(三) 行政强制执行决定的作出

经催告,当事人逾期仍不履行行政决定,且无正当理由的,行政机关可以以书面形式作出强制执行决定。在催告期间,对有证据证明有转移或者隐匿财物迹象的,行政机关可以作出立即强制执行决定。催告书、行政强制执行决定书应当直接送达当事人。当事人拒绝接收或者无法直接送达当事人的,应当依照《民事诉讼法》的有关规定送达。

(四) 中止执行

中止执行是指强制执行程序开始后,由于出现了使强制执行无法进行下去的特殊情况,行政机关暂时停止强制执行程序。有下列情形之一的,中止执行:(1) 当事人履行行政决定确有困难或者暂无履行能力的;(2) 第三人对执行标的主张权利,确有理由的;(3) 执行可能造成难以弥补的损失,且中止执行不损害公共利益的;(4) 行政机关认为需要中止执行的其他情形。中止执行的情形消失后,行政机关应当恢复执行。对没有明显社会危害,当事人确无能力履行,中止执行满3年未恢复执行的,行政机关不再执行。

(五) 终结执行

终结执行是指在执行过程中,由于发生了某种特殊情况,执行程序没有必要或不可能继续进行,从而结束执行程序。有下列情形之一的,终结执行:(1) 公民死亡,无遗产可供执行,又无义务承受人的;(2) 法人或者其他组织终止,无财产可供执行,又无义务承受人的;(3) 执行标的灭失的;(4) 据以执行的行政决定被撤销的;(5) 行政机关认为需要终结执行的其他情形。

(六) 执行回转

执行回转是一项错误弥补制度,是指在执行中或者执行完毕后,据以执行的行政决定被撤销、变更,或者执行错误的,行政机关对已被执行的财产重新恢复到执行程序开始前状态的执行制度。在执行中或者执行完毕后,据以执行的行政决定被撤销、变更，或者执行错误的，应当恢复原状或者退还财物；不能恢复原状或者退还财物的，依法给予赔偿。

（七）执行和解

实施行政强制执行，行政机关可以在不损害公共利益和他人合法权益的情况下，与当事人达成执行协议。执行协议可以约定分阶段履行；当事人采取补救措施的，可以减免加处的罚款或者滞纳金。执行协议应当履行。当事人不履行执行协议的，行政机关应当恢复强制执行。

例：（2015/2/49/单选）在行政强制执行过程中，行政机关依法与甲达成执行协议。事后，甲应当履行协议而不履行，行政机关可采取下列哪一措施？

A. 申请法院强制执行

B. 恢复强制执行

C. 以甲为被告提起民事诉讼

D. 以甲为被告提起行政诉讼

[解析]B 项正确。《行政强制法》第 42 条规定："实施行政强制执行，行政机关可以在不损害公共利益和他人合法权益的情况下，与当事人达成执行协议。执行协议可以约定分阶段履行；当事人采取补救措施的，可以减免加处的罚款或者滞纳金。执行协议应当履行。当事人不履行执行协议的，行政机关应当恢复强制执行。"

（八）文明执行

行政机关不得在夜间或者法定节假日实施行政强制执行，但是情况紧急的除外。

行政机关不得对居民生活采取停止供水、供电、供热、供燃气等方式迫使当事人履行相关行政决定。

（九）强制拆除

对违法的建筑物、构筑物、设施等需要强制拆除的，应当由行政机关予以公告，限期当事人自行拆除。当事人在法定期限内不申请行政复议或者提起行政诉讼，又不拆除的，行政机关可以依法强制拆除。

如表 6-8 所示：

表 6-8

一般条件	行政机关作出行政决定后，当事人逾期不履行义务的，有强制执行权的行政机关强制执行

续表

事先催告	行政机关作出强制执行决定前,应当事先书面催告当事人履行义务。当事人有权陈述申辩
执行决定	经催告,当事人仍不履行,且无正当理由的,行政机关以书面形式作出强制执行决定
中止执行	对没有明显社会危害,当事人确无能力履行,中止执行满 3 年未恢复执行的,不再执行
执行和解	在不损害公共利益和他人合法权益的情况下,与当事人达成执行协议
文明执行	不得在夜间或法定节假日实施强制执行,情况紧急的除外 不得对居民生活采取停止供水、供电、供热、供燃气等方式迫使当事人履行行政决定
强制拆除	对违法的建筑物、构筑物、设施等需要强制拆除的,行政机关限期当事人自行拆除 当事人不申请行政复议或者提起行政诉讼,又不拆除的,行政机关可以强制拆除

二、 金钱给付义务的执行

(一) 加处罚款或者滞纳金的一般条件

行政机关依法作出金钱给付义务的行政决定,当事人逾期不履行的,行政机关可以依法加处罚款或者滞纳金。加处的标准应当告知当事人。加处的数额不得超出金钱给付义务的数额。

例:(2013/2/81/多选)2012 年 9 月,某计划生育委员会以李某、周某二人于 2010 年 7 月违法超生第二胎,作出要求其缴纳社会抚养费 12 万元,逾期不缴纳每月加收 2‰滞纳金的决定。二人不服,向法院起诉。下列哪些说法是正确的?

A. 加处的滞纳金数额不得超出 12 万元

B. 本案为共同诉讼

C. 二人的违法行为发生在 2010 年 7 月,到 2012 年 9 月已超过《行政处罚法》规定的追究责任的期限,故决定违法

D. 法院不能作出允许少缴或免缴社会抚养费的变更判决

[解析]A 项正确。《行政强制法》第 45 条第 2 款规定:"加处罚款或者滞纳金的数额不得超出金钱给付义务的数额。"

B 项正确。《行政诉讼法》第 27 条规定:"当事人一方或者双方为二人以

上,因同一行政行为发生的行政案件,或者因同类行政行为发生的行政案件、人民法院认为可以合并审理并经当事人同意的,为共同诉讼。”

C 项错误。《行政处罚法》第 29 条规定:“违法行为在二年内未被发现的,不再给予行政处罚。法律另有规定的除外。前款规定的期限,从违法行为发生之日起计算;违法行为有连续或者继续状态的,从行为终了之日起计算。”本题中,社会抚养费属于行政征收,不是行政处罚,不适用上述规定。

D 项错误。《行政诉讼法》第 77 条第 1 款规定:“行政处罚明显不当,或者其他行政行为涉及对款额的确定、认定确有错误的,人民法院可以判决变更。”本题中,社会抚养费属于行政征收,如果对款额的确定、认定确有错误,法院可以作出变更判决。

(二)金钱给付义务的直接强制执行

行政机关实施加处罚款或者滞纳金超过 30 日,经催告当事人仍不履行的,具有行政强制执行权的行政机关可以强制执行。行政机关实施强制执行前,可以采取查封、扣押、冻结措施。

没有行政强制执行权的行政机关应当申请人民法院强制执行。但是,当事人在法定期限内不申请行政复议或者提起行政诉讼,经催告仍不履行的,在实施行政管理过程中已经采取查封、扣押措施的行政机关,可以将查封、扣押的财物依法拍卖抵缴罚款。

(三)划拨存款、汇款的规定

划拨存款、汇款应当由法律规定的行政机关决定,并书面通知金融机构。金融机构接到行政机关依法作出划拨存款、汇款的决定后,应当立即划拨。

法律规定以外的行政机关或者组织要求划拨当事人存款、汇款的,金融机构应当拒绝。

(四)委托拍卖机构拍卖的规定

依法拍卖财物,由行政机关委托拍卖机构依照《拍卖法》的规定办理。

(五)划拨存款、汇款的管理制度

划拨的存款、汇款以及拍卖和依法处理所得的款项应当上缴国库或者划入财政专户。任何行政机关或者个人不得以任何形式截留、私分或者变相私分。

如表 6-9 所示:

表 6-9

一般条件	金钱给付义务,当事人不履行,行政机关加处罚款或者滞纳金。加处不得超出原数额
直接强制	超过 30 日,经催告当事人仍不履行的,有执行权的行政机关可以执行;无权机关申请法院
划拨存款、汇款	法律规定的行政机关决定,并书面通知金融机构

三、 代履行

(一) 代履行的条件

行政机关依法作出要求当事人履行排除妨碍、恢复原状等义务的行政决定,当事人逾期不履行,经催告仍不履行,其后果已经或者将危害交通安全、造成环境污染或者破坏自然资源的,行政机关可以代履行,或者委托没有利害关系的第三人代履行。

(二) 代履行的实施程序

代履行应当遵守下列规定:(1) 代履行前送达决定书,代履行决定书应当载明当事人的姓名或者名称、地址,代履行的理由和依据、方式和时间、标的、费用预算以及代履行人;(2) 代履行 3 日前,催告当事人履行,当事人履行的,停止代履行;(3) 代履行时,作出决定的行政机关应当派员到场监督;(4) 代履行完毕,行政机关到场监督的工作人员、代履行人和当事人或者见证人应当在执行文书上签名或者盖章。

代履行的费用按照成本合理确定,由当事人承担,但是法律另有规定的除外。

代履行不得采用暴力、胁迫以及其他非法方式。

(三) 立即实施代履行的规定

需要立即清除道路、河道、航道或者公共场所的遗洒物、障碍物或者污染物,当事人不能清除的,行政机关可以决定立即实施代履行;当事人不在场的,行政机关应当在事后立即通知当事人,并依法作出处理。

如表 6-10 所示:

表 6-10

条件	行政机关要求当事人履行排除妨碍、恢复原状等义务,当事人经催告仍不履行,危害交通安全、造成环境污染、破坏自然资源的,行政机关可以代履行,或者委托第三人代履行
实施程序	代履行前送达决定书 3 日前,催告当事人履行 代履行时,派工作人员到场监督 代履行完毕,工作人员、代履行人和当事人或者见证人在执行文书上签名或者盖章
紧急清除	需要立即清除道路、河道、航道或者公共场所的遗洒物、障碍物或者污染物,当事人不能清除的,行政机关可以立即实施代履行;当事人不在场的,行政机关事后立即通知当事人

例:(2014/2/81/多选)代履行是行政机关强制执行的方式之一。有关代履行,下列哪些说法是错误的?

A. 行政机关只能委托没有利害关系的第三人代履行

B. 代履行的费用均应当由负有义务的当事人承担

C. 代履行不得采用暴力、胁迫以及其他非法方式

D. 代履行 3 日前应送达决定书

[解析]A 项错误,应选。《行政强制法》第 50 条规定:“行政机关依法作出要求当事人履行排除妨碍、恢复原状等义务的行政决定,当事人逾期不履行,经催告仍不履行,其后果已经或者将危害交通安全、造成环境污染或者破坏自然资源的,行政机关可以代履行,或者委托没有利害关系的第三人代履行。”可见,代履行有两种方式,一是行政机关代履行,一是行政机关委托没有利害关系的第三人代履行。

B 项错误,应选。《行政强制法》第 51 条第 2 款规定:“代履行的费用按照成本合理确定,由当事人承担。但是,法律另有规定的除外。”

C 项正确,不选。《行政强制法》第 51 条第 3 款规定:“代履行不得采用暴力、胁迫以及其他非法方式。”

D 项错误,应选。《行政强制法》第 51 条第 1 款规定:“代履行应当遵守下列规定:(一) 代履行前送达决定书,代履行决定书应当载明当事人的姓名或者名称、地址,代履行的理由和依据、方式和时间、标的、费用预算以及代履行人;(二) 代履行三日前,催告当事人履行,当事人履行的,停止代履行;(三) 代履行时,作出决定的行政机关应当派员到场监督;(四) 代履行完毕,行政机关到场监

督的工作人员、代履行人和当事人或者见证人应当在执行文书上签名或者盖章。”可见,代履行决定书的送达期限,《行政强制法》没有明确规定,实践中依照《民事诉讼法》的有关规定。代履行 3 日前,是催告决定书的期限。

第五节　申请人民法院强制执行

行政机关申请法院执行,又称为非诉行政行为的执行,即“官告民”,它与行政诉讼即“民告官”在很多条款上都是一致的。

一、非诉行政执行的条件

当事人在法定期限内不申请行政复议或者提起行政诉讼,又不履行行政决定的,没有行政强制执行权的行政机关可以自期限届满之日起 3 个月内,申请法院强制执行。“期限”是指当事人法定起诉期限,包括两种情况:(1)先复议再诉讼,起诉期限为 15 日。(2)直接诉讼,起诉期限为 6 个月。

“民告官”和“官告民”是先后、排他的关系。(1)先后关系。当“官”作出决定,可能启动的程序,先是“民告官”,再是“官告民”。(2)排他关系。如果启动“民告官”,就不能启动“官告民”;如果没有启动“民告官”,才有可能启动“官告民”。

首先,当行政机关作出具体行政决定之后,当事人不服,可以有两种途径启动“民告官”:(1)先复议再诉讼。先申请复议,对复议决定不服,15 日内提起行政诉讼。(2)直接诉讼。自知道行政行为之日起 6 个月内直接提起行政诉讼。如果启动“民告官”,就没有“官告民”。

其次,如果“民告官”没有启动,那么行政机关就有可能启动“官告民”:(1)当事人申请复议、但是从复议决定之后的 15 日内没有提起诉讼的,行政机关可以从 15 日期限届满之日起 3 个月内申请法院强制执行,启动“官告民”。(2)当事人没有申请复议、在知道行政行为 6 个月内也没有提起诉讼的,行政机关可以从 6 个月期限届满之日起 3 个月内申请法院强制执行,启动“官告民”。

如图 6-2 所示:

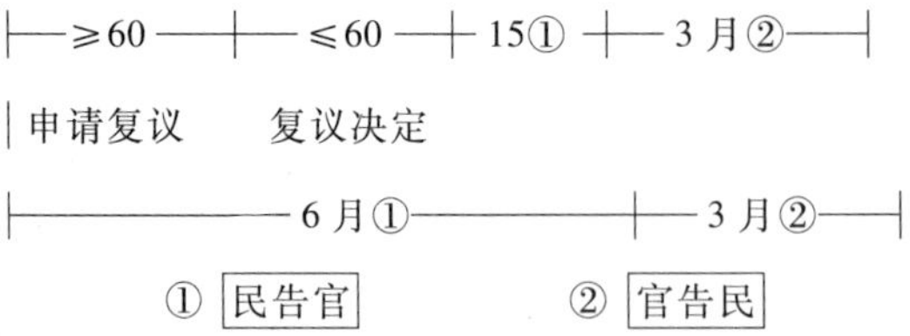

图 6-2

二、非诉行政执行前的催告与执行管辖

行政机关申请人民法院强制执行前,应当催告当事人履行义务。催告书送达10日后当事人仍未履行义务的,行政机关可以向所在地有管辖权的法院申请强制执行;执行对象是不动产的,向不动产所在地有管辖权的法院申请强制执行。

“官告民”与“民告官”的管辖法院是基本一致的。“民告官”在行政机关所在地或者不动产所在地的一审法院,那么“官告民”也在行政机关所在地或者不动产所在地的一审法院(假设有一审程序)。

三、非诉行政执行的程序

“民告官”和“官告民”在程序上是基本一致的。(1)“官”“民”相同,都是行政机关和相对人。(2)“事”相同,都是具体行政行为合法性。(3)法院基本相同,都在同一法院的行政审判庭(审)和执行庭(执)。

当然,“民告官”和“官告民”在程序上也有不同点。(1)方向相反,一个是“民告官”,一个是“官告民”。(2)诉讼、非诉相反,“民告官”是诉讼程序,“官告民”是非诉程序。

(一)申请与受理

1. 申请。行政机关向法院申请强制执行,应当提供下列材料:(1)强制执行申请书;(2)行政决定书及作出决定的事实、理由和依据;(3)当事人的意见及行政机关催告情况;(4)申请强制执行标的情况;(5)法律、行政法规规定的其他材料。强制执行申请书应当由行政机关负责人签名,加盖行政机关的印章,并注明日期。

2. 受理。法院接到行政机关强制执行的申请,应当在5日内受理。行政机关对法院不予受理的裁定有异议的,可以在15日内向上一级法院申请复议,上一级法院应当自收到复议申请之日起15日内作出是否受理的裁定。

(二)审查

1. 书面审查。法院对行政机关强制执行的申请进行书面审查,对符合法律规定,且行政决定具备法定执行效力的,除特殊情形外,法院应当自受理之日起7日内作出执行裁定。

2. 实质审查。法院发现有下列情形之一的,在作出裁定前可以听取被执行人和行政机关的意见:(1)明显缺乏事实根据的;(2)明显缺乏法律、法规依据

的;(3)其他明显违法并损害被执行人合法权益的。法院应当自受理之日起30日内作出是否执行的裁定。裁定不予执行的,应当说明理由,并在5日内将不予执行的裁定送达行政机关。行政机关对法院不予执行的裁定有异议的,可以自收到裁定之日起15日内向上一级法院申请复议,上一级法院应当自收到复议申请之日起30日内作出是否执行的裁定。

(三)紧急情况下申请法院立即执行

因情况紧急,为保障公共安全,行政机关可以申请人民法院立即执行。经法院院长批准,法院应当自作出执行裁定之日起5日内执行。

(四)执行费用的支出与执行所得款项的处理

行政机关申请法院强制执行,不缴纳申请费。强制执行的费用由被执行人承担。法院以划拨、拍卖方式强制执行的,可以在划拨、拍卖后将强制执行的费用扣除。依法拍卖财物,由法院委托拍卖机构依照《拍卖法》的规定办理。

划拨的存款、汇款以及拍卖和依法处理所得的款项应当上缴国库或者划入财政专户,不得以任何形式截留、私分或者变相私分。

如表6-11所示:

表6-11

申请	行政机关向法院申请强制执行,提供相应材料
受理	法院接到申请,在5日内受理
审查	对符合法律规定,且行政决定具备法定执行效力的,法院自受理之日起7日内作出执行裁定
	法院发现有下列情形之一的,可以听取被执行人和行政机关的意见:① 明显缺乏事实根据的;② 明显缺乏法律、法规依据的;③ 其他明显违法并损害被执行人合法权益的。法院自受理之日起30日内作出是否执行的裁定
立即执行	因情况紧急,为保障公共安全,行政机关可以申请法院立即执行 经法院院长批准,法院自作出执行裁定之日起5日内执行
执行费用	行政机关申请法院强制执行,执行费用由被执行人承担

第七章

政府信息公开

[本章提要]

本章包括两个部分:《政府信息公开条例》和《最高人民法院关于审理政府信息公开行政案件若干问题的规定》。

《政府信息公开条例》实际上分为两个部分:主动公开、依申请公开。所以,政府信息公开的范围、方式与程序,也按照主动公开、依申请公开的体系分开规定。

《最高人民法院关于审理政府信息公开行政案件若干问题的规定》是一个司法解释,可以依照行政诉讼法的原理去理解、记忆。

第一节　政府信息公开的概念和原则

一、 政府信息公开的概念

政府信息,指行政机关在履行行政管理职能过程中制作或者获取的,以一定形式记录、保存的信息。

政府信息公开,是指公民、法人或者其他组织对行政机关在行使行政职权的过程中掌握或控制的信息拥有知情权,除法律明确规定的不予公开事项外,行政机关应当通过有效方式向公众和当事人公开。

法律、法规授权的具有管理公共事务职能的组织公开政府信息的活动,适用《政府信息公开条例》。

二、 政府信息公开的主管部门

各级政府应当加强对政府信息公开工作的组织领导。国务院办公厅是全国政府信息公开工作的主管部门,负责推进、指导、协调、监督全国的政府信息公开工作。县级以上地方政府办公厅(室)是本行政区域的政府信息公开工作主管部门,负责推进、指导、协调、监督本行政区域的政府信息公开工作。

实行垂直领导的部门的办公厅(室)主管本系统的政府信息公开工作。

三、 政府信息公开的原则

1. 公正、公平、合法、便民。行政机关公开政府信息,应当坚持以公开为常态、不公开为例外。行政机关应当公正、平等地对待公民、法人或者其他组织,不应当歧视和存有偏见。同时,行政机关要提高办事效率,为公众获取政府信息提供便利。

2. 及时、准确。行政机关应当遵守法定的期限,并保证信息真实可信、准确无误。行政机关发现影响或者可能影响社会稳定、扰乱社会和经济管理秩序的虚假或者不完整信息的,应当发布准确的政府信息予以澄清。

第二节 政府信息公开的主体和范围

一、 政府信息公开的主体

行政机关制作的政府信息,由制作该政府信息的行政机关负责公开。行政机关从公民、法人和其他组织获取的政府信息,由保存该政府信息的行政机关负责公开。行政机关获取的其他行政机关的政府信息,由制作或者最初获取该政府信息的行政机关负责公开。法律、法规对政府信息公开的权限另有规定的,从其规定。

行政机关设立的派出机构、内设机构依照法律、法规对外以自己名义履行行政管理职能的,可以由该派出机构、内设机构负责与所履行行政管理职能有关的政府信息公开工作。

两个以上行政机关共同制作的政府信息,由牵头制作的行政机关负责公开。

二、 政府信息公开的范围

政府信息公开的范围,以公开为原则,以不公开为例外。除涉及国家秘密、商业秘密、个人隐私以及行政机关的内部事务信息外,政府信息应当公开。

1. 依法确定为国家秘密的政府信息,法律、行政法规禁止公开的政府信息,以及公开后可能危及国家安全、公共安全、经济安全、社会稳定的政府信息,不予公开。

2. 涉及商业秘密、个人隐私等公开会对第三方合法权益造成损害的政府信息,行政机关不得公开。但是,第三方同意公开或者行政机关认为不公开会对公共利益造成重大影响的,予以公开。

3. 行政机关的内部事务信息,包括人事管理、后勤管理、内部工作流程等方面的信息，可以不予公开。行政机关在履行行政管理职能过程中形成的讨论记录、过程稿、磋商信函、请示报告等过程性信息以及行政执法案卷信息，可以不予公开。法律、法规、规章规定上述信息应当公开的，从其规定。

第三节　政府信息公开的方式

行政机关公开政府信息，采取主动公开和依申请公开的方式。

一、主动公开

（一）主动公开的内容

对涉及公众利益调整、需要公众广泛知晓或者需要公众参与决策的政府信息，行政机关应当主动公开。

行政机关应当主动公开本行政机关的下列政府信息：(1) 行政法规、规章和规范性文件；(2) 机关职能、机构设置、办公地址、办公时间、联系方式、负责人姓名；(3) 国民经济和社会发展规划、专项规划、区域规划及相关政策；(4) 国民经济和社会发展统计信息；(5) 办理行政许可和其他对外管理服务事项的依据、条件、程序以及办理结果；(6) 实施行政处罚、行政强制的依据、条件、程序以及本行政机关认为具有一定社会影响的行政处罚决定；(7) 财政预算、决算信息；(8) 行政事业性收费项目及其依据、标准；(9) 政府集中采购项目的目录、标准及实施情况；(10) 重大建设项目的批准和实施情况；(11) 扶贫、教育、医疗、社会保障、促进就业等方面的政策、措施及其实施情况；(12) 突发公共事件的应急预案、预警信息及应对情况；(13) 环境保护、公共卫生、安全生产、食品药品、产品质量的监督检查情况；(14) 公务员招考的职位、名额、报考条件等事项以及录用结果；(15) 法律、法规、规章和国家有关规定规定应当主动公开的其他政府信息。

除上述政府信息外，设区的市级、县级政府及其部门还应当根据本地方的具体情况，主动公开涉及市政建设、公共服务、公益事业、土地征收、房屋征收、治安管理、社会救助等方面的政府信息；乡（镇）人民政府还应当根据本地方的具体情况，主动公开贯彻落实农业农村政策、农田水利工程建设运营、农村土地承包经营权流转、宅基地使用情况审核、土地征收、房屋征收、筹资筹劳、社会救助等方面的政府信息。

（二）主动公开的程序

行政机关应当建立健全政府信息发布机制，将主动公开的政府信息通过政府公报、政府网站或者其他互联网政务媒体、新闻发布会以及报刊、广播、电视等途径予以公开。

各级政府应当加强依托政府门户网站公开政府信息的工作，利用统一的政府信息公开平台集中发布主动公开的政府信息。

各级政府应当在国家档案馆、公共图书馆、政务服务场所设置政府信息查阅场所，并配备相应的设施、设备，为公民、法人和其他组织获取政府信息提供便利。行政机关应当及时向国家档案馆、公共图书馆提供主动公开的政府信息。

属于主动公开范围的政府信息，应当自该政府信息形成或者变更之日起 20 个工作日内及时公开。法律、法规对政府信息公开的期限另有规定的，从其规定。

二、依申请公开

（一）依申请公开的内容

除行政机关主动公开的政府信息外，公民、法人或者其他组织可以向地方各级政府、对外以自己名义履行行政管理职能的县级以上人民政府部门（含法律、法规授权的派出机构、内设机构）申请获取相关政府信息。

（二）依申请公开的程序

1. 当事人申请

公民、法人或者其他组织申请获取政府信息的，应当向行政机关的政府信息公开工作机构提出，并采用包括信件、数据电文在内的书面形式；采用书面形式确有困难的，申请人可以口头提出，由政府信息公开工作机构代为填写政府信息公开申请。

政府信息公开申请内容不明确的，行政机关应当给予指导和释明，并自收到申请之日起 7 个工作日内一次性告知申请人作出补正，说明需要补正的事项和合理的补正期限。答复期限自行政机关收到补正的申请之日起计算。申请人无正当理由逾期不补正的，视为放弃申请，行政机关不再处理该政府信息公开申请。

行政机关收到政府信息公开申请的时间，按照下列规定确定：(1) 申请人当面提交政府信息公开申请的，以提交之日为收到申请之日；(2) 申请人以邮寄方式提交政府信息公开申请的,以行政机关签收之日为收到申请之日;以平常信函等无须签收的邮寄方式提交政府信息公开申请的,政府信息公开工作机构应当于收到申请的当日与申请人确认,确认之日为收到申请之日;(3) 申请人通过互联网渠道或者政府信息公开工作机构的传真提交政府信息公开申请的,以双方确认之日为收到申请之日。

2. 征求第三方意见

依申请公开的政府信息公开会损害第三方合法权益的,行政机关应当书面征求第三方的意见。第三方应当自收到征求意见书之日起 15 个工作日内提出意见。第三方逾期未提出意见的,由行政机关决定是否公开。第三方不同意公开且有合理理由的,行政机关不予公开。行政机关认为不公开可能对公共利益造成重大影响的,可以决定予以公开,并将决定公开的政府信息内容和理由书面告知第三方。

3. 期限

行政机关收到政府信息公开申请,能够当场答复的,应当当场予以答复。行政机关不能当场答复的,应当自收到申请之日起 20 个工作日内予以答复;需要延长答复期限的,应当经政府信息公开工作机构负责人同意并告知申请人,延长的期限最长不得超过 20 个工作日。行政机关征求第三方和其他机关意见所需时间不计算在前款规定的期限内。

申请公开的政府信息由两个以上行政机关共同制作的,牵头制作的行政机关收到政府信息公开申请后可以征求相关行政机关的意见,被征求意见机关应当自收到征求意见书之日起 15 个工作日内提出意见,逾期未提出意见的视为同意公开。

申请人申请公开政府信息的数量、频次明显超过合理范围,行政机关可以要求申请人说明理由。行政机关认为申请理由不合理的,告知申请人不予处理;行政机关认为申请理由合理,但是无法在规定的期限内答复申请人的,可以确定延迟答复的合理期限并告知申请人。

4. 行政机关答复

对政府信息公开申请,行政机关根据下列情况分别作出答复:(1) 所申请公开信息已经主动公开的,告知申请人获取该政府信息的方式、途径。(2) 所申请公开信息可以公开的,向申请人提供该政府信息,或者告知申请人获取该政府信息的方式、途径和时间。(3) 行政机关依据本条例的规定决定不予公开的,告知申请人不予公开并说明理由。(4) 经检索没有所申请公开信息的,告知申请人该政府信息不存在。(5) 所申请公开信息不属于本行政机关负责公开的,告知申请人并说明理由;能够确定负责公开该政府信息的行政机关的,告知申请人该行政机关的名称、联系方式。(6) 行政机关已就申请人提出的政府信息公开申请作出答复、申请人重复申请公开相同政府信息的，告知申请人不予重复处理。(7) 所申请公开信息属于工商、不动产登记资料等信息，有关法律、行政法规对信息的获取有特别规定的，告知申请人依照有关法律、行政法规的规定办理。

申请公开的信息中含有不应当公开或者不属于政府信息的内容，但是能够作区分处理的，行政机关应当向申请人提供可以公开的政府信息内容，并对不予公开的内容说明理由。

行政机关向申请人提供的信息，应当是已制作或者获取的政府信息。除能够作区分处理的外，需要行政机关对现有政府信息进行加工、分析的，行政机关可以不予提供。

申请人以政府信息公开申请的形式进行信访、投诉、举报等活动，行政机关应当告知申请人不作为政府信息公开申请处理并可以告知通过相应渠道提出。

申请人提出的申请内容为要求行政机关提供政府公报、报刊、书籍等公开出版物的，行政机关可以告知获取的途径。

5. 公开形式

行政机关依申请公开政府信息，应当根据申请人的要求及行政机关保存政府信息的实际情况，确定提供政府信息的具体形式；按照申请人要求的形式提供政府信息，可能危及政府信息载体安全或者公开成本过高的，可以通过电子数据以及其他适当形式提供，或者安排申请人查阅、抄录相关政府信息。

6. 信息更正

公民、法人或者其他组织有证据证明行政机关提供的与其自身相关的政府信息记录不准确的，可以要求行政机关更正。有权更正的行政机关审核属实的，应当予以更正并告知申请人；不属于本行政机关职能范围的，行政机关可以转送有权更正的行政机关处理并告知申请人，或者告知申请人向有权更正的行政机关提出。

7. 费用

行政机关依申请提供政府信息，不收取费用。但是，申请人申请公开政府信息的数量、频次明显超过合理范围的，行政机关可以收取信息处理费。

行政机关收取信息处理费的具体办法由国务院价格主管部门会同国务院财政部门、全国政府信息公开工作主管部门制定。

8. 纳入主动公开范围

多个申请人就相同政府信息向同一行政机关提出公开申请，且该政府信息属于可以公开的，行政机关可以纳入主动公开的范围。

对行政机关依申请公开的政府信息，申请人认为涉及公众利益调整、需要公众广泛知晓或者需要公众参与决策的,可以建议行政机关将该信息纳入主动公开的范围。行政机关经审核认为属于主动公开范围的,应当及时主动公开。

主动公开与依申请公开,如表 7-1 所示:

表 7-1

主动公开	依申请公开
对涉及公众利益调整、需要公众广泛知晓或者需要公众参与决策的信息,主动公开	除主动公开的信息外,公民、法人或者其他组织可以申请获取相关信息
① 行政机关通过政府公报、政府网站或者其他互联网政务媒体、新闻发布会以及报刊、广播、电视等途径予以公开 ② 各级政府在国家档案馆、公共图书馆、政务服务场所设置政府信息查阅场所,及时向国家档案馆、公共图书馆提供主动公开的政府信息 ③ 20 个工作日,法律法规另有规定的除外	① 申请采用书面形式,确有困难的可以口头提出 ② 公开会损害第三方合法权益的,行政机关应当书面征求第三方的意见。但是,公共利益除外 ③ 需要对现有信息进行加工、分析的,可以不予提供。需要公开出版物,可以告知获取的途径。 ④ 不收取费用。但是,申请数量、频次明显超过合理范围的,可以收取信息处理费 ⑤ 当场答复;20 个工作日,延长不超过 20 日

第四节 监督和保障

一、 考核、评议和年度报告

各级政府应当建立健全政府信息公开工作考核制度、社会评议制度和责任追究制度,定期对政府信息公开工作进行考核、评议。

县级以上政府部门应当在每年 1 月 31 日前向本级政府信息公开工作主管部门提交本行政机关上一年度政府信息公开工作年度报告并向社会公布。

县级以上地方政府的政府信息公开工作主管部门应当在每年 3 月 31 日前向社会公布本级政府上一年度政府信息公开工作年度报告。

二、 法律救济

公民、法人或者其他组织认为行政机关在政府信息公开工作中侵犯其合法权益的,可以向上一级行政机关或者政府信息公开工作主管部门投诉、举报,也可以依法申请行政复议或者提起行政诉讼。

第五节　政府信息公开行政诉讼

一、 受案范围

根据《行政诉讼法》的规定，行政诉讼受案范围是指具体行政行为合法性。据此，在政府信息公开案件中，如果相对人认为行政机关在政府信息公开工作中的具体行政行为，侵犯自己的合法权益(right)，就可以提起行政诉讼。

(一) 肯定列举

公民、法人或者其他组织认为下列政府信息公开工作中的具体行政行为侵犯其合法权益，依法提起行政诉讼的，人民法院应当受理：

1. 向行政机关申请获取政府信息，行政机关拒绝提供或者逾期不予答复的；

2. 认为行政机关提供的政府信息不符合其在申请中要求的内容或者法律、法规规定的适当形式的；

3. 认为行政机关主动公开或者依他人申请公开政府信息侵犯其商业秘密、个人隐私的；

4. 认为行政机关提供的与其自身相关的政府信息记录不准确，要求该行政机关予以更正，该行政机关拒绝更正、逾期不予答复或者不予转送有权机关处理的；

5. 认为行政机关在政府信息公开工作中的其他具体行政行为侵犯其合法权益的。

公民、法人或者其他组织认为政府信息公开行政行为侵犯其合法权益造成损害的，可以一并或单独提起行政赔偿诉讼。

(二) 否定列举

公民、法人或者其他组织对下列行为不服提起行政诉讼的，人民法院不予受理：

1. 因申请内容不明确，行政机关要求申请人作出更改、补充且对申请人权利义务不产生实际影响的告知行为；

2. 要求行政机关提供政府公报、报纸、杂志、书籍等公开出版物，行政机关予以拒绝的；

3. 要求行政机关为其制作、搜集政府信息，或者对若干政府信息进行汇总、分析、加工，行政机关予以拒绝的；

4. 行政程序中的当事人、利害关系人以政府信息公开名义申请查阅案卷材料，行政机关告知其应当按照相关法律、法规的规定办理的。

公民、法人或者其他组织认为行政机关不依法履行主动公开政府信息义务，直接向人民法院提起诉讼的，应当告知其先向行政机关申请获取相关政府信息。对行政机关的答复或者逾期不予答复不服的，可以向人民法院提起诉讼。也就是说，对行政机关不履行主动公开信息的义务，当事人不能直接提起行政诉讼。

例：(2012/2/85/多选)法院应当受理下列哪些对政府信息公开行为提起的诉讼？

A. 黄某要求市政府提供公开发行的2010年市政府公报，遭拒绝后向法院起诉

B. 某公司认为工商局向李某公开的政府信息侵犯其商业秘密向法院起诉

C. 村民申请乡政府公开财政收支信息，因乡政府拒绝公开向法院起诉

D. 甲市居民高某向乙市政府申请公开该市副市长的兼职情况，乙市政府以其不具有申请人资格为由拒绝公开，高某向法院起诉

[解析]A项错误。《最高人民法院关于审理政府信息公开行政案件若干问题的规定》第2条规定："公民、法人或者其他组织对下列行为不服提起行政诉讼的，人民法院不予受理：……(二)要求行政机关提供政府公报、报纸、杂志、书籍等公开出版物，行政机关予以拒绝的；……"本题中，市政府公报是一种公开出版物，黄某可以通过购买取得，而不是要求政府提供。

B项、C项、D项正确。《最高人民法院关于审理政府信息公开行政案件若干问题的规定》第1条规定：公民、法人或者其他组织认为下列政府信息公开工作中的具体行政行为侵犯其合法权益，依法提起行政诉讼的，人民法院应当受理：(一)向行政机关申请获取政府信息，行政机关拒绝提供或者逾期不予答复的；……(三)认为行政机关主动公开或者依他人申请公开政府信息侵犯其商业秘密、个人隐私的；……"本题中，B项符合第3项规定，C项、D项符合第1项规定，都是正确的。

二、被告的确定

根据《行政诉讼法》的规定，被告是指由原告指控其作出的具体行政行为违法，经法院通知应诉的行政机关或被授权组织。判断被告资格，就看其权力(Power)是否影响了公民的合法权益。在政府信息公开案件中，被告也是如此确定的。

1. 依申请公开政府信息的被告

公民、法人或者其他组织对国务院部门、地方各级人民政府及县级以上地方人民政府部门依申请公开政府信息行政行为不服提起诉讼的，以作出答复的机关为被告；逾期未作出答复的，以受理申请的机关为被告。

2. 主动公开政府信息的被告

公民、法人或者其他组织对主动公开政府信息行政行为不服提起诉讼的，以公开该政府信息的机关为被告。

3. 被授权组织作为被告

公民、法人或者其他组织对法律、法规授权的具有管理公共事务职能的组织公开政府信息的行为不服提起诉讼的，以该组织为被告。

4. 对外署名机关作为被告

有下列情形之一的，应当以在对外发生法律效力的文书上署名的机关为被告：(1) 政府信息公开与否的答复依法报经有权机关批准的；(2) 政府信息是否可以公开系由国家保密行政管理部门或者省、自治区、直辖市保密行政管理部门确定的；(3) 行政机关在公开政府信息前与有关行政机关进行沟通、确认的。

三、 举证责任

根据《行政诉讼法》的规定，被告应当证明具体行政行为合法，原告应当证明具体行政行为存在。在政府信息公开案件中，举证责任也是如此。

（一）被告的举证责任

1. 被告拒绝向原告提供政府信息的，应当对拒绝的根据以及履行法定告知和说明理由义务的情况举证。

2. 因公共利益决定公开涉及商业秘密、个人隐私政府信息的，被告应当对认定公共利益以及不公开可能对公共利益造成重大影响的理由进行举证和说明。

3. 被告拒绝更正与原告相关的政府信息记录的，应当对拒绝的理由进行举证和说明。

4. 被告能够证明政府信息涉及国家秘密，请求在诉讼中不予提交的，法院应当准许。

（二）原告的举证责任

1. 被告主张政府信息不存在，原告能够提供该政府信息系由被告制作或者保存的相关线索的，可以申请法院调取证据。

2. 被告以政府信息与申请人自身生产、生活、科研等特殊需要无关为由不予提供的，法院可以要求原告对特殊需要事由作出说明。

3. 原告起诉被告拒绝更正政府信息记录的，应当提供其向被告提出过更正申请以及政府信息与其自身相关且记录不准确的事实根据。

四、 审理方式

法院审理政府信息公开行政案件，应当视情采取适当的审理方式，以避免泄露涉及国家秘密、商业秘密、个人隐私或者法律规定的其他应当保密的政府信息。

五、 判决

根据《行政诉讼法》的规定，行政诉讼的判决可以分为“民胜诉”和“官胜诉”两种。在政府信息公开案件中，判决也是如此。

（一）“民胜诉”：支持原告诉讼请求的判决

1. 被告对依法应当公开的政府信息拒绝或者部分拒绝公开的，法院应当撤销或者部分撤销被诉不予公开决定，并判决被告在一定期限内公开。尚需被告调查、裁量的，判决其在一定期限内重新答复。

2. 被告提供的政府信息不符合申请人要求的内容或者法律、法规规定的适当形式的，法院应当判决被告按照申请人要求的内容或者法律、法规规定的适当形式提供。

3. 法院经审理认为被告不予公开的政府信息内容可以作区分处理的，应当判决被告限期公开可以公开的内容。

4. 被告依法应当更正而不更正与原告相关的政府信息记录的，法院应当判决被告在一定期限内更正。尚需被告调查、裁量的，判决其在一定期限内重新答复。被告无权更正的，判决其转送有权更正的行政机关处理。

5. 被告对原告要求公开或者更正政府信息的申请无正当理由逾期不予答复的，法院应当判决被告在一定期限内答复。

6. 被告公开政府信息涉及原告商业秘密、个人隐私且不存在公共利益等法定事由的，法院应当判决确认公开政府信息的行为违法，并可以责令被告采取相应的补救措施；造成损害的，根据原告请求依法判决被告承担赔偿责任。政府信息尚未公开的，应当判决行政机关不得公开。

诉讼期间，原告申请停止公开涉及其商业秘密、个人隐私的政府信息，法院经审查认为公开该政府信息会造成难以弥补的损失，并且停止公开不损害公共利益的，可以裁定暂时停止公开。

（二）“官胜诉”：驳回原告诉讼请求的判决

有下列情形之一，被告已经履行法定告知或者说明理由义务的，法院应当判决驳回原告的诉讼请求：

1. 不属于政府信息、政府信息不存在、依法属于不予公开范围或者依法不属于被告公开的；

2. 申请公开的政府信息已经向公众公开，被告已经告知申请人获取该政府信息的方式和途径的；

3. 起诉被告逾期不予答复，理由不成立的；

4. 以政府信息侵犯其商业秘密、个人隐私为由反对公开，理由不成立的；

5. 要求被告更正与其自身相关的政府信息记录，理由不成立的；

6. 不能合理说明申请获取政府信息系根据自身生产、生活、科研等特殊需要，且被告据此不予提供的；

7. 无法按照申请人要求的形式提供政府信息，且被告已通过安排申请人查阅相关资料、提供复制件或者其他适当形式提供的；

8. 其他应当判决驳回诉讼请求的情形。

例：（2014/2/83/多选）王某认为社保局提供的社会保障信息有误，要求该局予以更正。该局以无权更正为由拒绝更正。王某向法院起诉，法院受理。下列哪些说法是正确的？

A. 王某应当提供其向该局提出过更正申请以及政府信息与其自身相关且记录不准确的事实根据

B. 该局应当对拒绝的理由进行举证和说明

C. 如涉案信息有误但该局无权更正的，法院即应判决驳回王某的诉讼请求

D. 如涉案信息有误且该局有权更正的，法院即应判决在 15 日内更正

[解析]A 项正确。《最高人民法院关于审理政府信息公开行政案件若干问题的规定》第 5 条第 7 款规定：“原告起诉被告拒绝更正政府信息记录的，应当提供其向被告提出过更正申请以及政府信息与其自身相关且记录不准确的事实根据。”

B 项正确。《最高人民法院关于审理政府信息公开行政案件若干问题的规定》第 5 条第 3 款规定：“被告拒绝更正与原告相关的政府信息记录的，应当对拒绝的理由进行举证和说明。”

C 项、D 项错误。《最高人民法院关于审理政府信息公开行政案件若干问题的规定》第 9 条第 4 款规定：“被告依法应当更正而不更正与原告相关的政府信

息记录的，人民法院应当判决被告在一定期限内更正。尚需被告调查、裁量的，判决其在一定期限内重新答复。被告无权更正的，判决其转送有权更正的行政机关处理。”

第四篇

行政救济法

第八章

行政复议

[本章提要]

《行政复议法》《行政诉讼法》和《国家赔偿法》,统称行政监督法或者行政救济法。

以上三部法律,在学习时要把握三句话。(1)“三法”即“一法”。行政复议、行政诉讼、行政赔偿都是“民告官”的法,在当事人、受案范围、审理程序、审理结果等方面是基本一致的,所以可以把三部法律看作一个法律,从总体上把握。(2)搞定行政诉讼,再找行政复议、行政赔偿的不同点。行政诉讼法是考试的重点,法条很多、很细,需要全面把握。然后对比行政复议法和行政赔偿部分,大部分内容都是相同的,只有个别地方出现变化,记住不同点就可以了。(3)行政复议是框架,行政诉讼是细节,行政赔偿是装修。本书的逻辑,行政复议部分重点阐述框架,行政诉讼部分全面阐述细节,然后把行政赔偿部分看作行政复议法、行政诉讼法的特别法,着重阐述有什么变化。如表8-1所示:

表8-1

民告官	行政复议	“三法”即“一法”
	行政诉讼	搞定行政诉讼,再找行政复议、行政赔偿的不同点
	行政赔偿	行政复议是框架,行政诉讼是细节,行政赔偿是装修

本章包括两个部分:《行政复议法》和《行政复议法实施条例》。行政复议也是“民告官”,是准司法程序,可以按照行政诉讼的框架来理解。申请人相当于原告,被申请人相当于被告,行政复议受案范围相当于行政诉讼受案范围,行政复议审理过程相当于行政诉讼审理过程,行政复议决定相当于行政诉讼判决。

本章的难点是行政复议与行政诉讼的衔接,分为三种关系:(1)自由选择关系,当事人任选复议和诉讼,要么复议接诉讼,要么直接诉讼。(2)限制选择关系,当事人可以选择复议和诉讼,但是复议不能接诉讼。只有一种情形。(3)复议前置关系,当事人必须先复议再诉讼。法律规定的复议前置,只有五种情形。

第一节　行政复议的概念和原则

一、行政复议的概念

行政复议，是指相对人认为行政机关的具体行政行为侵犯其合法权益，依法向行政复议机关提出申请，行政复议机关对该具体行政行为进行合法性、合理性审查的活动，是一种准司法行为。

行政司法行为，主要包括行政裁决和行政复议两种行为，前者针对民事纠纷，后者针对行政纠纷。

二、行政复议的基本原则

行政复议的基本原则主要是义务性规则，规定了行政复议机关必须履行的法律义务。主要包括以下五个方面：

1. 合法原则

合法原则，是依法行政在行政复议中的体现，要求行政复议机关按照法定职权和法定程序，依据法律、法规、规章以及上级行政机关制定的其他规范性文件，对具体行政行为的合法性与合理性进行审查。

2. 公正原则

公正原则，是指行政复议机关应当公正地对待双方当事人，公正地作出行政复议决定。公正原则是所有司法活动的本质要求，当然也是对行政复议这种准司法活动的要求。

3. 公开原则

公开原则，是指行政复议的整个过程应当公开进行，避免暗箱操作。除涉及国家秘密、个人隐私和商业秘密外，行政复议案件的受理、审理、决定都应当公之于众。

行政复议采取书面审理的方式，但是这与公开原则并不矛盾。在行政复议过程中，行政复议机关应当适当听取申请人、被申请人和第三人的意见。此外，还应向申请人和第三人公开与案件有关的材料，以利于其参与行政复议程序。

4. 及时原则

及时原则，是指行政复议机关应当在法律规定的期限内，快速完成复议案件的审查，并快速作出相应的决定。追求效率是行政行为的特点和要求。

5. 便民原则

便民原则，是指行政复议机关应当采取方便申请人进行复议的方式方法，以确保公民、法人和其他组织能够有效地行使复议的权利,使行政复议成为公民权利的省力、省时、省钱的救济途径。《行政复议法》中的一些规定体现了便民的原则,如口头申请、一级复议、书面审理、复议不收费等。

第二节 行政复议受案范围

一、行政复议受案范围概述

(一) 行政复议受案范围的含义

行政复议受案范围,是指行政复议机关受理复议案件的权限,即哪些行政行为可以成为行政复议的对象。

(二) 行政复议受案范围的确立方式

行政复议受案范围与行政诉讼受案范围大致相同,在确立方式上也采用了“概括式+列举式”的混合式,先作出概括式规定,再作出肯定列举和否定列举。

1. 概括式的规定。《行政复议法》第 2 条规定:“公民、法人或者其他组织认为具体行政行为侵犯其合法权益,向行政机关提出行政复议申请,行政机关受理行政复议申请、作出行政复议决定,适用本法。”由此可见,行政复议的受案范围是具体行政行为的合法性、合理性。这里的具体行政行为是广义的,还包括部分事实行为,如非法拘禁、非法殴打。

如表 8-2 所示:

表 8-2

① 具体行政行为(包括事实行为)	与行政诉讼相同
② 合法性、合理性	但行政诉讼只审查合法性
③ 合法权益	与行政诉讼相同

同时,申请人在对具体行政行为申请复议的同时,可以对该具体行政行为所依据的部分抽象行政行为,提出进行审查的请求,即“附带审查”。这些抽象行政行为包括:(1) 国务院部门的规定,但是部门规章除外;(2) 县级以上地方各级政府及其工作部门的规定,但是地方政府规章除外;(3) 乡镇人民政府的规定;(4) 被授权组织的规定。一句话,除国务院规定以外的其他规范性文件,可以附带申请审查(见表 8-3)。

表 8-3

可以附带:4 规定	不可以附带
① 国务院部门的规定(部门规章除外) ② 县级以上政府及其工作部门的规定(地方政府规章除外) ③ 乡镇政府的规定 ④ 被授权组织的规定	① 行政法规 ② 部门规章 ③ 地方政府规章 ④ 国务院的规定

例:(2000/1/57/多选)某市交通管理局发布文件,规定对高速公路过往车辆征收过路费。徐某驾车路过被征收,认为属于乱收费,欲提起复议申请。下列选项中正确的是:

A. 徐某可以直接对该征收行为提起行政复议

B. 徐某可以针对该规范文件要求复议审查

C. 徐某可以在申请复议征收行为时要求审查该规范性文件

D. 徐某不必经过复议,可以直接向人民法院提起行政诉讼

[解析]A 项、D 项正确。《行政复议法》第 2 条规定:"公民、法人或者其他组织认为具体行政行为侵犯其合法权益,向行政机关提出行政复议申请,行政机关受理行政复议申请、作出行政复议决定,适用本法。"该法第 5 条规定:"公民、法人或者其他组织对行政复议决定不服的,可以依照行政诉讼法的规定向人民法院提起行政诉讼,但是法律规定行政复议决定为最终裁决的除外。"本题中,行政征收是具体行政行为,当事人可以直接申请复议,也可以不经复议直接提起行政诉讼。

B 项错误,C 项正确。《行政复议法》第 7 条规定:"公民、法人或者其他组织认为行政机关的具体行政行为所依据的下列规定不合法,在对具体行政行为申请行政复议时,可以一并向行政复议机关提出对该规定的审查申请:(一) 国务院部门的规定;(二) 县级以上地方各级人民政府及其工作部门的规定;(三) 乡、镇人民政府的规定。前款所列规定不含国务院部、委员会规章和地方人民政府规章。规章的审查依照法律、行政法规办理。"本题中,交通管理局的文件是抽象行政行为,当事人不能直接要求复议审查,而只能附带申请审查。

提示:B 项、C 项,考试逻辑是,题上没有提到的条件,就是不存在的。B 项没有"附带",所以错误。C 项有"附带",所以正确。

2. 列举式的规定。《行政复议法》第 6 条规定了常见的具体行政行为,即肯定列举。该法第 8 条规定了不能申请复议的几种行为,即否定列举。

总之,行政复议的受案范围,与行政诉讼的受案范围基本相同,都是直接审查具体行政行为(包括部分事实行为),附带审查部分抽象行政行为。最大的不

同在于，行政复议审查具体行政行为的合法性和合理性，而行政诉讼只审查具体行政行为的合法性。

二、应予受理的案件

《行政复议法》第 6 条规定对某些常见的具体行政行为可以申请行政复议，也即行政复议受案范围的“列举式”中的肯定列举。肯定列举的特点，是不完全的、不科学的，目的在于提示，并不是说只有这些案件。

1. 行政处罚案件，对行政机关作出的警告、罚款、没收违法所得、没收非法财物、责令停产停业、暂扣或者吊销许可证、暂扣或者吊销执照、行政拘留等行政处罚决定不服的；

2. 行政强制措施案件，对行政机关作出的限制人身自由或者查封、扣押、冻结财产等行政强制措施决定不服的；

3. 行政许可案件，对行政机关作出的有关许可证、执照、资质证、资格证等证书变更、中止、撤销的决定不服的；认为符合法定条件，申请行政机关颁发许可证、执照、资质证、资格证等证书，或者申请行政机关审批、登记有关事项，行政机关没有依法办理的；

4. 行政确认案件，对行政机关作出的关于确认土地、矿藏、水流、森林、山岭、草原、荒地、滩涂、海域等自然资源的所有权或者使用权的决定不服的；

5. 侵犯经营自主权案件，认为行政机关侵犯合法的经营自主权的；

6. 行政合同案件，认为行政机关变更或者废止农业承包合同，侵犯其合法权益的；

7. 违法要求履行义务案件，认为行政机关违法集资、征收财物、摊派费用或者违法要求履行其他义务的；

8. 不履行保护职责（行政不作为）案件，申请行政机关履行保护人身权利、财产权利、受教育权利的法定职责，行政机关没有依法履行的；

9. 行政给付案件，申请行政机关依法发放抚恤金、社会保险金或者最低生活保障费，行政机关没有依法发放的；

10. 其他案件，认为行政机关的其他具体行政行为侵犯其合法权益的。

三、不予受理的案件

《行政复议法》第 8 条规定对三种行为不能申请行政复议，即行政复议受案范围的“列举式”中的否定列举。

1. 内部行为，主要是指行政机关对公务员的行政处分或者其他人事处理决定。当事人不服，可以按照法律、行政法规的规定提出复核或者申诉。除此以外,内部行为还包括行政机关对行政机关的内部行为(如省政府对市政府下达命令的行为),以及行政机关对内部机构的内部行为(如公安局对派出所下达命令的行为)。

2. 行政调解,是指行政机关对民事纠纷所作出的调解,没有约束力。法律职业资格考试涉及的行政调解,特指公安机关对打架斗殴、毁损财物的调解。当事人对行政调解不服,可以对另一方民事主体提起民事诉讼,但不能对行政机关提起行政诉讼。

3. 行政仲裁,包括劳动仲裁和人事仲裁,前者是指《劳动法》规定的劳动仲裁,后者是指《公务员法》规定的人事仲裁。当事人对劳动仲裁或者人事仲裁不服,可以对另一方民事主体提起民事诉讼,但是不能对行政机关提起行政诉讼。

以上三种行为,本身并不是行政行为,更不是具体行政行为,本来根据概括式标准就可以排除。否定列举的目的依然在于"提示",并不意味着只有这些行为不能申请复议。比如,行政指导没有被列举,但是也不能申请复议,因为不属于具体行政行为。

例:(2000/1/15/单选)下列选项中哪个是不能提起行政复议的行为?

A. 某市交通管理局发布了排气量1升以下的汽车不予上牌照的规定,并据此对吴某汽车不予上牌照的行为

B. 某乡政府发布通告劝导农民种植高产农作物的行为

C. 城建部门将某施工企业的资质由一级变更为二级的行为

D. 民政部门对王某成立社团的申请不予批准的行为

[解析]《行政复议法》第2条规定:"公民、法人或者其他组织认为具体行政行为侵犯其合法权益,向行政机关提出行政复议申请,行政机关受理行政复议申请、作出行政复议决定,适用本法。"

A项正确,不选。某市交管局根据自己发布的规定(抽象行政行为),对吴某不予上牌照的行为,是行政许可,属于行政复议受案范围。

B项错误,应选。某乡政府对农民的劝告,是行政指导,不是具体行政行为,不属于行政复议受案范围。

C项正确,不选。城建部门对施工企业资质的变更,是行政确认,属于行政复议受案范围。

D项正确,不选。民政部门对成立社团申请不予批准,是行政许可,属于行政复议受案范围。

提示:判断行政复议受案范围,不用辨识具体行政行为的名称。只要官的power,影响了民的right,就可以申请行政复议。

第三节 行政复议参加人和行政复议机关

行政复议参加人，也称行政复议当事人，通常指申请人与被申请人，在某些情况下还包括第三人。其身份类似于行政诉讼中的原告、被告和第三人。

一、 行政复议申请人

（一）申请人的概念

申请人，是依法申请行政复议的公民、法人或者其他组织，是认为自身合法权益受到侵害的具体行政行为的利害关系人，包括相对人和相关人①。

有权申请行政复议的公民为无民事行为能力人或者限制民事行为能力人的，由其法定代理人代为申请行政复议。

申请人、第三人可以委托1至2名代理人参加行政复议。委托代理人的，应当向行政复议机构提交授权委托书。公民在特殊情况下无法书面委托的，可以口头委托。口头委托的，行政复议机构应当核实并记录在卷。申请人、第三人解除或者变更委托的，应当书面报告行政复议机构。

申请人的确定，可以参照行政诉讼原告的规定。这里不再赘述。

（二）申请人的资格转移

1. 公民死亡，申请权转移到近亲属。近亲属的范围，《行政复议法》没有明确规定，可以参照《最高人民法院关于适用〈中华人民共和国行政诉讼法〉的解释》（简称《行诉解释》）的规定，近亲属包括夫妻、父母、祖父母、外祖父母、子女、孙子女、外孙子女、兄弟姐妹。

2. 法人或者其他组织终止，申请权转移到承受其权利的法人或者其他组织。终止包括分立、合并、吊销营业执照等情形。请注意，在资格转移的同时，原组织依然具有申请人资格。比如，A企业被某县政府分立为a、b、c、d、e五个企业，那么，A企业和a、b、c、d、e五个企业都具有申请人资格。

二、 行政复议被申请人

被申请人，是指作出具体行政行为的行政机关或被授权组织（power）。被申请人的确定，可以参照行政诉讼被告的规定。被申请人常见的情形有：

① 相对人也可称为直接相对人，相关人也可称为间接相对人。

1. 独立被申请人,当一个行政机关单独作出具体行政行为之时。

2. 共同被申请人,当若干行政机关共同作出具体行政行为之时。

例:(2000/1/19/单选)根据市政府整顿农贸市场的决定,某区工商局和公安局对集贸市场进行检查。在检查过程中,因某个体户乱设摊点,给予其吊销营业执照的处罚。该个体户不服,申请复议。此案应以谁为被申请人?

A. 某区工商局

B. 某区公安局

C. 某区工商局和公安局为共同被申请人

D. 某区工商局和公安局共同的上一级机关为被申请人

[解析]A 项正确。《行政复议法》第 10 条第 4 款规定:"公民、法人或者其他组织对行政机关的具体行政行为不服申请行政复议的,作出具体行政行为的行政机关是被申请人。"本题中,吊销营业执照是工商局的职权,应以工商局为被申请人。

提示:如果某区工商局和公安局是联合执法,共同作出处罚决定的,则不区分行政机关的职权,两个机关是共同被申请人。判断单一职权和共同职权的标准,是看题目上是否有"共同""联合"的字眼。有"共同"或者"联合",就是共同职权,共同被申请人;没有"共同"或者"联合",就是单一职权,一个被申请人。

3. 继续行使被撤销行政机关权力的行政机关作为被申请人,当作出被申请具体行政行为的行政机关在申请提出时已被撤销之时。

4. 被授权组织作为被申请人,当被授权组织作出具体行政行为之时。

5. 派出机关和派出机构作为被申请人,当派出机关和派出机构作出具体行政行为之时。

三、行政复议第三人

第三人,是指与被申请的具体行政行为有利害关系、参加行政复议的其他公民、法人或者其他组织。

第三人的成立,需要具备三个条件:(1)复议已经开始,但还没结束。(2)与具体行政行为有利害关系。(3)是申请人和被申请人以外的其他公民、法人、其他组织或者行政机关。

第三人参加复议,有两种情况:(1)申请参加。行政复议期间,申请人以外的公民、法人或者其他组织与被审查的具体行政行为有利害关系的,可以向行政复议机构申请作为第三人参加行政复议。(2)通知参加。行政复议期间,行政复议机构认为申请人以外的公民、法人或者其他组织与被审查的具体行政行为有利害关系的,可以通知其作为第三人参加行政复议。请注意,行政诉讼第三人与此不同,法院应当通知第三人。

第三人不参加行政复议,不影响行政复议案件的审理。

例:(2009/2/45/单选)关于行政复议第三人,下列哪一选项是错误的?

A. 第三人可以委托一至二名代理人参加复议

B. 第三人不参加行政复议,不影响复议案件的审理

C. 复议机关应为第三人查阅有关材料提供必要条件

D. 第三人与申请人逾期不起诉又不履行复议决定的强制执行制度不同

[解析]A 项正确,不选。《行政复议法实施条例》第 10 条规定:"申请人、第三人可以委托 1 至 2 名代理人参加行政复议。申请人、第三人委托代理人的,应当向行政复议机构提交授权委托书。授权委托书应当载明委托事项、权限和期限。公民在特殊情况下无法书面委托的,可以口头委托。口头委托的,行政复议机构应当核实并记录在卷。申请人、第三人解除或者变更委托的,应当书面报告行政复议机构。"

B 项正确,不选。《行政复议法实施条例》第 9 条第 3 款规定:"第三人不参加行政复议,不影响行政复议案件的审理。"

C 项正确,不选。《行政复议法实施条例》第 35 条规定:"行政复议机关应当为申请人、第三人查阅有关材料提供必要条件。"

D 项错误,应选。《行政复议法实施条例》第 52 条规定:"第三人逾期不起诉又不履行行政复议决定的,依照行政复议法第三十三条的规定处理。"《行政复议法》第 33 条规定:"申请人逾期不起诉又不履行行政复议决定的,或者不履行最终裁决的行政复议决定的,按照下列规定分别处理:(一) 维持具体行政行为的行政复议决定,由作出具体行政行为的行政机关依法强制执行,或者申请人民法院强制执行;(二) 变更具体行政行为的行政复议决定,由行政复议机关依法强制执行,或者申请人民法院强制执行。"综上所述,第三人和申请人的强制执行制度是相同的。

提示:《行政复议法》与《行政诉讼法》在很多条款上是一致的。因此,《行政复议法》的考题,可以参照《行政诉讼法》进行分析。

四、 行政复议机关

行政复议机关是指依照法律的规定,依法对被申请的具体行政行为进行合法性、合理性审查并作出决定的行政机关。其身份类似于行政诉讼中的法院,是准司法机关。我国的行政复议机关有以下四个层级(见图 8-1)。

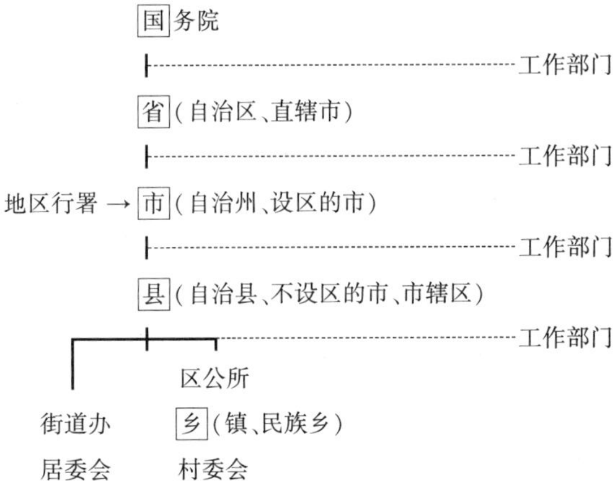

图 8-1

(一)一般管辖(一级政府和工作部门作为被申请人)

1. 一级政府作为被申请人。对各级政府(国务院和省级政府除外)所作的具体行政行为不服,向上一级政府(派出机关相当于一级政府)申请复议。

2. 工作部门作为被申请人。工作部门(国务院部门除外)分为两种情况:(1)上下级部门是业务指导关系,申请人可以向本级政府或者上一级工作部门申请复议;(2)上下级部门是垂直领导关系(海关、国税、外汇管理、金融和国家安全机关),申请人只能向上一级工作部门申请复议。

如图 8-2 所示:

工作部门
- 业务指导关系
  - 本级政府
  - 上级部门
- 垂直领导→上级部门(安全、海关、国税、外汇管理、金融)

图 8-2

例:(2014/2/49/单选)某区环保局因某新建水电站未报批环境影响评价文件,且已投入生产使用,给予其罚款 10 万元的处罚。水电站不服,申请复议,复议机关作出维持处罚的复议决定书。下列哪一说法是正确的?

A. 复议机关应当为某区政府

B. 如复议期间案件涉及法律适用问题,需要有权机关作出解释,行政复议终止

C. 复议决定书一经送达,即发生法律效力

D. 水电站对复议决定不服向法院起诉,应由复议机关所在地的法院管辖

[解析]A 项错误。《行政复议法》第 12 条规定:"对县级以上地方各级人民

政府工作部门的具体行政行为不服的，由申请人选择，可以向该部门的本级人民政府申请行政复议，也可以向上一级主管部门申请行政复议。对海关、金融、国税、外汇管理等实行垂直领导的行政机关和国家安全机关的具体行政行为不服的，向上一级主管部门申请行政复议。”本题中，上下级环保局之间是业务指导关系，复议机关既可以是某区政府，也可以是市环保局，所以选项中“应当”是错误的表述。

B 项错误。《行政复议法实施条例》第 41 条第 1 款规定：“行政复议期间有下列情形之一，影响行政复议案件审理的，行政复议中止：（一）作为申请人的自然人死亡，其近亲属尚未确定是否参加行政复议的；（二）作为申请人的自然人丧失参加行政复议的能力，尚未确定法定代理人参加行政复议的；（三）作为申请人的法人或者其他组织终止，尚未确定权利义务承受人的；（四）作为申请人的自然人下落不明或者被宣告失踪的；（五）申请人、被申请人因不可抗力，不能参加行政复议的；（六）案件涉及法律适用问题，需要有权机关作出解释或者确认的；（七）案件审理需要以其他案件的审理结果为依据，而其他案件尚未审结的；（八）其他需要中止行政复议的情形。”本题中，行政复议应当是“中止”，而不是“终止”。

C 项正确。《行政复议法》第 31 条第 3 款规定：“行政复议决定书一经送达，即发生法律效力。”

D 项错误。《行政诉讼法》第 18 条第 1 款规定：“行政案件由最初作出行政行为的行政机关所在地人民法院管辖。经复议的案件，也可以由复议机关所在地人民法院管辖。”

3. 省级政府、国务院部门作为被申请人。对省级政府、国务院部门所作的具体行政行为不服，向该行政机关申请复议，即同级复议。对行政复议决定不服的，可以向法院提起行政诉讼；也可以向国务院申请裁决，国务院作出最终裁决。

如图 8-3 所示：

省级政府、国务院部门→省级政府、国务院部门→{行政诉讼 / 国务院二级复议（终局）}

图 8-3

例：（2012/2/49/单选）国务院某部对一企业作出罚款 50 万元的处罚。该企业不服，向该部申请行政复议。下列哪一说法是正确的？

A. 在行政复议中，不应对罚款决定的适当性进行审查

B. 企业委托代理人参加行政复议的，可以口头委托

C. 如在复议过程中企业撤回复议的，即不得再以同一事实和理由提出复议申请

D. 如企业对复议决定不服向国务院申请裁决，企业对国务院的裁决不服向法院起诉的，法院不予受理

[解析]A 项错误。《行政复议法》第 1 条规定："为了防止和纠正违法的或者不当的具体行政行为，保护公民、法人和其他组织的合法权益，保障和监督行政机关依法行使职权，根据宪法，制定本法。"可见，行政复议既审查合法性，也审查合理性。

B 项错误。《行政复议法实施条例》第 10 条规定："……公民在特殊情况下无法书面委托的，可以口头委托。……"可见，只有公民在特殊情况下可以口头委托，企业不可以。

C 项错误。《行政复议法实施条例》第 38 条第 2 款规定："申请人撤回行政复议申请的，不得再以同一事实和理由提出行政复议申请。但是，申请人能够证明撤回行政复议申请违背其真实意思表示的除外。" 本项中，"即"的表述，过于绝对化，所以是错误的。

D 项正确。《行政复议法》第 14 条规定："对国务院部门或者省、自治区、直辖市人民政府的具体行政行为不服的，向作出该具体行政行为的国务院部门或者省、自治区、直辖市人民政府申请行政复议。对行政复议决定不服的，可以向人民法院提起行政诉讼；也可以向国务院申请裁决，国务院依照本法的规定作出最终裁决。"可见，对国务院的最终裁决，不能再向法院提起诉讼。

(二) 特殊管辖(其他行政主体作为被申请人)

1. 派出机关作为被申请人。对派出机关所作的具体行政行为不服，向设立该派出机关的政府申请复议。

2. 派出机构作为被申请人。对派出机构所作的具体行政行为不服，向设立该派出机构的部门或者该部门的本级地方政府申请复议。例如。对公安派出所的决定不服，可以向公安局或者公安局所属的政府申请复议。

如图 8-4 所示：

派出机构 { 设立部门
设立部门所属政府

图 8-4

例：(2011/2/84/多选)甲市乙区公安分局所辖派出所以李某制造噪声干扰他人正常生活为由，对其处以 500 元罚款。李某不服申请复议。下列哪些机关可以成为本案的复议机关？

A. 乙区公安分局

B. 乙区政府

C. 甲市公安局

D. 甲市政府

[解析]A项、B项正确。《行政复议法》第15条第1款规定："对政府工作部门依法设立的派出机构依照法律、法规或者规章规定,以自己的名义作出的具体行政行为不服的,向设立该派出机构的部门或者该部门的本级地方人民政府申请行政复议。"本题中,对派出所的行为不服,可以向乙区公安分局或者乙区政府申请行政复议。

3. 被授权组织作为被申请人。对被授权组织的行政行为不服,向其行政主管机关申请复议。例如,中国人民大学的行政主管机关是教育部。

4. 若干行政机关作为被申请人。两个或者两个以上的行政机关作为共同被申请人时,向共同上一级行政机关申请复议。

5. 继承权力的行政机关作为被申请人。继续行使被撤销行政机关职权的行政机关作为被申请人时,向继续行使职权的行政机关的上一级行政机关申请复议。

以上五种特殊管辖的情形,申请人也可以向具体行政行为发生地的县级政府提出行政复议申请,由接受申请的县级政府7日内转送行政复议机关,并告知申请人。这个规定体现了便民原则。

五、 行政复议机构

行政复议机构是行政复议机关内部设立的一种负责法制工作的机构,专门负责复议案件受理、审查和裁决工作,其地位类似于法院的行政审判庭。作为一个内部机构,其本身不具有行政主体资格,不能以自己的名义对外行使职权。行政复议决定,必须由行政复议机关作出,行政复议机构则没有这种权力。

行政复议机构审理行政复议案件,应当由2名以上行政复议人员参加。

第四节 行政复议的申请与受理

一、 行政复议的申请

申请,是指相对人不服行政机关的具体行政行为,而向行政复议机关提出要求撤销或变更该具体行政行为的请求。

(一) 申请时间

申请人可以自知道具体行政行为之日起60日内提出行政复议申请;但是法律规定的申请期限超过60日的除外,即“大于等于60日”。根据这一规定,申请行政复议的期限至少是60日,如果现行法律规定的申请期限小于60日的,就要被自动延长至60日。因不可抗力或者其他正当理由耽误法定申请期限的,申请期限自障碍消除之日起继续计算。

例:(2013/2/50/单选)甲市乙区政府决定征收某村集体土地100亩。该村50户村民不服,申请行政复议。下列哪一说法是错误的?

A. 申请复议的期限为30日

B. 村民应推选1至5名代表参加复议

C. 甲市政府为复议机关

D. 如要求申请人补正申请材料,应在收到复议申请之日起5日内书面通知申请人

[解析]A项错误,应选。《行政复议法》第9条规定:“公民、法人或者其他组织认为具体行政行为侵犯其合法权益的,可以自知道该具体行政行为之日起六十日内提出行政复议申请;但是法律规定的申请期限超过六十日的除外。”可见,复议期限为60日,或者超过60日。

B项正确,不选。《行政复议法实施条例》第8条规定:“同一行政复议案件申请人超过5人的,推选1至5名代表参加行政复议。”

C项正确,不选。《行政复议法》第13条第1款规定:“对地方各级人民政府的具体行政行为不服的,向上一级地方人民政府申请行政复议。”

D项正确,不选。《行政复议法实施条例》第29条规定:“行政复议申请材料不齐全或者表述不清楚的,行政复议机构可以自收到该行政复议申请之日起5日内书面通知申请人补正。补正通知应当载明需要补正的事项和合理的补正期限。无正当理由逾期不补正的,视为申请人放弃行政复议申请。补正申请材料所用时间不计入行政复议审理期限。”

(二) 申请的形式

申请人申请行政复议,可以书面申请,也可以口头申请。(1)书面申请的,应当向行政机关递交复议申请书。(2)口头申请的,行政复议机关应当当场作出书面记录,转化为申请笔录。口头申请体现了便民原则。

（三）申请条件

参照行政诉讼的起诉条件，申请复议的条件主要包括以下四项：(1) 申请人是认为具体行政行为侵犯其合法权益的公民、法人或者其他组织；(2) 有明确的被申请人；(3) 有具体的复议请求和事实根据；(4) 属于行政复议受案范围和行政复议机关管辖范围。

二、对行政复议申请的受理

（一）受理

受理，是指行政复议机关基于审查申请人所提出的复议申请是否有正当理由而决定是否受理。

行政复议机关收到申请后，应当在 5 日内进行审查，对不符合本法规定的申请，决定不予受理，并书面告知申请人；对符合本法规定，但是不属于本机关受理的申请，应当告知申请人向有关行政复议机关提出。除此以外，自行政复议机关法制工作机构收到之日起即为受理。

行政复议机关受理行政复议申请，不得向申请人收取任何费用。行政复议活动所需要经费，应当列入本机关的行政经费，由本级财政予以保障。

（二）对行政复议机关无理拒绝受理的处理

公民、法人或者其他组织依法提出行政复议申请，行政复议机关无正当理由不予受理的，上级行政机关认为行政复议机关不予受理申请的理由不成立的，可以先行督促其受理；经督促仍不受理的，应当责令其限期受理，必要时也可以直接受理；认为行政复议申请不符合法定受理条件的，应当告知申请人。

（三）复议前置案件中复议机关不作为的处理

法律、法规规定复议前置案件，行政复议机关决定不予受理（拒绝履行），或者受理后超过行政复议期限不作答复（拖延履行），申请人可以自收到不予受理决定书之日起或者行政复议期满之日起 15 日内，提起行政诉讼。

三、具体行政行为在行政复议期间的执行力

原则上，具体行政行为在行政复议期间不停止执行。这是保证国家行政管理的连续性、有效性的重要手段，其理论基础是国家意志先定力理论和公权力优先理论。但是，在以下特殊情形下具体行政行为可以停止执行：

1. 被申请人认为需要停止执行的；

2. 行政复议机关认为需要停止执行的；

3. 申请人申请停止执行，行政复议机关认为其要求合理，决定停止执行的；

4. 法律规定停止执行的，主要是指《治安管理处罚法》规定的拘留在复议中可以暂缓执行。

四、 行政复议与行政诉讼的关系

行政复议与行政诉讼，作为两种最重要的行政救济途径，在程序上有三类衔接关系：自由选择关系、限制选择关系（1 种）、复议前置关系（5 种）。

（一）自由选择关系

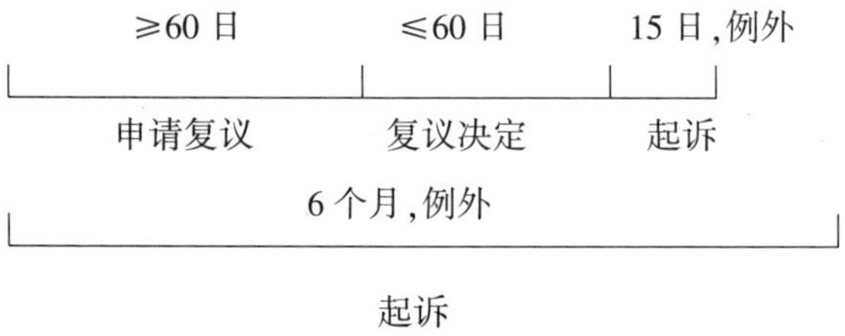

图 8-5

自由选择关系（图 8-5），是指当事人不服行政机关的具体行政行为，可以在行政复议与行政诉讼之间自由选择。（1）首先申请复议，对复议决定不服再提起行政诉讼。（2）直接提起行政诉讼。自由选择关系，是行政复议和行政诉讼最主要的衔接关系。

自由选择关系，要注意两个问题：（1）不能同时进行。行政复议已经被受理的，当事人在法定复议期限以内不得提起诉讼；行政诉讼已经被立案的，当事人不得再申请行政复议。如果当事人同时提起行政复议和行政诉讼的，就比较复议受理和法院立案的时间，哪个时间在前启动哪个程序。（2）机会只有一次。在行政复议中，当事人撤回复议申请，就不得再次申请复议，但还有可能诉讼，条件是在 6 个月诉讼时效之内。在行政诉讼中，当事人撤回起诉，就不得再次起诉，同时也不得申请复议。也就是说，撤回复议还有可能诉讼，但是撤回诉讼就没有了救济途径。根据司法最终原则，法院的决定是最终决定，放弃了法院就放弃了最后的救济途径。

例：（2014/2/80/多选）《反不正当竞争法》规定，当事人对监督检查部门作出的处罚决定不服的，可以自收到处罚决定之日起 15 日内向上一级主管机关申请复议；对复议决定不服的，可以自收到复议决定书之日起 15 日内向法院提起诉讼;也可以直接向法院提起诉讼。某县工商局认定某企业利用广告对商品作引人误解的虚假宣传,构成不正当竞争,处 10 万元罚款。该企业不服,申请复议。下列哪些说法是正确的?

A. 复议机关应当为该工商局的上一级工商局

B. 申请复议期间为 15 日

C. 如复议机关作出维持决定,该企业向法院起诉,起诉期限为 15 日

D. 对罚款决定,该企业可以不经复议直接向法院起诉

[解析]A 项错误。《行政复议法》第 12 条规定:"对县级以上地方各级人民政府工作部门的具体行政行为不服的,由申请人选择,可以向该部门的本级人民政府申请行政复议,也可以向上一级主管部门申请行政复议。对海关、金融、国税、外汇管理等实行垂直领导的行政机关和国家安全机关的具体行政行为不服的,向上一级主管部门申请行政复议。"本题中,复议机关可以是区政府或者上级工商局,题目中的"应当"表述错误。

B 项错误。《行政复议法》第 9 条规定:"公民、法人或者其他组织认为具体行政行为侵犯其合法权益的,可以自知道该具体行政行为之日起六十日内提出行政复议申请;但是法律规定的申请期限超过六十日的除外。"可见,申请复议期限至少为 60 日,《反不正当竞争法》规定的申请复议期限"15 日"是无效的,应为 60 日。

C 项正确。《行政诉讼法》第 46 条第 1 款规定:"公民、法人或者其他组织直接向人民法院提起诉讼的,应当自知道或者应当知道作出行政行为之日起六个月内提出。法律另有规定的除外。"本题中,《反不正当竞争法》规定的起诉期限"15 日"是有效的。

D 项正确。《行政诉讼法》第 44 条规定:"对属于人民法院受案范围的行政案件,公民、法人或者其他组织可以先向行政机关申请复议,对复议决定不服的,再向人民法院提起诉讼;也可以直接向人民法院提起诉讼。法律、法规规定应当先向行政机关申请复议,对复议决定不服再向人民法院提起诉讼的,依照法律、法规的规定。"

(二) 限制选择关系

省级政府、国务院部门→省级政府、国务院部门 {→行政诉讼
→国务院二级复议(终局)}

图 8-6

限制选择关系(见图 8-6),是指当事人不服行政机关的具体行政行为,可以自由选择行政复议或者行政诉讼,但是选择了行政复议后即不得再提起行政

诉讼。

限制选择关系只有一种情形。《行政复议法》第 14 条规定：对国务院部门或者省级政府的具体行政行为不服的，向该行政机关申请行政复议。对行政复议决定不服的，可以提起行政诉讼；也可以向国务院申请复议，但国务院的复议是最终裁决。

（三）复议前置关系

复议前置关系（见图 8-7），是指当事人不服行政机关的具体行政行为，必须先向行政机关申请行政复议，对行政复议决定不服再提起行政诉讼，未经行政复议不得提起行政诉讼。复议前置关系，由法律、法规来设定。这里只讲法律规定的五种复议前置。

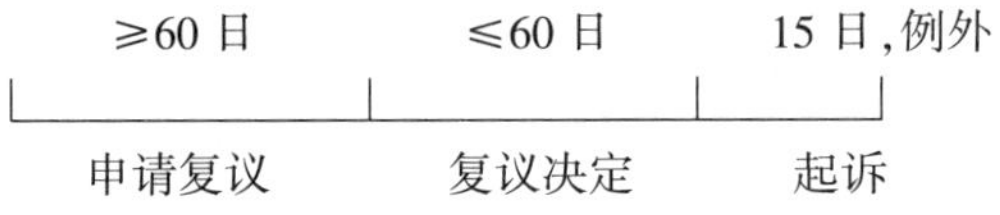

图 8-7

1.《行政复议法》第 30 条规定：公民、法人或者其他组织认为行政机关的具体行政行为侵犯其已经依法取得的土地、矿藏、水流、森林、山岭、草原、荒地、滩涂、海域等自然资源的所有权或者使用权的，应当先申请行政复议；对行政复议决定不服的，可以依法向人民法院提起行政诉讼。①

根据国务院或者省、自治区、直辖市人民政府对行政区划的勘定、调整或者征用土地的决定，省、自治区、直辖市人民政府确认土地、矿藏、水流、森林、山岭、草原、荒地、滩涂、海域等自然资源的所有权或者使用权的行政复议决定为最终裁决。

如表 8-4 所示：

表 8-4

申请人已经依法取得 + 自然资源权属 + 行政确认	复议前置
省级政府+国务院/省级政府的行政区划/征用土地决定+自然资源权属+行政确认	复议终局

① 2003 年 2 月，最高人民法院作出了《关于适用〈行政复议法〉第三十条第一款有关问题的批复》，指出："公民、法人或者其他组织认为行政机关确认土地、矿藏、水流、森林、山岭、草原、荒地、滩涂、海域等自然资源的所有权或者使用权的具体行政行为，侵犯其已经依法取得的自然资源所有权或者使用权的，经行政复议后，才可以向人民法院提起行政诉讼，但法律另有规定的除外；对涉及自然资源所有权或者使用权的行政处罚、行政强制措施等其他具体行政行为提起行政诉讼的，不适用《行政复议法》第三十条第一款的规定。"由此，明确了法条中的具体行政行为应是行政确认。

例:(2006/2/41/单选)甲村与乙村相邻,甲村认为乙村侵犯了本村已取得的林地所有权,遂向省林业局申请裁决。省林业局裁决该林地所有权归乙村所有,甲村不服。按照《行政复议法》和《行政诉讼法》规定,关于甲村寻求救济的下列哪种说法是正确的?

A. 只能申请行政复议

B. 既可申请行政复议,也可提起行政诉讼

C. 必须先经过行政复议,才能够提起行政诉讼

D. 只能提起行政诉讼

[解析]B 项正确。《行政复议法》第 30 条第 1 款规定:"公民、法人或者其他组织认为行政机关的具体行政行为侵犯其已经依法取得的土地、矿藏、水流、森林、山岭、草原、荒地、滩涂、海域等自然资源的所有权或者使用权的,应当先申请行政复议;对行政复议决定不服的,可以依法向人民法院提起行政诉讼。"另外,最高人民法院批复规定,具体行政行为特指行政确认。本题中,林业局的行为是行政裁决,不适用复议前置程序,而是自由选择程序。

提示:① 自然资源确权案件,具备 3 个条件,复议前置;不够 3 个条件,自由选择。② 历年真题,着重考查第 3 个条件,这样问题就简化了:有了行政确认,复议前置;不是行政确认,自由选择。③ 行政确认,判断标准主要是确权证书,这样问题进一步简化了:有了确权证书,复议前置;没有确权证书,自由选择。

2.《税收征收管理法》第 88 条第 1 款、第 2 款规定:纳税人、扣缴义务人、纳税担保人同税务机关在纳税上发生争议时,必须先依照税务机关的纳税决定缴纳或者解缴税款及滞纳金或者提供相应的担保,然后可以依法申请行政复议;对行政复议决定不服的,可以依法向人民法院起诉。当事人对税务机关的处罚决定、强制执行措施或者税收保全措施不服的,可以依法申请行政复议,也可以依法向人民法院起诉。

例:(2008/2/85/多选)某县地税局将个体户沈某的纳税由定额缴税变更为自行申报,并在认定沈某申报税额低于过去纳税额后,要求沈某缴纳相应税款、滞纳金,并处以罚款。沈某不服,对税务机关下列哪些行为可以直接向法院提起行政诉讼?

A. 由定额缴税变更为自行申报的决定　　B. 要求缴纳税款的决定

C. 要求缴纳滞纳金的决定　　D. 罚款决定

[解析]C 项、D 项正确。《税收征收管理法》第 88 条第 1 款、第 2 款规定:(略)。本题中,A 项属于纳税方式争议、B 项属于纳税数额争议,都是复议前置,不选。C 项属于行政强制,D 项属于行政处罚,可以自由选择复议和诉讼的救济途径,应选。

3.《商标法》第54条规定：对商标局撤销注册商标或者不予撤销注册商标的决定，当事人可以自收到通知之日起15日内向商标评审委员会申请复审。对商标评审委员会的决定不服的，可以自收到通知之日起30日内向法院起诉。

4.《专利法》第41条规定：专利申请人对国务院专利行政部门驳回申请的决定不服的，可以自收到通知之日起3个月内，向专利复审委员会请求复审。对复审决定不服的，可以自收到通知之日起3个月内向人民法院起诉。

例：(2012/2/46/单选)经王某请求，国家专利复审机构宣告授予李某的专利权无效，并于2011年5月20日向李某送达决定书。6月10日李某因交通意外死亡。李某妻子不服决定，向法院提起行政诉讼。下列哪一说法是正确的？

A. 李某妻子应以李某代理人身份起诉

B. 法院应当通知王某作为第三人参加诉讼

C. 本案原告的起诉期限为60日

D. 本案原告应先申请行政复议再起诉

[解析]A项错误。《行政诉讼法》第25条第2款规定："有权提起诉讼的公民死亡，其近亲属可以提起诉讼。"本题中，李某妻子是其近亲属，应以原告身份起诉。

B项正确。《行诉解释》第30条第1款规定："行政机关的同一行政行为涉及两个以上利害关系人，其中一部分利害关系人对行政行为不服提起诉讼，人民法院应当通知没有起诉的其他利害关系人作为第三人参加诉讼。"

C项错误。《行政诉讼法》第46条第1款规定："公民、法人或者其他组织直接向人民法院提起诉讼的，应当自知道或者应当知道作出行政行为之日起六个月内提出。法律另有规定的除外。"本题中，起诉期限为6个月。

D项错误。《专利法》第41条规定："国务院专利行政部门设立专利复审委员会。专利申请人对国务院专利行政部门驳回申请的决定不服的，可以自收到通知之日起三个月内，向专利复审委员会请求复审。专利复审委员会复审后，作出决定，并通知专利申请人。专利申请人对专利复审委员会的复审决定不服的，可以自收到通知之日起三个月内向人民法院起诉。"可见，对专利行政部门驳回申请的决定不服，应当适用复议前置程序。但是，宣告专利权无效并没有规定复议前置，应当适用自由选择程序。

5.《反垄断法》第53条规定：对国务院反垄断执法机构作出禁止经营者集中的决定不服的，或对不予禁止的经营者集中决定附加减少集中对竞争产生不利影响的限制性条件不服的，可以先申请行政复议；对行政复议决定不服的，可以依法提起行政诉讼。

第五节　行政复议的审理、决定和执行

一、 行政复议的审理

（一）审理方式

1. 书面审理。行政复议机关审理行政复议案件，原则上实行书面方式，但是并不排除选择其他适当方式进行审理。申请人提出要求或者行政复议机构认为有必要时，可以向有关组织和人员调查情况，听取申请人、被申请人和第三人的意见。对重大、复杂的案件，还可以采取听证的方式审理。

2. 调解。行政复议机关在复议过程中原则上不进行调解。但是，在以下三种情形下，可以按照自愿、合法的原则进行调解：（1）行政机关行使自由裁量权的行为；（2）行政赔偿纠纷；（3）行政补偿纠纷。当事人经调解达成协议的，行政复议机关应当制作行政复议调解书，经双方当事人签字，即具有法律效力。调解未达成协议或者调解书生效前一方反悔的，行政复议机关应当及时作出行政复议决定。

3. 和解。公民、法人或者其他组织对行政机关行使自由裁量权作出的具体行政行为不服申请行政复议，申请人与被申请人在行政复议决定作出前自愿达成和解的，应当向行政复议机构提交书面和解协议；和解内容不损害社会公共利益和他人合法权益的，行政复议机构应当准许。

例：（2008/2/80/多选）对下列哪些情形，行政复议机关可以进行调解？

A. 市政府征用某村土地，该村居民认为补偿数额过低申请复议

B. 某企业对税务机关所确定的税率及税额不服申请复议

C. 公安机关以张某非法种植罂粟为由对其处以拘留 10 日并处 1000 元罚款，张某申请复议

D. 沈某对建设部门违法拆除其房屋的赔偿决定不服申请复议

[解析]A 项、C 项、D 项正确，B 项错误。《行政复议法实施条例》第 50 条第 1 款规定："有下列情形之一的，行政复议机关可以按照自愿、合法的原则进行调解：（一）公民、法人或者其他组织对行政机关行使法律、法规规定的自由裁量权作出的具体行政行为不服申请行政复议的；（二）当事人之间的行政赔偿或者行政补偿纠纷。"本题中，A 项是行政补偿，C 项是自由裁量权，D 项是行政赔偿，可以调解。至于 B 项，是羁束行政行为，不可以调解。

（二）举证责任

举证责任是指承担该责任的当事人必须对自己的主张举出主要的事实根据，以证明其确实存在，否则将承担败诉后果的法定义务。行政复议的举证责任类似于行政诉讼的举证责任。

行政复议机构应当自申请受理之日起 7 日内，将申请书副本或者申请笔录复印件发送被申请人。被申请人应当在 10 日内，提出书面答复，并提交当初作出具体行政行为的证据、依据和其他有关材料。被申请人不提出书面答复、提交当初作出具体行政行为的证据、依据和其他有关材料的，视为该具体行政行为没有证据、依据，行政复议机关决定撤销该具体行政行为。

在行政复议过程中，被申请人不得自行向申请人和其他有关组织或者个人收集证据。“不得自行”不是绝对不行，而是指在特定情况下，经行政复议机关批准，被申请人可以补充收集证据。参照《行政诉讼法》，“特定情况”是指两种情形：(1) 被申请人在作出具体行政行为时已经收集证据，但因不可抗力等正当事由不能提供的；(2) 申请人或者第三人在复议过程中，提出了其在被申请人实施行政行为过程中没有提出的反驳理由或者证据的。

如表 8-5 所示：

表 8-5

被申请人 10 日内提出书面答复，并提交当初作出行为的证据、依据 如不提出视为没有证据、依据，具体行政行为被撤销	事前收集的 事前证据
被申请人不得自行向申请人和有关组织或者个人收集证据 不可抗力或新的证据，经复议机关批准	事后补充的 事前证据

例：(2007/2/48/单选) 齐某不服市政府对其作出的决定，向省政府申请行政复议，市政府在法定期限内提交了答辩，但没有提交有关证据、依据。开庭时市政府提交了作出行政行为的法律和事实依据，并说明由于市政府办公场所调整，所以延迟提交证据。下列哪一选项是正确的？

A. 省政府应接受市政府延期提交的证据材料

B. 省政府应中止案件的审理

C. 省政府应撤销市政府的具体行政行为

D. 省政府应维持市政府的具体行政行为

[解析] C 项正确。《行政复议法》第 28 条第 1 款第 4 项规定：“被申请人不按照本法第二十三条的规定提出书面答复、提交当初作出具体行政行为的证据、依据和其他有关材料的，视为该具体行政行为没有证据、依据，决定撤销该具体

行政行为。”

（三）查阅材料

申请人、第三人可以查阅被申请人提出的书面答复、作出具体行政行为的证据、依据和其他有关材料。但是，涉及国家秘密、商业秘密或者个人隐私的材料除外。

（四）撤回申请

行政复议决定作出前，申请人要求撤回申请的，经说明理由可以撤回，行政复议终止。

撤回申请后，申请人不得再以同一事实和理由提出行政复议申请，即前文所述“机会只有一次”。但是，申请人能够证明撤回行政复议申请违背其真实意思表示的除外。

例：(2010/2/100/不定项)2006 年 5 月 9 日，县公安局以甲偷开乙的轿车为由，向其送达 1 000 元罚款的处罚决定书。甲不服，于同月 19 日向市公安局申请行政复议。6 月 8 日，复议机关同意甲撤回复议申请。6 月 20 日，甲就该处罚决定向法院提起行政诉讼。下列说法正确的是：

A. 对甲偷开的轿车县公安局可以扣押

B. 如甲能够证明撤回复议申请违背其真实意思表示，可以同一事实和理由再次对该处罚决定提出复议申请

C. 甲逾期不缴纳 1 000 元罚款，县公安局可以每日按罚款数额的 3% 加处罚款

D. 法院不应当受理甲的起诉

[解析]A 项错误。《治安管理处罚法》第 89 条规定：“公安机关办理治安案件，对与案件有关的需要作为证据的物品，可以扣押；对被侵害人或者善意第三人合法占有的财产，不得扣押，应当予以登记。对与案件无关的物品，不得扣押。”本题中，甲偷开的轿车不属于需要作为证据的物品，公安局不应扣押。

B 项正确。《行政复议法实施条例》第 38 条规定：“申请人在行政复议决定作出前自愿撤回行政复议申请的，经行政复议机构同意，可以撤回。申请人撤回行政复议申请的，不得再以同一事实和理由提出行政复议申请。但是，申请人能够证明撤回行政复议申请违背其真实意思表示的除外。”

C 项正确。《行政处罚法》第 51 条规定：“当事人逾期不履行行政处罚决定的，作出行政处罚决定的行政机关可以采取下列措施：(一) 到期不缴纳罚款的，每日按罚款数额的百分之三加处罚款；(二) 根据法律规定，将查封、扣押的财物

拍卖或者将冻结的存款划拨抵缴罚款;(三)申请人民法院强制执行。"

D项错误。《行诉解释》第58条规定:"法律、法规未规定行政复议为提起行政诉讼必经程序,公民、法人或者其他组织向复议机关申请行政复议后,又经复议机关同意撤回复议申请,在法定起诉期限内对原行政行为提起诉讼的,人民法院应当依法立案。"本题中,甲撤回了复议申请,直接计算起诉期限就可以了。县公安局于5月9日作出处罚决定,甲于6月20日提起行政诉讼,在直接起诉的6个月期限之内,法院应当受理。

二、行政复议的决定

(一)对有关行政规定和行政依据的附带审查和处理

1. 被动审查(规定)。申请人附带提出对具体行政行为所依据的四个"规定"(即除国务院规定以外的其他规范性文件)审查申请的,按照行政复议机关的处理权限分别处理(见图8-8):(1)对规定有权处理的,在30日内处理。"有权"是指该规定是由复议机关自己制定的或其下级机关制定的,"处理"是指维持、撤销或改变。(2)对规定无权处理的,在7日内转送有权处理的行政机关处理。有权机关,应当在60日内依法作出处理。"无权"是指该规定是复议机关的上级机关或同级机关制定的。(3)对规定的处理期间,应当中止对具体行政行为的审查。中止审查,应当记录在案,并通知当事人。

行政复议机关{有权处理——30日内处理
无权处理——7日内转送有权机关,60日内处理

图8-8

例:(2002/2/72/多选)刘某对市辖区土地局依据省国土资源厅的规定作出的一项行政处理决定不服提起行政复议,同时要求审查该规定的合法性。在此情况下,下列哪些说法是正确的?

A. 市政府作为复议机关无权对省国土资源厅的规定进行处理

B. 区政府作为复议机关应当将省国上资源厅的规定转送市政府处理

C. 省政府有权对该规定进行处理

D. 市土地局作为复议机关可以将审查省国土资源厅规定的请求转送省国土资源厅处理

[解析]A项错误。《行政复议法》第12条规定:"对县级以上地方各级人民政府工作部门的具体行政行为不服的,由申请人选择,可以向该部门的本级人民政府申请行政复议,也可以向上一级主管部门申请行政复议。"本案中,复议机关应是区政府或者市土地局,而不是市政府。

B 项、C 项、D 项正确。《行政复议法》第 26 条规定:“申请人在申请行政复议时,一并提出对本法第七条所列有关规定的审查申请的,行政复议机关对该规定有权处理的,应当在三十日内依法处理;无权处理的,应当在七日内按照法定程序转送有权处理的行政机关依法处理,有权处理的行政机关应当在六十日内依法处理。”本题中,区土地局依据省国土资源厅的规定作出的一项处理决定,刘某申请复议,有两种可能。(1) 复议机关是区政府,对国土资源厅规定无权处理,首先转送市政府,故 B 项正确;市政府也无权处理,再转送省政府,故 C 项正确。(2) 复议机关是市土地局,对省国土资源厅规定无权处理,可以转送省国土资源厅,故 D 项正确。

2. 主动审查(依据)。行政复议机关依职权发现具体行政行为的“依据”(不限于“规定”,但学生可以将其视为“规定”)不合法,按照其处理权限分别处理:(1) 对依据有权处理的,在 30 日内处理。原理同上。(2) 对依据无权处理,在 7 日内按照法定程序转送有权处理的国家机关处理。原理同上。(3) 对依据的处理期间,应当中止对具体行政行为的审查。中止审查,应当记录在案,并通知当事人。

如图 8-9 所示:

行政复议机关 {
- 有权处理——30 日内处理
- 无权处理——7 日内转送有权机关,(2 个月内)处理

图 8-9

(二) 行政复议的决定

行政复议机关应当自受理申请之日起 60 日内作出行政复议决定;但是法律规定的少于 60 日的除外。经行政复议机关的负责人批准,可以适当延长,但是延长期限最多不超过 30 日。

行政复议机构对具体行政行为进行审查,提出审查处理意见;行政复议机关的负责人作出行政复议决定。行政复议决定类似于行政诉讼的一审判决,具体包括以下几种:

1. 维持决定。具体行政行为又合法又合理,行政复议机关可以决定维持。具体行政行为合法的一般要件是五个(即“五指山”):事实证据确凿、适用法律正确、符合法定程序、没有超越职权、没有滥用职权。

2. 驳回复议申请决定。包括两种情形:(1) 申请人认为行政机关不履行法定职责申请行政复议,行政复议机关受理后发现该行政机关没有相应法定职责或者在受理前已经履行法定职责的;(2) 受理行政复议申请后,发现该行政复议申请不符合法定受理条件的。上级行政机关认为行政复议机关驳回行政复议申

请的理由不成立的，应当责令其恢复审理。

3. 履行决定。行政机关不作为的（包括拒绝履行和拖延履行），行政复议机关可以限期行政机关作出某种具体行政行为。“限期”是指法定期限内的期限。

4. 撤销决定。具体行政行为不合法或不合理的，行政复议机关可以撤销。撤销包括三种情形：全部撤销、部分撤销和撤销并责令重作。具体行政行为被撤销后，被申请人不得以同一事实和理由（即法律依据）作出与原来的具体行政行为相同或者基本相同的具体行政行为，但是原具体行政行为程序违法的除外。换句话说，被申请人要么改变法律依据（大前提），要么改变事实（小前提），要么改变结果（结论），要么改变程序。三段论加程序，至少“四变一”。

5. 变更决定。具体行政行为不合法或不合理的，行政复议机关可以变更。但是行政复议机关在申请人的行政复议请求范围内，不得作出对申请人更为不利的行政复议决定。这一点与《行政诉讼法》的变更判决是类似的。

6. 确认决定。参照《行政诉讼法》，针对四种情形：（1）行政机关不履行法定职责，但判决责令履行法定职责已无实际意义的；（2）被诉具体行政行为违法，但不具有可撤销内容的；（3）被诉具体行政行为违法，但撤销将给国家利益和公共利益带来重大损失的；（4）被诉具体行政行为依法不成立或无效的。

7. 赔偿决定。包括两种情形：（1）依申请赔偿。申请人在申请复议时一并提出了行政赔偿请求，行政复议机关对符合国家赔偿法的有关规定应当给予赔偿的，在决定撤销、变更具体行政行为或者确认具体行政行为违法时，应当同时决定被申请人依法给予赔偿。（2）依职权赔偿。申请人在申请复议时没有提出行政赔偿请求，行政复议机关在依法决定撤销或者变更罚款，撤销违法集资、没收财物、征收财物、摊派费用以及对财产的查封、扣押、冻结等具体行政行为时，应当同时责令被申请人返还财产，解除对财产的查封、扣押、冻结措施，或者赔偿相应的价款。据此，依职权赔偿仅限于财产权，不包括人身权。一句话，财产权，不告也赔；人身权，不告不赔。

例：（2002/2/28/单选）张某因不服税务局查封财产决定向上级机关申请复议，要求撤销查封决定，但没有提出赔偿请求。复议机关经审查认为该查封决定违法，决定予以撤销，对于查封决定造成的财产损失，复议机关正确的做法是什么？

A. 解除查封的同时决定被申请人赔偿相应的损失

B. 解除查封并告知申请人就赔偿问题另行申请复议

C. 解除查封的同时就损失问题进行调解

D. 解除查封的同时要求申请人增加关于赔偿的复议申请

[解析] A 项正确。《行政复议法》第 29 条规定：“申请人在申请行政复议时可以一并提出行政赔偿请求，行政复议机关对符合国家赔偿法的有关规定应当给

予赔偿的，在决定撤销、变更具体行政行为或者确认具体行政行为违法时，应当同时决定被申请人依法给予赔偿。申请人在申请行政复议时没有提出行政赔偿请求的，行政复议机关在依法决定撤销或者变更罚款，撤销违法集资、没收财物、征收财物、摊派费用以及对财产的查封、扣押、冻结等具体行政行为时，应当同时责令被申请人返还财产，解除对财产的查封、扣押、冻结措施，或者赔偿相应的价款。”

行政复议决定，如表 8-6 所示：

表 8-6

“官”胜诉	维持	合法+合理(5+1) 5 = ①事实证据确凿②适用法律正确③符合法定程序④没有超越职权⑤没有滥用职权 1 = 内容适当
	驳回	实体驳回：当事人申请行政机关不作为，理由不成立（①已作为②不属于法定职权） 程序驳回：复议机关受理后发现申请不符合条件
“民”胜诉	履行	拒绝或拖延 → 限期履行
	撤销	不合法或不合理(5+1)：全部撤销；部分撤销；撤销并可以责令重作 被申请人不得以同一事实、同一理由作出同一决定（但程序违法例外）
	变更	不合法或不合理(5+1) 不得作出对申请人更为不利的决定，但是有利益冲突的申请人时除外
	确认违法	不作为，但限期履行已无实际意义的 违法，但不具有可撤销内容的 违法，但撤销会给国家利益和公共利益带来重大损害的 不成立或无效
	赔偿	依申请：撤销/变更/确认违法 →赔偿决定 依职权：财产权损害 →撤销/变更/确认违法 →赔偿决定

三、行政复议决定的执行

行政复议决定的执行，是有关国家机关依法采取措施强制实现行政复议决定规定内容的行为。这个制度,类似于行政诉讼判决的执行。

(一) 被申请人不履行义务

被申请人不履行或者无正当理由拖延履行行政复议决定的,行政复议机关或者有关上级行政机关应当责令其限期履行。

例:(2008/2/45/单选)某县政府依田某申请作出复议决定,撤销某县公安局对田某车辆的错误登记,责令在30日内重新登记,但某县公安局拒绝进行重新登记。田某可以采取下列哪一项措施?

A. 申请法院强制执行

B. 对某县公安局的行为申请行政复议

C. 向法院提起行政诉讼

D. 请求某县政府责令某县公安局登记

[解析]D项正确。《行政复议法》第32条规定:"被申请人应当履行行政复议决定。被申请人不履行或者无正当理由拖延履行行政复议决定的,行政复议机关或者有关上级行政机关应当责令其限期履行。"

提示:对被申请人不履行义务不适用强制执行;只有申请人不履行义务,才适用强制执行。

(二) 申请人(包括第三人)不履行义务(并且没有起诉)

申请人逾期不起诉又不履行行政复议决定的,或者不履行终局的行政复议决定的,按照下列规定分别处理:(1) 行政复议机关维持被申请人的具体行政行为,由作出具体行政行为的行政机关依法强制执行,或者申请人民法院强制执行。(2) 行政复议机关变更被申请人的具体行政行为,由行政复议机关依法强制执行,或者申请人民法院强制执行。

行政复议决定的执行,如表8-7所示:

表8-7

"民"胜诉,"官"不履行	复议机关应当责令被申请人限期履行
"官"胜诉,"民"不履行	复议维持→原行为机关 { 有执行权→自己执行 无执行权→申请法院执行 双重授权→两种执行
	复议改变→复议机关 { 有执行权→自己执行 无执行权→申请法院执行 双重授权→两种执行

第九章 行政诉讼

[本章提要]

本章内容主要包括两个部分:《行政诉讼法》《最高人民法院关于适用〈中华人民共和国行政诉讼法〉的解释》(简称《行诉解释》)。

行政法的结构,主要包括两个部分:(1)“官管民”,即行政管理,要求行政机关依法行政;(2)“民告官”,主要指行政诉讼,要求人民法院依法审判。行政诉讼法是行政法最重要的部分。本章的重点在于介绍行政诉讼的基本制度,内容涉及受案范围、管辖、原告与被告资格、证据规则、诉讼程序、法律适用、判决及其执行。

第一节 行政诉讼概述

一、 行政诉讼

(一)行政诉讼的概念

行政诉讼,是指相对人认为行政机关的具体行政行为侵犯了其合法权益,向法院提起诉讼,法院对具体行政行为进行合法性审查的活动。[①] 行政诉讼的功能是,保证法院公正、及时审理行政案件,解决行政争议,保护行政相对人的合法权益,监督行政机关行使行政职权。简而言之,就是“控制行政权、保障公民权”。

(二)行政诉讼与民事诉讼、刑事诉讼的关系

根据案件性质的不同,形成了三类不同的诉讼,即民事诉讼、刑事诉讼和行政诉讼。实践中,有时出现行政行为与民事行为、刑事行为的交织现象,需要我们判断行政诉讼与民事诉讼、刑事诉讼的先后关系。判断方法是,从两个行为之

---

① 新《行政诉讼法》将受案范围中的“具体行政行为”改为“行政行为”,这只是表述上的变化,受案范围实际上依然是“具体行政行为”。

间的关系，推论两个诉讼之间的关系。如果两个行为存在逻辑上的先后关系，那么两个诉讼就存在先后顺序；反之，如果两个行为之间不存在逻辑上的先后关系，那么两个诉讼就不存在先后顺序，同时进行审理。

如图 9-1 所示：

两个行为→ →两个诉讼	两个行为有关系	两个诉讼有先后
	两个行为没关系	两个诉讼并列审

图 9-1

1. 行政诉讼与民事诉讼的关系

行政审判庭与民事审判庭有很大的权力差异，行政审判庭只能审查行政行为（在行政许可、登记、征收、征用和行政裁决等案件中能够附带审查民事行为），民事审判庭只能审查民事行为。实践中，有时候行政行为和民事行为交织在一起，需要对行政诉讼和民事诉讼的顺序作出判断。判断方法就是"两个行为有关系，两个诉讼有先后。两个行为没关系，两个诉讼并列审。"

"两个行为有关系"，又分为两种情况：（1）在民事诉讼中，民事行为是根据行政行为作出的，这样解决行政争议成为解决民事争议的前提。此时，当事人可以先通过行政诉讼解决行政争议，再提起民事诉讼解决民事争议，因为民事审判庭无权审查具体行政行为的合法性。（2）在行政诉讼中，行政行为是根据民事行为作出的，这样解决民事争议成为解决行政争议的前提。此时，法院认为行政案件的审理需以民事诉讼的裁判为依据的，可以裁定中止行政诉讼，先由民事审判庭对民事行为进行审判，再由行政审判庭审查行政行为。

例：（2010/2/99/不定项）张某通过房产经纪公司购买王某一套住房并办理了转让登记手续，后王某以房屋买卖合同无效为由，向法院起诉要求撤销登记行为。行政诉讼过程中，王某又以张某为被告就房屋买卖合同的效力提起民事诉讼。下列选项正确的是：

A. 本案行政诉讼中止，等待民事诉讼的判决结果

B. 法院可以决定民事与行政案件合并审理

C. 如法院判决房屋买卖合同无效，应当判决驳回王某的行政诉讼请求

D. 如法院判决房屋买卖合同有效，应当判决确认转让登记行为合法

[解析]A 项正确。《行政诉讼法》第 61 条第 2 款规定："在行政诉讼中，人民法院认为行政案件的审理需以民事诉讼的裁判为依据的，可以裁定中止行政诉讼。"

B 项错误。《行政诉讼法》第 61 条第 1 款规定："在涉及行政许可、登记、征收、征用和行政机关对民事争议所作的裁决的行政诉讼中，当事人申请一并解决

相关民事争议的,人民法院可以一并审理。”本案中,行政行为是转让登记,符合行政行为的条件。但是,当事人是另行提起民事诉讼,而不是在行政诉讼中请求一并解决民事争议。

C 项错误。《行政诉讼法》第 70 条规定:“行政行为有下列情形之一的,人民法院判决撤销或者部分撤销,并可以判决被告重新作出行政行为:(一) 主要证据不足的;(二) 适用法律、法规错误的;(三) 违反法定程序的;(四) 超越职权的;(五) 滥用职权的;(六) 明显不当的。”本题中,如果房屋买卖合同是无效的,那么转让登记行为就是违法的,法院应当作出撤销判决。

D 项错误。《行政诉讼法》第 69 条规定:“行政行为证据确凿,适用法律、法规正确,符合法定程序的,或者原告申请被告履行法定职责或者给付义务理由不成立的,人民法院判决驳回原告的诉讼请求。”本题中,如果房屋买卖合同有效,那么转让登记行为就是合法的,法院应当作出驳回原告诉讼请求的判决。

2. 行政诉讼与刑事诉讼的关系

行政诉讼只能审查行政行为,刑事诉讼只能审查刑事行为。实践中,行政行为和刑事行为的关系,有三种情况:(1) 在行政诉讼中,发现犯罪事实需要追究刑事责任的,法院要将有关案件材料移送公安司法机关。(2) 在行政诉讼中,发现犯罪事实的认定影响本案事实的认定的,法院要中止行政诉讼,将有关案件材料移送公安司法机关,等其作出生效裁判后再继续进行行政诉讼。(3) 行政诉讼与刑事诉讼可能发生冲突的,原则上不能同时进行。根据最高人民法院司法解释的规定:行政机关工作人员的职务行为致人伤亡的,法院不受理刑事附带民事诉讼,而应当告知受害人提起行政赔偿诉讼。

例 1:(2006/2/43/单选)区工商局以涉嫌虚假宣传为由扣押了王某财产,王某不服诉至法院。在此案的审理过程中,法院发现王某涉嫌受贿犯罪需追究刑事责任。法院的下列哪种做法是正确的?

A. 终止案件审理,将有关材料移送有管辖权的司法机关处理

B. 继续审理,待案件审理终结后,将有关材料移送有管辖权的司法机关处理

C. 中止案件审理,将有关材料移送有管辖权的司法机关处理,待刑事诉讼程序终结后,恢复案件审理

D. 继续审理,将有关材料移送有管辖权的司法机关处理

[解析]D 项正确。本题中,行政诉讼案件审理的是“区工商局以涉嫌虚假宣传为由扣押了王某财产”(行政行为),而在审理过程中法院发现王某涉嫌受贿犯罪(犯罪行为),行政行为与犯罪行为之间没有逻辑上的关联。所以,行政诉讼与刑事诉讼是并列关系。

至于其他几项，A 项的终止行政案件审理，B 项的先行政诉讼后刑事诉讼，C 项的先刑事诉讼后行政诉讼，都不是并列关系，所以是错误的。

例 2：（2006/2/44/单选）2005 年 4 月 5 日，县交通局执法人员甲在整顿客运市场秩序的执法活动中，滥用职权致使乘坐在非法营运车辆上的孕妇乙重伤，检察机关对甲提起公诉。为保障自己的合法权益，乙的下列哪种做法是正确的？

A. 提起刑事附带民事诉讼，要求甲承担民事赔偿责任

B. 提起行政赔偿诉讼，要求甲所在行政机关承担国家赔偿责任

C. 提起刑事附带行政赔偿诉讼，要求甲所在行政机关承担国家赔偿责任

D. 提起刑事附带民事诉讼，要求甲及其所在的行政机关承担民事赔偿责任

[解析]B 项正确。《最高人民法院关于行政机关工作人员执行职务致人伤亡构成犯罪的赔偿诉讼程序问题的批复》第 1 条规定："行政机关工作人员在执行职务中致人伤、亡已构成犯罪，受害人或其亲属提起刑事附带民事赔偿诉讼的，人民法院对民事赔偿诉讼请求不予受理。但应当告知其可以依据《中华人民共和国国家赔偿法》的有关规定向人民法院提起行政赔偿诉讼。"本题中，行政机关工作人员甲在执法活动中滥用职权造成公民乙的重伤，属于职务行为所导致的损害，刑事责任应当由甲本人承担（刑事诉讼），而赔偿责任则应由国家承担（行政赔偿诉讼）。

至于其他几项，A 项、D 项的刑事附带民事诉讼，是错误的。C 项的刑事附带行政赔偿诉讼，也是错误的，没有这种诉讼类型。

二、行政诉讼法

（一）行政诉讼法的概念和渊源

行政诉讼法，是有关行政诉讼的法律规范的总和，是指有关调整法院和当事人及其他诉讼参与人在审理行政案件过程中所进行的各种诉讼活动以及所形成的各种诉讼关系的法律规范的总和。

行政诉讼法的法律渊源，主要包括以下七种：

1. 宪法，其中有关行政诉讼的规定。

2. 行政诉讼法。

3. 人民法院组织法、人民检察院组织法，其中有关行政诉讼的规定。

4. 民事诉讼法，其中关于期间、送达、合议、回避、诉讼保全、代表人诉讼等规定，行政诉讼可以参照适用。可以说，行政诉讼法是民事诉讼法的特别法。

5. 单行法律、法规，如《治安管理处罚法》《税收征收管理法》。

6. 国际条约，适用于涉外行政诉讼案件。

7. 法律解释,主要是指最高法院的司法解释。

(二) 行政诉讼法的效力范围

行政诉讼法的效力范围是指行政诉讼法在怎样的空间和时间范围内,对哪些人具有适用的效力。具体包括以下三项:

(1) 空间效力。行政诉讼法适用于我国主权所及的一切空间领域,但是在香港、澳门和台湾不适用。地方性法规、自治条例和单行条例只能在本行政区域内适用。

(2) 时间效力。《行政诉讼法》自 1990 年 10 月 1 日起施行,不溯及既往,但为保护公民、法人或其他组织合法权益的可以除外。

(3) 对人的效力。行政诉讼法原则上采取属地主义原则,外国人、无国籍人、外国组织在中国进行行政诉讼的,适用本法。但是,如果外国法院对中国公民、组织的行政诉讼权利加以限制的,中国法院对该国公民、组织的行政诉讼权利实行对等原则。

三、 行政诉讼的基本原则

行政诉讼的基本原则,是指行政诉讼法规定的、贯穿于行政诉讼的主要过程、对行政诉讼活动起支配作用的基本行为准则。

(一) 一般原则

行政诉讼作为三大诉讼制度之一,其与民事、刑事诉讼制度具有一些共同的司法原则,主要包括以下几条:(1) 人民法院依法独立行使行政审判权原则。法院依法对行政案件独立行使审判权,不受行政机关、社会团体和个人的干涉。(2) 以事实为根据、以法律为准绳的原则。(3) 当事人的法律地位平等原则。(4) 使用民族语言文字原则。(5) 当事人有权辩论原则。(6) 合议、回避、公开审判和两审终审原则。(7) 人民检察院实行法律监督原则。

(二) 特有原则

行政行为合法性审查原则,既明确了法院与行政机关之间的监督与被监督的关系,又明确了法院在行政审判中的权限范围。(1) 直接审查行政机关的具体行政行为,附带审查部分抽象行政行为。(2) 只审查行政行为的合法性,不审查合理性。法院是法律问题的专家,只能审查合法性。而合理性属于行政专业性问题,只能由行政机关作出判断。

《行政诉讼法》第 77 条规定:“行政处罚明显不当……的,人民法院可以判决变更。”有人由此判断行政诉讼也审查合理性，这是对法律概念的误解。实际上，“明显不当”属于“滥用职权”，是不合法，根本不是合理性问题。

第二节　行政诉讼受案范围

一、 行政诉讼受案范围概述

（一）行政诉讼受案范围的含义

行政诉讼受案范围，也称法院的主管范围，是指法律规定的法院受理行政案件的范围，或者说是法院解决行政争议的范围。这一范围，就法院与行政机关的关系而言，是指法院对行政机关的哪些行政行为拥有司法审查权；从公民、法人或者其他组织的角度而言，是指对行政机关的哪些行政行为不服时可以向法院起诉。

（二）行政诉讼受案范围的确立方式

与行政复议法相同，我国行政诉讼受案范围的确立方式属于“混合式”，先作出概括式规定，再作出列举式规定。

1. 概括式的规定。《行政诉讼法》第 2 条规定：“公民、法人或者其他组织认为行政机关和行政机关工作人员的行政行为侵犯其合法权益，有权依照本法向人民法院提起诉讼。前款所称行政行为，包括法律、法规、规章授权的组织作出的行政行为。”新法将“具体行政行为”改为了“行政行为”，但是总结《行政诉讼法》的相关规定，行政诉讼受案范围依然是“具体行政行为”。

原告在对具体行政行为提起诉讼的同时，认为具体行政行为所依据的国务院部门和地方政府及其部门制定的规范性文件不合法，在对行政行为提起诉讼时，可以一并请求对该规范性文件进行审查。这一规定，“照搬”了《行政复议法》的相关规定，允许法院对部分抽象行政行为（即，除国务院规定以外的其他规范性文件）进行“附带审查”，但是不能直接针对规范性文件提起诉讼。

公民、法人或者其他组织请求法院一并审查除国务院规定以外的其他规范性文件，应当在第一审开庭审理前提出；有正当理由的，也可以在法庭调查中提出。

2. 列举式的规定。《行政诉讼法》第 12 条是肯定列举，第 13 条是否定列举。这些列举是对概括式规定的补充和明确。

表 9-1

可以附带:4 规定	不可以附带
① 国务院部门的规定(部门规章除外) ② 县级以上政府及其工作部门的规定(地方政府规章除外) ③ 乡镇政府的规定 ④ 被授权组织的规定	① 行政法规 ② 部门规章 ③ 地方政府规章 ④ 国务院的规定

二、 应予受理的案件

根据《行政诉讼法》第 12 条以及有关司法解释的规定,法院受理公民、法人或者其他组织提起的下列诉讼:

1. 行政处罚案件,对行政拘留、暂扣或者吊销许可证和执照、责令停产停业、没收违法所得、没收非法财物、罚款、警告等行政处罚不服的。

2. 行政强制案件,对限制人身自由或者对财产的查封、扣押、冻结等行政强制措施和行政强制执行不服的。

3. 行政许可案件,申请行政许可,行政机关拒绝或者在法定期限内不予答复,或者对行政机关作出的有关行政许可的其他决定不服的。

4. 行政确认案件,对行政机关作出的关于确认土地、矿藏、水流、森林、山岭、草原、荒地、滩涂、海域等自然资源的所有权或者使用权的决定不服的。

例:(2004/2/49/多选)刘某与高达公司签订内销商品房预售契约,后某区房地产管理局对该预售契约作出预售预购备案登记。后刘某了解到高达公司向其销售的房屋系超出规划面积和预售面积的超层部分,刘某遂以区房地产管理局违法办理备案登记,造成自己购买的房屋为违法建筑为由提起行政诉讼。下列哪一说法不正确?

A. 区房地产管理局的备案登记行为不是对预售合同效力的确认行为

B. 备案登记行为没有对刘某的权利义务产生实际影响,不属于人民法院行政诉讼的受案范围

C. 高达公司与本案的审理结果有利害关系,可以作为第三人参加诉讼

D. 区房地产管理局在备案登记时没有尽到审查职责,应当对刘某的损失承担部分赔偿责任

[解析]A 项、B 项错误,应选。D 项正确,不选。登记备案行为是行政确认,是具体行政行为,属于行政诉讼的受案范围。

C 项正确,不选。高达公司是房地产管理局行政确认的相对人,与被诉行政

行为有利害关系,可以作为第三人参加诉讼。

5. 行政征收、征用及其补偿案件,对征收、征用决定及其补偿决定不服的。

6. 不履行法定职责案件,即行政不作为案件,申请行政机关履行保护人身权、财产权等合法权益的法定职责,行政机关拒绝履行或者不予答复的。

7. 侵犯经营权案件,认为行政机关侵犯其经营自主权或者农村土地承包经营权、农村土地经营权的。

8. 侵犯公平竞争权案件,认为行政机关滥用行政权力排除或者限制竞争的。

9. 违法要求履行义务案件,认为行政机关违法集资、摊派费用或者违法要求履行其他义务的。

10. 行政给付案件,认为行政机关没有依法支付抚恤金、最低生活保障待遇或者社会保险待遇的。

11. 行政协议案件,认为行政机关不依法履行、未按照约定履行或者违法变更、解除政府特许经营协议、土地房屋征收补偿协议等协议的。行政协议,是指行政机关为实现公共利益或者行政管理目标,在法定职责范围内,与公民、法人或者其他组织协商订立的具有行政法上权利义务内容的协议。公民、法人或者其他组织就下列行政协议提起行政诉讼的,法院应当依法受理:(1) 政府特许经营协议;(2) 土地、房屋等征收征用补偿协议;(3) 其他行政协议。

12. 其他侵权案件,认为行政机关侵犯其他人身权、财产权等合法权益的。根据相关司法解释,这类行政案件主要包括:(1) 行政裁决案件;(2) 行政检查案件;行政检查一般来说是不成熟的行政行为,不能提起行政诉讼。但是,如果行政检查过程中已经构成侵权,如超越职权、滥用职权、未遵循保密义务等,当事人就可以提起行政诉讼。

13. 法律、法规规定可以起诉的其他行政案件。“法律、法规”包括法律、法规(行政法规、地方性法规、自治条例和单行条例),还包括司法解释和世界贸易组织等国际条约。

14. 司法解释规定的行政案件。这类行政案件主要包括:

(1) 侵犯相邻权案件。相邻权和财产权密切相关,属于广义的财产权。

(2) 国际贸易行政案件。国际贸易行政案件由具有管辖权的中级以上法院管辖,适用中国法律(依据法律、行政法规和地方性法规,参照部门规章和地方政府规章),优先适用国际条约。

(3) 反倾销行政案件。根据《最高人民法院关于审理反倾销行政案件应用法律若干问题的规定》,反倾销行政案件由高级法院指定的中级法院或者高级法院管辖;被告是作出反倾销决定的国务院主管部门;依据法律、行政法规,参照部门规章(不能适用地方性法规和地方政府规章,因为中央行政机关不可能适用地方法律规范)。法院依据被告的案卷记录审查行政行为的合法性,被告没有记入案卷的事实材料,不能作为证据。

(4) 反补贴行政案件。《最高人民法院关于审理反补贴行政案件应用法律若干问题的规定》与反倾销案件的规定基本相同。

例:(2004/2/76/多选)商务部根据中国四家公司的申请并经调查公布了反倾销调查的终裁决定,认定从A国进口苯酚存在倾销,有关公司倾销幅度为6%~144%,决定自2004年2月1日起,对A国甲公司征收6%、乙公司征收144%的反倾销税,期限均为5年。下列哪些说法是正确的?

A. 甲公司可以对商务部关于倾销幅度的终裁决定提起行政诉讼

B. 乙公司可以对商务部征收144%的反倾销税的决定提起行政诉讼

C. 法院应当参照国务院部门规章和地方政府规章对被诉行政行为进行审查

D. 法院可以参照有关涉外民事诉讼程序规定审理反倾销行政案件

[解析]A项、B项正确。《行政诉讼法》第13条规定:"人民法院不受理公民、法人或者其他组织对下列事项提起的诉讼:……(四)法律规定由行政机关最终裁决的行政行为。"本题中,商务部的"终裁决定"不属于"法律"规定的行政终裁,是可诉的。

C项错误。《最高人民法院关于审理反倾销行政案件应用法律若干问题的规定》第6条规定:"人民法院依照行政诉讼法及其他有关反倾销的法律、行政法规,参照国务院部门规章,对被诉反倾销行政行为的事实问题和法律问题,进行合法性审查。"可见,法院审理反倾销行政行为,只能参照国务院部门规章,不能参照地方政府规章。

D项正确。《最高人民法院关于审理反倾销行政案件应用法律若干问题的规定》第11条规定:"人民法院审理反倾销行政案件,可以参照有关涉外民事诉讼程序的规定。"

提示:A项、B项,法律规定的行政终裁,只有三种情形:省级政府自然资源权属确认案件、国务院二级复议案件、出入境管理机关对外国人采取行政强制措施案件,全部都是行政复议终局裁决。

(5) 少年收容教养决定案件。少年收容教养属于保护性的行政强制措施。根据《最高人民法院关于"少年收容教养"是否属于行政诉讼受案范围的答复》([1998]行他字第3号)的规定,若当事人对公安机关作出的少年收容教养决定不服向人民法院起诉的,人民法院应当受理。

(6) 社会保险基金管理争议案件。根据《最高人民法院行政审判庭关于拖欠社会保险基金纠纷是否由法院主管的答复》的规定,社会保险基金经办机构是法律法规授权的组织,依法收支、管理和运营社会保险基金,并负有使社会保险基金保值增值的责任。社会保险基金经办机构与用人单位因拖欠社会保险费而发生的纠纷,属于行政争议。

(7)教育行政决定案件。根据《最高人民法院关于当事人不服教育行政部门对适龄儿童入学争议作出的处理决定可否提起行政诉讼的答复》的规定,当事人不服教育行政部门对适龄儿童入学争议作出的行政处理决定,属于行政诉讼法规定的受案范围,人民法院应当受理。

(8)设施使用费征收案件,属于行政征收,如城市排水设施使用费。根据《最高人民法院行政审判庭关于征收城市排水设施有偿使用费发生纠纷案件受理的答复意见》的规定,有关部门根据人民政府的授权,征收城市排水设施使用费与相对人发生的争议属于行政争议。

(9)计划生育案件。计划生育管理部门采取的扣押财物、限制人身自由等强制措施,属于具体行政行为或者事实行为。

以上列举是不完全列举,其目的在于"提示"常见的具体行政行为,并不是说只有以上这些行为才能受理。有权利必有救济,只要具体行政行为侵犯公民合法权利,法院就可以受理。

三、 不予受理的案件

根据《行政诉讼法》第13条以及有关司法解释的规定,法院不受理公民、法人或者其他组织对下列事项提起的诉讼:

1. 国家行为。国家行为是指国务院、中央军事委员会、国防部、外交部等国家机关,根据宪法和法律的授权,以国家的名义实施的有关国防和外交事务的行为,以及宣布紧急状态、实施戒严和总动员等行为。国家行为又称政治行为,具有高度的政治性,由全国人大及其常委会追究有关领导人的政治责任,不由法院审理。

但是,不能简单将国务院、国防部、外交部等行政机关实施的所有与国防、外交有关的行为都视为国家行为。例如,公安机关颁发护照,属于"假国家行为",是可诉的。

2. 抽象行政行为。抽象行政行为的对象范围大、不确定,其合法性问题不适合"直接"通过行政诉讼的途径解决,只能够"间接"附带审查。在我国,对抽象行政行为的监督方式主要是同级人大和上级行政机关的监督。

但是,行政机关作出的有些行为,表面上看是"抽象的"规范性文件,实际上是针对具体的人和事作出的,属于"假抽象行政行为",是可诉的。

例:(2008/2/44/单选)下列哪一选项不属于行政诉讼的受案范围?

A. 因某企业排污影响李某的鱼塘,李某要求某环保局履行监督职责,遭拒绝后向法院起诉

B. 某市政府发出通知,要求非本地生产乳制品须经本市技术监督部门检验合格方可在本地销售,违者予以处罚。某外地乳制品企业对通知提起诉讼

C. 刘某与某公司签订房屋预售合同,某区房管局对此进行预售预购登记。后刘某了解到某公司向其销售的房屋系超出规划面积和预售面积房屋,遂以某区房管局违法办理登记为由提起诉讼

D.《公司登记管理条例》规定,设立公司应当先向工商登记管理机关申请名称预先核准。张某对名称预先核准决定不服提起诉讼

解析:B 项不属于受案范围,应选。《行政诉讼法》第 13 条规定:“人民法院不受理公民、法人或者其他组织对下列事项提起的诉讼:……(二)行政法规、规章或者行政机关制定、发布的具有普遍约束力的决定、命令;……”本项中,市政府的通知属于抽象行政行为,是不可诉的。

A 项、C 项、D 项属于受案范围,不选。《行政诉讼法》第 2 条第 1 款规定:“公民、法人或者其他组织认为行政机关和行政机关工作人员的行政行为侵犯其合法权益,有权依照本法向人民法院提起诉讼。”本题中,A 项是行政不作为,C 项是行政确认,D 项是行政许可,都是具体行政行为,故不选。

3. 内部行为。内部行为,是指行政机关行使内部职权的行为,不产生外部法律效力。常见的内部行为有三种:(1)行政机关对行政机关所作的内部行为,如上级行政机关基于内部层级监督关系对下级行政机关作出的听取报告、执法检查、督促履责等行为;(2)行政机关对内部机构所作的内部行为,如公安局对派出所下达命令的行为;(3)行政机关对公务员所作的奖惩、任免等决定,最常见的是行政处分,涉及公务员权利义务。内部行为往往涉及高度经验性的判断,法院没有这方面的条件,所以不属于行政诉讼受案范围。

但是,行政机关有些行为,表面上是内部的,实际上有外部性,对相对人的权利义务产生了影响,属于“假内部行为”,是可诉的。

4. 法律规定的行政终裁行为。这里的“法律”是指正式法律,即全国人大及其常委会制定的法律。行政终裁不符合“司法最终原则”,生活中非常少见,只有“2 部法律”规定了“3 个终裁”。(1)《行政复议法》第 14 条规定,国务院对省部级机关的行政复议决定所作的行政复议决定;(2)《行政复议法》第 30 条第 1 款规定,省级政府对自然资源权属争议的行政复议决定;(3)《出境入境管理法》第 64 条第 1 款规定:“外国人对依照本法规定对其实施的继续盘问、拘留审查、限制活动范围、遣送出境措施不服的,可以依法申请行政复议,该行政复议决

定为最终决定。”

但是，不是法律规定的行政终裁，比如商务部作出的反倾销“终裁”决定，属于“假行政终裁行为”，是可诉的。

5. 刑事司法行为。公安、国家安全、海关、监狱管理等机关，具有行政机关和司法机关的双重身份，既可以对公民实施行政强制措施，也可以对公民实施刑事强制措施，对前者可以提起行政诉讼，对后者则不可。刑事司法行为必须具备三个条件：(1) 在《刑事诉讼法》明确授权范围之内；(2) 由公安、国家安全、海关、监狱等机关内部专门负责刑事侦查的机构和人员具体实施；(3) 对犯罪嫌疑人等对象实施。

但是，如果司法机关对无关的公民采取名义上的刑事强制措施，实际上却是行政强制措施，即“假刑侦，真行政”，是可诉的。

例：(2003/2/99/不定选) 2001 年 5 月某市公安局以涉嫌诈骗为由对甲进行刑事立案侦查。公安局将甲带至局内留置盘问 48 小时，搜查了甲的住处，扣押了搜出的现金 10 万元，冻结了搜出的 20 万元银行存款，并对甲实行监视居住。次年 1 月，公安局以甲刊登虚假广告、骗取学生学费为由，决定没收非法所得 10 万元，解除冻结。此后公安局一直未对甲诈骗一事作出处理，甲向法院提起行政诉讼。下列何种行为可以成为法院的审理对象？

A. 没收非法所得 10 万元　　B. 扣押现金 10 万元

C. 冻结 20 万元银行存款　　D. 留置盘问 48 小时

[解析] A 项正确，B 项、C 项、D 项错误。《行诉解释》第 1 条第 2 款第 1 项规定：“公安、国家安全等机关依照刑事诉讼法的明确授权实施的行为”，不属于行政诉讼受案范围。本题中，市公安局的行为分为两种：(1) 以涉嫌诈骗为由对甲进行刑事立案侦查、留置盘问、搜查住处、扣押现金、冻结存款、监视居住，是刑事侦查行为，不属于行政诉讼受案范围；(2) 以甲刊登虚假广告、骗取学生学费为由，决定没收非法所得 10 万元，是行政处罚，属于行政诉讼受案范围。

提示：公安局具有双重身份，既是行政机关，也是司法机关，区分的标准是看执行什么法律。如果执行行政法，就是行政机关，实施的行政行为，可以提起行政诉讼。如果执行刑事诉讼法，就是司法机关，实施的司法行为，当然不能提起行政诉讼。

6. 行政调解。行政调解，是指行政机关劝导发生民事争议的当事人自愿达成协议的一种行政活动。行政调解没有强制性，不是行政行为，不属于行政诉讼受案范围。

但是，如果行政机关借调解之名，违背当事人的意志作出具有强制性的决定，或者行政机关为了进行调解或在调解过程中实施了行政行为，例如采取了强制措施，当事人就可以针对强制性决定或者强制措施提起行政诉讼。

例：(2003/2/96/不定选)甲乙两人互殴，公安机关依据《治安管理处罚法》进行调解处理。双方就医疗费赔付达成调解协议。事后，甲履行了协议而乙没有履行。甲依法可以选择的救济途径是：

A. 提起民事诉讼要求乙赔偿损失

B. 提起行政诉讼要求撤销该调解协议

C. 要求公安机关强制执行该调解协议

D. 提起行政附带民事诉讼要求撤销调解协议并判决乙赔偿损失

[解析]A项正确。《治安管理处罚法》第9条规定："对于因民间纠纷引起的打架斗殴或者损毁他人财物等违反治安管理行为，情节较轻的，公安机关可以调解处理。经公安机关调解，当事人达成协议的，不予处罚。经调解未达成协议或者达成协议后不履行的，公安机关应当依照本法的规定对违反治安管理行为人给予处罚，并告知当事人可以就民事争议依法向人民法院提起民事诉讼。"

B项、C项、D项错误。行政调解不是行政行为，更不是具体行政行为，不能够提起行政诉讼，也不能要求行政机关强制执行。

7. 行政仲裁。"法律规定的仲裁行为"是指全国人大及其常委会制定的法律所规定的仲裁，主要包括两项：(1) 劳动仲裁，即劳动争议仲裁委员会根据《劳动法》对企业和职工之间的劳动争议的仲裁；(2) 人事仲裁，即人事争议仲裁委员会根据《公务员法》对国家机关和聘任制公务员之间的人事争议的仲裁。行政仲裁不是行政行为，不属于行政诉讼受案范围。当事人对仲裁结果不服的，只可以对企业或者国家机关提起民事诉讼。

8. 行政指导。行政指导是指行政机关对相对人的劝告、建议，不是行政行为，不属于行政诉讼受案范围。

但是，如果行政机关在行政指导时，通过利益引诱、反复说服教育甚至威胁等方式强迫相对人服从的，实际上是行政命令，当事人就可以对之提起行政诉讼。

9. 重复处理行为。重复处理行为是指行政机关驳回相对人的申诉，对原有的生效行政行为作出的没有任何改变的二次决定。"申诉"是向原行为机关提出的。常见的驳回申诉的情形有：(1) 拒绝（明示或默示）相对人的请求；(2) 拒绝加批驳，为生效行政行为增加理由。重复处理行为实质上是对原已生效的行政行为的简单重复，并没有改变既存的法律关系，没有对相对人的权利义务产生新的影响，所以不属于行政诉讼受案范围。

10. 过程性行为。行政机关在作出行政行为之前，一般要为作出行政行为进行准备、论证、研究、层报、咨询等，这些行为尚不具备成熟性，没有产生最终的法律效力，一般称为“过程性行为”，不属于可诉的行为。

11. 协助执行行为。行政机关依照法院生效裁判作出的行为，本质上属于履行生效裁判的行为，并非行政机关自身依职权主动作出的行为，亦不属于可诉的行为。

12. 信访办理行为。信访办理行为不是行政机关行使“首次判断权”的行为。根据《信访条例》的规定，信访工作机构针对信访事项作出的登记、受理、交办、转送、复查、复核意见等行为，对信访人不具有强制力，对信访人的实体权利义务不产生实质影响，因此不具有可诉性。

13. 对公民、法人或其他组织的权利义务不产生实际影响的行为。主要是指行政机关在作出行政行为之前实施的各种准备行为，如行政检查。这个规定，事实上揭示了行政诉讼受案范围最重要的判断标准，即行政机关的 power 对相对人的 right，产生实际影响就可以诉讼，没有产生实际影响就不可以诉讼。

第三节　行政诉讼管辖

一、行政诉讼管辖概述

（一）行政诉讼管辖的概念和意义

行政诉讼管辖是指关于不同级别、不同地域的法院之间受理第一审行政案件的权限分工。法院设置四个审级：基层法院、中级法院、高级法院和最高法院，每一审级又根据地域的划分设置若干法院，受理案件需要在这些法院之间进行权限分工。

行政诉讼管辖是普通法院受理行政案件的分工。各级法院行政审判庭审理行政案件和审查行政机关申请执行其行政行为的案件。专门法院、人民法庭不审理行政案件，也不审查和执行行政机关申请执行其行政行为的案件。但是，经最高人民法院批准，高级法院可以根据审判工作的实际情况，确定铁路运输法院等专门法院跨行政区域管辖行政案件。

立案后，受诉法院的管辖权不受当事人住所地改变、追加被告等事实和法律状态变更的影响。

（二）行政诉讼管辖的种类

1. 级别管辖与地域管辖。级别管辖解决不同审级法院之间管辖权的划分，行政诉讼法采用了“列举式”和“概括式”的规定方式。地域管辖解决不同地区法院之间管辖权的划分,行政诉讼法采用了“概括式”的规定方式。

2. 法定管辖与裁定管辖。法定管辖是指由法律直接确定的管辖。裁定管辖是指在特殊情况下由法院确定的管辖,具体包括移送管辖、指定管辖、管辖权转移等几种。

3. 共同管辖与单一管辖。共同管辖是指两个以上法院同时对一个案件有管辖权。单一管辖是指只有一个法院有管辖权。

二、 级别管辖

级别管辖是指上下级法院受理第一审行政案件的分工和权限,它从纵向上解决哪些第一审行政案件应由哪一级法院管辖的问题。

（一）基层法院的管辖

基层法院管辖第一审行政案件。除法律规定由上级法院管辖的特殊情形之外,行政案件都应由基层法院负责管辖。因为在多数情况下基层法院既是原告和被告所在地,又是行政争议的发生地,如此规定既有利于原告和被告参加诉讼,也有利于法院及时处理行政争议。

（二）中级法院的管辖

1. 对国务院部门或者县级以上地方政府所作的行政行为提起诉讼的案件。具体分为两种:(1) 国务院的部门为被告,由中级法院管辖。与之相对应的,省、市、县级政府的部门为被告,由基层法院管辖。(2) 县级以上政府为被告,由中级法院管辖。与之相对应的,县级以下政府(即乡政府)为被告,由基层法院管辖。

2. 海关处理的案件。主要是海关处理的纳税案件和海关行政处罚案件。此类案件属于专业性、技术性较强的案件,由中级法院管辖,有利于提高办案质量。

3. 本辖区内重大、复杂的案件。包括以下三类:(1) 社会影响重大的共同诉讼案件。(2) 涉外及涉港澳台案件,指原告、第三人是外国以及香港特区、澳门特区和台湾地区的公民或者组织的行政案件。(3) 其他重大、复杂案件。

4. 其他法律规定由中级法院管辖的案件。

如表 9-2 所示:

表 9-2

<table>
<tr><td rowspan="5">中院管辖</td><td colspan="2">被告为国务院部门、县级以上政府的案件
（省市县部门、乡政府——基层法院）</td></tr>
<tr><td colspan="2">海关处理的案件</td></tr>
<tr><td rowspan="2">本辖区内重大、复杂的案件</td><td>社会影响重大的共同诉讼案件</td></tr>
<tr><td>涉外、涉港澳台案件</td></tr>
<tr><td colspan="2">其他法律规定由中级法院管辖的案件</td></tr>
</table>

（三）高级法院的管辖

高级法院管辖省、自治区、直辖市内重大、复杂的第一审行政案件。

（四）最高法院的管辖

最高法院管理全国范围内重大、复杂的第一审行政案件。迄今，最高法院尚未审理过第一审行政案件。

三、 地域管辖

地域管辖，是指同级法院之间受理第一审行政案件的分工和权限，分为一般地域管辖和特殊地域管辖。

（一）一般地域管辖

一般地域管辖，是指按照最初作出具体行政行为的行政机关所在地确定的管辖，适用于没有法定特殊因素的一般行政案件。

1. 基本原则是“原告就被告”，行政案件由最初作出具体行政行为的行政机关所在地法院管辖。行政机关所在地，往往也就是原告所在地、违法行为发生地，据此确定管辖，既便于双方当事人进行诉讼，也便于法院审理案件。

2. 经过复议的案件的管辖。分为三种情况：(1) 复议机关维持原具体行政行为的，由原行为机关所在地法院或者复议机关所在地法院管辖，以原行为机关确定案件的级别管辖。(2) 复议机关改变原具体行政行为的，由原行为机关所在地法院或者复议机关所在地法院管辖。(3) 复议机关不作为的，如果起诉原行为机关的行政行为，由原行为机关所在地法院管辖；如果起诉复议机关的不作为，由复议机关所在地法院管辖。

3. 经最高法院批准，高级法院可以根据审判工作的实际情况，确定若干法院跨行政区域管辖行政案件。

如表 9-3 所示：

表 9-3

一般案件	原行为机关所在地法院		
经过复议	维持	复议机关维持行为 原行为机关原行为	复议机关所在地法院 原行为机关所在地法院
	改变 （改变处理结果）	复议机关改变行为	复议机关所在地法院 原行为机关所在地法院
	不作为	复议机关不作为	复议机关所在地法院
		原行为机关原行为	原行为机关所在地法院
跨区管辖	经最高法院批准，高院可以确定若干法院跨行政区域管辖行政案件		

例：（2009/2/46/多选）李某从田某处购得一辆轿车，但未办理过户手续。在一次查验过程中，某市公安局认定该车系走私车，予以没收。李某不服，向省公安厅申请复议，后者维持了没收决定。李某提起行政诉讼。下列哪一选项是正确的？

A. 市公安局和省公安厅为本案的共同被告

B. 田某不能成为本案的第三人

C. 市公安局所在地的法院对本案有管辖权

D. 省公安厅所在地的法院对本案有管辖权

[解析]A 项正确。《行政诉讼法》第 26 条第 2 款规定："经复议的案件，复议机关决定维持原行政行为的，作出原行政行为的行政机关和复议机关是共同被告；复议机关改变原行政行为的，复议机关是被告。"

B 项错误。《行政诉讼法》第 29 条第 1 款规定："公民、法人或者其他组织同被诉行政行为有利害关系但没有提起诉讼，或者同案件处理结果有利害关系的，可以作为第三人申请参加诉讼，或者由人民法院通知参加诉讼。"本题中，田某同被诉具体行政行为具有利害关系，可以成为第三人。

C 项、D 项正确。《行政诉讼法》第 18 条第 1 款规定："行政案件由最初作出行政行为的行政机关所在地人民法院管辖。经复议的案件，也可以由复议机关所在地人民法院管辖。"

（二）特殊地域管辖

特殊地域管辖，是指因为某种特殊因素的存在，按照法律规定的特殊规则确定的管辖。

1. 限制人身自由案件的管辖。对限制人身自由的行政强制措施不服而提起的诉讼,由被告所在地或者原告所在地法院管辖。“原告所在地”,包括原告的户籍所在地、经常居住地和被限制人身自由地。

但是,对行政机关基于同一事实,既采取限制公民人身自由的行政强制措施,又采取其他行政强制措施或者行政处罚不服的,由被告所在地或者原告所在地的法院管辖。

如表 9-4 所示:

表 9-4

限制人身自由的行政强制措施	被告所在地法院 原告所在地法院 (户籍所在地/经常居住地/被限自由地)
限制人身自由的行政强制措施 + 其他行政强制措施或者行政处罚	

例:(2012/2/79/多选)甲县宋某到乙县访亲,因醉酒被乙县公安局扣留 24 小时。宋某认为乙县公安局的行为违法,提起行政诉讼。下列哪些说法是正确的?

A. 扣留宋某的行为为行政处罚　　B. 甲县法院对此案有管辖权

C. 乙县法院对此案有管辖权　　D. 宋某的亲戚为本案的第三人

[解析]A 项错误。《行政强制法》第 9 条规定:“行政强制措施的种类:(一)限制公民人身自由;(二)查封场所、设施或者财物;(三)扣押财物;(四)冻结存款、汇款;(五)其他行政强制措施。”本题中,扣留属于限制公民人身自由的行政强制措施,不是行政处罚。

B 项、C 项正确。《行政诉讼法》第 19 条规定:“对限制人身自由的行政强制措施不服提起的诉讼,由被告所在地或者原告所在地人民法院管辖。”本题中,B 项是原告所在地,C 项是被告所在地。

D 项错误。《行政诉讼法》第 29 条第 1 款规定:“公民、法人或者其他组织同被诉行政行为有利害关系但没有提起诉讼,或者同案件处理结果有利害关系的,可以作为第三人申请参加诉讼,或者由人民法院通知参加诉讼。”本题中,宋某的亲戚同被诉行政行为没有利害关系,不能成为第三人。

2. 不动产案件专属管辖。因不动产而提起的诉讼,是指因行政行为导致不动产物权变动而提起的诉讼,由不动产所在地的法院管辖。如果某个案件涉及不动产,其他的管辖都不适用。这是诉讼管辖制度中的一般规则,主要是为了就近调查、便于法院执行。

不动产已登记的,以不动产登记簿记载的所在地为不动产所在地;不动产未登记的,以不动产实际所在地为不动产所在地。

例:(2007/2/39/单选)甲、乙两村分别位于某市两县境内,因土地权属纠纷向市政府申请解决,市政府裁决争议土地属于甲村所有。乙村不服,向省政府申请复议,复议机关确认争议的土地属于乙村所有。甲村不服行政复议决定,提起行政诉讼。下列哪个法院对本案有管辖权?

A. 争议土地所在地的基层人民法院 B. 争议土地所在地的中级人民法院

C. 市政府所在地的基层人民法院 D. 省政府所在地的中级人民法院

[解析]《行政诉讼法》第 20 条规定:“因不动产提起的行政诉讼,由不动产所在地人民法院管辖。”所以,本案应由争议土地所在地的法院管辖。

《行政诉讼法》第 26 条第 2 款规定:“经复议的案件,复议机关决定维持原行政行为的,作出原行政行为的行政机关和复议机关是共同被告;复议机关改变原行政行为的,复议机关是被告。”《行政诉讼法》第 15 条规定:“中级人民法院管辖下列第一审行政案件:(一) 对国务院部门或者县级以上地方人民政府所作的行政行为提起诉讼的案件;……”本案中,复议机关改变原行政行为,以复议机关省政府为被告,应由中级法院管辖。

综上,B 项正确。

3. 共同管辖。共同管辖是指两个以上的法院对同一个诉讼案件都有合法的管辖权的情况。两个以上法院都有管辖权的案件,原告可以选择其中一个法院提起诉讼。原告向两个以上有管辖权的法院提起诉讼的,由最先立案的人民法院管辖。因共同管辖发生争议的,有关法院可以协商;协商不成的,报共同上级法院指定管辖。

四、 裁定管辖

裁定管辖是指人民法院在某些特殊情况下,以裁定的方式确定行政案件的管辖法院。裁定管辖是法定管辖的补充。

(一) 移送管辖

移送管辖,是指法院发现受理的案件不属于本院管辖的,应当移送有管辖权的法院。受移送的法院应当受理。受移送的法院认为受移送的案件按照规定不属于本院管辖的,应当报请上级法院指定管辖,不得再自行移送。

(二) 指定管辖

指定管辖,是指上级法院决定将行政案件交由下级法院管辖的制度。原因有两种:(1) 有管辖权的法院由于特殊原因不能行使管辖权。所谓特殊原因,是指导致有管辖权的法院不能公正、及时审结案件的情况,包括事实原因和法律原因,前者包括自然灾害、战争、意外事故等不可抗力事实等,后者包括法官回避而无法组成合议庭、法院缺乏审理该案件的技术条件等。(2) 法院之间发生管辖权争议,协商不成的,由共同的上级法院指定其中的一个法院行使管辖权。

2008 年,最高人民法院颁布《关于行政案件管辖若干问题的规定》,赋予中级法院在以下四种情形下决定异地管辖和提级管辖的权力。

1. 当事人以案件重大复杂为由,认为有管辖权的基层法院不宜行使管辖权,向中级法院起诉,中级法院应当根据不同情况在 7 日内分别作出以下处理:(1) 决定自己审理(提级管辖);(2) 指定本辖区其他基层法院管辖(异地管辖);(3) 书面告知当事人向有管辖权的基层法院起诉。

2. 当事人向有管辖权的基层法院起诉,受诉法院在 7 日内未立案也未作出裁定,当事人向中级法院起诉,中级法院应当根据不同情况在 7 日内分别作出以下处理:(1) 要求有管辖权的基层法院依法处理;(2) 指定本辖区其他基层法院管辖;(3) 决定自己审理。

3. 基层法院对其管辖的第一审行政案件,认为需要由中级法院审理或者指定管辖的,可以报请中级法院决定。中级法院应当根据不同情况在 7 日内分别作出以下处理:(1) 决定自己审理;(2) 指定本辖区其他基层法院管辖;(3) 决定由报请的法院审理。

4. 中级法院对基层法院管辖的第一审行政案件,根据案件情况,可以决定自己审理,也可以指定本辖区其他基层法院管辖。

如表 9-5 所示:

表 9-5

<table>
<tr><td>当事人认为案件重大复杂或基层法院不宜管辖</td><td rowspan="4">中级法院</td><td>决定自己审理</td><td>提级管辖</td></tr>
<tr><td>基层法院 7 日内未决定</td><td>指定其他基层法院审理</td><td>异地管辖</td></tr>
<tr><td>基层法院认为需要中级法院审理或指定管辖</td><td rowspan="2">要求原基层法院审理</td><td rowspan="2">原地管辖</td></tr>
<tr><td>基层法院管辖的一般行政案件</td></tr>
</table>

★中级法院和高级法院管辖的第一审行政案件需要由上一级法院审理或者指定管辖的,参照本规定

(三) 移转管辖

移转管辖,又称管辖权转移,是指行政案件的管辖权在上下级人民法院之间

的移动。包括两种情形:(1) 上级法院审理下级法院管辖的第一审行政案件;(2) 下级法院对其管辖的第一审行政案件,认为需要由上级法院审理或者指定管辖的,可以报请上级法院决定。总之,行政案件在上下级法院之间“只能上、不能下”。

实际上,移转管辖是级别管辖的补充,是在法律对行政案件的管辖权已经确定的前提下,对某一案件有管辖权的下级法院因种种原因不行使管辖权,而将该案件的管辖权上移。移转管辖的要求是:(1) 转移的法院与接受的法院之间应当具有审级关系。(2) 移转管辖的理由由上级法院裁量,但必须出于实现诉讼公正与效率的目的。

(四) 管辖权异议

管辖权异议,是指当事人(包括原告、被告、第三人)向受诉人民法院提出的该院对于案件没有管辖权的主张。

法院受理案件后,被告提出管辖异议的,应当在收到起诉状副本之日起 15 日内提出。对当事人提出的管辖异议,法院应当进行审查。异议成立的,裁定将案件移送有管辖权的法院;异议不成立的,裁定驳回。

为了避免当事人利用管辖权异议制度干扰行政诉讼,法院对管辖异议审查后确定有管辖权的,不因当事人增加或者变更诉讼请求等改变管辖,但违反级别管辖、专属管辖规定的除外。

为了确保提高行政诉讼效率,有下列情形之一的,法院不予审查:(1) 人民法院发回重审或者按第一审程序再审的案件,当事人提出管辖异议的;(2) 当事人在第一审程序中未按照法律规定的期限和形式提出管辖异议,在第二审程序中提出的。

第四节 行政诉讼参加人

一、 行政诉讼参加人概述

(一) 行政诉讼参加人

行政诉讼参加人,是指参加行政诉讼的当事人和诉讼代理人。

(二) 行政诉讼当事人

当事人,是指因具体行政行为发生纠纷,以自己名义进行诉讼,与案件审理结果有法律上的利害关系,并受法院裁判拘束的主体。当事人包括原告、被告、第三人。

行政法是官民关系法,存在两方主体。在行政行为中,是行政机关和相对人;在行政复议中,是申请人和被申请人;在行政诉讼一审中,是原告和被告;在二审中,是上诉人和被上诉人;在行政赔偿中,是赔偿请求人和赔偿义务机关。

二、 行政诉讼的原告

(一) 原告的概念

原告是指认为具体行政行为侵犯其合法权益,而依法向法院提起诉讼的公民、法人或者其他组织,即具体行政行为的利害关系人,包括相对人和相关人(其他与行政行为有利害关系的公民、法人或者其他组织)。

与行政行为有利害关系,包括以下情形:(1) 被诉的行政行为涉及其相邻权或者公平竞争权的;(2) 在行政复议等行政程序中被追加为第三人的;(3) 要求行政机关依法追究加害人法律责任的;(4) 撤销或者变更行政行为涉及其合法权益的;(5) 为维护自身合法权益向行政机关投诉,具有处理投诉职责的行政机关作出或者未作出处理的;(6) 其他与行政行为有利害关系的情形。

(二) 原告的确认

原告是具体行政行为的利害关系人,包括相对人与相关人。有权利必有救济,因此,判断原告资格,就看其权利(Right)是否受到行政机关权力(Power)的影响。

原告主要体现为以下几种:

1. 相邻权人。相邻权是指不动产的占有人在行使物权时,对相毗邻的他人的不动产享有一定的支配权,分为排水权、通风权、日照权等。如果具体行政行为侵害了有关公民的相邻权,利害关系即告成立。

例:(2007/2/80/单选)区城乡建设局批复同意某银行住宅楼选址,并向其颁发许可证。拟建的住宅楼与张某等120户居民居住的住宅楼间距为9.45米。张某等20人认为该批准行为违反了国家有关规定,向法院提起了行政诉讼。对此,下列哪些选项是错误的?

A. 因该批准行为涉及张某等人相邻权,故张某等人有权提起行政诉讼

B. 张某等20户居民应当推选2至5名诉讼代表人参加诉讼

C. 法院可以通知未起诉的100户居民作为第三人参加诉讼

D. 张某等20户居民应当提供符合法定起诉条件的证据材料

［解析］A 项正确，不选。《行政诉讼法》第 25 条规定："行政行为的相对人以及其他与行政行为有利害关系的公民、法人或者其他组织，有权提起诉讼。"《行诉解释》第 12 条第 1 项规定，"被诉的行政行为涉及其相邻权或者公平竞争权的"属于与行政行为有利害关系。本题中，区城乡建设局的行政许可涉及了居民的相邻权，张某等人有权提起诉讼。

B 项正确，不选。《行政诉讼法》第 28 条规定："当事人一方人数众多的共同诉讼，可以由当事人推选代表人进行诉讼。……"《行诉解释》第 29 条第 3 款规定："……代表人为二至五人……"本题中，张某等 20 人提起诉讼，应当推选 2 至 5 名诉讼代表人。

C 项错误，应选。《行诉解释》第 30 条第 1 款规定："行政机关的同一行政行为涉及两个以上利害关系人，其中一部分利害关系人对行政行为不服提起诉讼，人民法院应当通知没有起诉的其他利害关系人作为第三人参加诉讼。"本项中，"可以通知"是错误的，应为"应当通知"。

D 项正确，不选。《最高人民法院关于行政诉讼证据若干问题的规定》（简称《行诉证据规定》）第 4 条第 1 款规定："公民、法人或者其他组织向人民法院起诉时，应当提供其符合起诉条件的相应的证据材料。"

2. 公平竞争权人。公平竞争表现为竞争各方法律地位的平等，竞争者所采取的竞争手段、竞争所追求的目的符合市场经济法则的要求，以及对于相同的交易机会拥有平等的参与权等。公平竞争权受到具体行政行为侵害的人，具有原告资格。

3. 受害人。受害人是指受到其他公民（加害人）违法行为侵害的人。在行政处罚中，加害人是相对人，受害人是相关人。加害人和受害人之中，一方起诉作为原告，没有起诉的另一方是第三人。如果加害人认为处罚过重而起诉，受害人认为处罚过轻同时起诉，那么受害人和加害人都是原告，互为原告和第三人。

4. 债权人。债权人以行政机关对债务人所作的行政行为损害债权实现为由提起行政诉讼的，法院应当告知其就民事争议提起民事诉讼，但行政机关作出行政行为时依法应予保护或者应予考虑的除外。

5. 投诉人。为维护自身合法权益向行政机关投诉，具有处理投诉职责的行政机关作出或者未作出处理的。司法实践中，与自身合法权益没有关系或者与被投诉事项没有关联的"职业打假人""投诉专业户"，不具有原告资格。

6. 投资人。中外合资或者合作企业的联营、合资、合作各方，认为联营、合资、合作企业权益或者自己一方合法权益受行政行为侵害的，可以自己的名义提起诉讼。

例：（2009/2/47/单选）某市工商局发现，某中外合资游戏软件开发公司生产的一种软件带有暴力和色情内容,决定没收该软件,并对该公司处以3万元罚款。中方投资者接受处罚,但外方投资者认为处罚决定既损害了公司的利益也侵害了自己的权益,向法院提起行政诉讼。下列哪一选项是正确的?

A. 外方投资者只能以合资公司的名义起诉

B. 外方投资者可以自己的名义起诉

C. 法院受理外方投资者起诉后,应追加未起诉的中方投资者为共同原告

D. 外方投资者只能以保护自己的权益为由提起诉讼

[解析]A项、D项错误,B项正确。《行诉解释》第16条第2款规定:"联营企业、中外合资或者合作企业的联营、合资、合作各方,认为联营、合资、合作企业权益或者自己一方合法权益受行政行为侵害的,可以自己的名义提起诉讼。"本题中,外方投资者只能以自己的名义起诉。

C项错误。《行诉解释》第30条第1款规定:"行政机关的同一行政行为涉及两个以上利害关系人,其中一部分利害关系人对行政行为不服提起诉讼,人民法院应当通知没有起诉的其他利害关系人作为第三人参加诉讼。"本题中,法院应当通知中方投资者作为第三人参加诉讼。其实,行政诉讼法不存在法院追加原告的制度。

7. 合伙企业。合伙企业向人民法院提起诉讼的,应当以核准登记的字号为原告。未依法登记领取营业执照的个人合伙的全体合伙人为共同原告;全体合伙人可以推选代表人,被推选的代表人,应当由全体合伙人出具推选书。

8. 个体工商户。个体工商户向人民法院提起诉讼的,以营业执照上登记的经营者为原告。有字号的,以营业执照上登记的字号为原告,并应当注明该字号经营者的基本信息。

9. 股份制企业。股份制企业的股东大会、股东代表大会、董事会等内部机构认为行政机关作出的具体行政行为侵犯企业经营自主权的,可以企业名义提起诉讼。

例:(2013/2/82/多选)一公司为股份制企业,认为行政机关作出的决定侵犯企业经营自主权,下列哪些主体有权以该公司的名义提起行政诉讼?

A. 股东　　B. 股东大会　　C. 股东代表大会　　D. 董事会

[解析]A项错误,B项、C项、D项正确。《行诉解释》第16条第1款规定:"股份制企业的股东大会、股东会、董事会等认为行政机关作出的行政行为侵犯企业经营自主权的,可以企业名义提起诉讼。"本题中,股东只能以自己的名义,不能以公司的名义提起诉讼。

10. 非国有企业。非国有企业被行政机关注销、撤销、合并、强令兼并、出售、分立或者改变企业隶属关系的,该企业或者其法定代表人可以提起诉讼。法

定代表人起诉时是以自己的名义。

例：(2008/2/86/多选)甲厂是某市建筑装潢公司下属的独立核算的集体企业，2007 年 1 月某市建筑装潢公司经批准与甲厂脱离隶属关系。2007 年 4 月，行政机关下达文件批准某市建筑装潢公司的申请，将甲厂并入另一家集体企业乙厂。对此行为，下列何者有权向法院起诉？

A. 甲厂　　B. 乙厂

C. 甲厂法定代表人　　D. 乙厂法定代表人

[解析]A 项、B 项、C 项、D 项正确。《行诉解释》第 16 条第 3 款规定："非国有企业被行政机关注销、撤销、合并、强令兼并、出售、分立或者改变企业隶属关系的，该企业或者其法定代表人可以提起诉讼。"本题中，甲厂、乙厂都是非国有企业，法定经营自主权都受到了侵犯，企业及其法定代表人都具有原告资格。

提示：非国有企业被行政机关侵犯经营自主权，企业是相对人，法定代表人是相关人，以自己的名义起诉。企业只能以企业的名义，法定代表人只能以法定代表人的名义。

11. 非营利法人的出资人、设立人。事业单位、社会团体、基金会、社会服务机构等非营利法人的出资人、设立人认为行政行为损害法人合法权益的，可以自己的名义提起诉讼。

12. 业主委员会或者过半数业主。业主委员会对于行政机关作出的涉及业主共有利益的行政行为，可以自己的名义提起诉讼。业主委员会不起诉的，专有部分占建筑物总面积过半数或者占总户数过半数的业主可以提起诉讼。

(三) 原告资格的转移

原告资格的转移是指有权起诉的公民、法人或者其他组织在失去诉讼权利能力的情况下，其原告资格转移给他人的法律制度。该制度的设置，是为了保护接受原告资格的主体的合法权益。原告资格转移，分为两种情况：

1. 有权提起诉讼的公民死亡时，其近亲属可以提起诉讼。近亲属包括配偶、父母、子女、兄弟姐妹、祖父母、外祖父母、孙子女、外孙子女和其他具有扶养、赡养关系的亲属。

公民因被限制人身自由而不能提起诉讼的，其近亲属可以依其口头或者书面委托以该公民的名义提起诉讼。近亲属起诉时无法与被限制人身自由的公民取得联系，近亲属可以先行起诉，并在诉讼中补充提交委托证明。

2. 有权提起诉讼的法人或者其他组织终止，继承其权利的法人或者其他组织可以起诉。同时，原来的法人或者其他组织依然具有原告资格。

三、行政诉讼的被告

（一）被告的概念

被告是指由原告指控其作出的具体行政行为违法，经法院通知应诉的行政机关或被授权组织。行政机关、被授权组织恒为被告，而且不得反诉。一句话，只有“民告官”，没有“官告民”。

1. 被告的变更。原告所起诉的被告不适格，人民法院应当告知原告变更被告；原告不同意变更的，裁定驳回起诉。

2. 被告的追加。有两个以上的被告，原告只起诉其中一个的，法院通知其追加被告。应当追加被告而原告不同意追加的，人民法院应当通知其以第三人的身份参加诉讼，但行政复议机关作共同被告的除外（即复议机关维持原行政行为的，应以原行为机关和复议机关为共同被告）。

例：（2007/44/单选）某派出所以扰乱公共秩序为由扣押了高某的拖拉机。高某不服，以派出所为被告提起行政诉讼。诉讼中，法院认为被告应是县公安局，要求变更被告，高不同意。法院下列哪种做法是正确的？

A. 以派出所为被告继续审理本案　　B. 以县公安局为被告审理本案

C. 裁定驳回起诉　　D. 裁定终结诉讼

［解析］C 项正确。《行诉解释》第 26 条第 1 款规定：“原告所起诉的被告不适格，人民法院应当告知原告变更被告；原告不同意变更的，裁定驳回起诉。”

（二）被告的确认

人民法院对于被告的确定拥有更大的决定权，但从根本上讲，被告的确定仍是由原告掌握的。有权力，就有责任。因此，判断被告资格，就看其权力（Power）是否影响了公民的权利（Right）。

1. 行政复议案件被告的确认。分为三种情形：

（1）复议机关维持原具体行政行为的，以原行为机关和复议机关为共同被告。复议机关维持原行政行为，包括复议机关驳回复议申请或者复议请求的情形，但以复议申请不符合受理条件为由驳回的除外。原告只起诉原行为机关或者复议机关的，法院应当告知原告追加被告。原告不同意追加的，法院应当将另一机关列为共同被告。

行政复议决定既有维持原行政行为内容，又有改变原行政行为内容或者不予受理申请内容的，原行为机关和复议机关为共同被告。

（2）复议机关改变了原具体行政行为，以复议机关为被告。复议机关改变原行政行为,是指复议机关改变原行政行为的处理结果。复议机关改变原行政行为所认定的主要事实和证据、改变原行政行为所适用的规范依据,但未改变原行政行为处理结果的,视为复议机关维持原行政行为。

复议机关确认原行政行为无效,属于改变原行政行为。复议机关确认原行政行为违法,属于改变原行政行为,但复议机关以违反法定程序为由确认原行政行为违法的除外。

(3) 复议机关不作为的,当事人对原具体行政行为不服提起诉讼的,以原行为机关为被告;当事人对复议机关不作为不服提起诉讼的,以复议机关为被告。

如表 9-6 所示:

表 9-6

<table>
<tr><td rowspan="4">复议</td><td>维持</td><td>原行为机关 + 复议机关</td></tr>
<tr><td>改变 改变结果、确认无效、确认违法(程序例外)</td><td>复议机关</td></tr>
<tr><td rowspan="2">不作为</td><td>原行为→原行为机关</td></tr>
<tr><td>不作为→复议机关</td></tr>
</table>

例:(2002/2/29/单选)某公安派出所对张某作出罚款 200 元的行政处罚决定,张某不服。张某向县人民政府和县公安局同时申请行政复议,但两机关超过复议期限后均未做出任何决定。张某遂决定向法院提起行政诉讼,要求撤销派出所的处罚决定。本案的适格被告应当是谁?

A. 公安派出所　　B. 县公安局

C. 市公安局　　D. 县人民政府

[解析]A 项正确。《行政诉讼法》第 26 条第 3 款规定:"复议机关在法定期限内未作出复议决定,公民、法人或者其他组织起诉原行政行为的,作出原行政行为的行政机关是被告;起诉复议机关不作为的,复议机关是被告。"本题中,当事人的诉讼请求是"要求撤销派出所的处罚决定",而不是针对复议机关的不作为,所以被告是公安派出所。

2. 若干行政机关共同作出具体行政行为的被告确认。两个以上行政机关共同作出一个具体行政行为的,这些行政机关是共同被告。

例:(2000/1/14/单选)某市环保局、卫生局与水利局在联合执法过程中,发现某化工厂排污口建在行洪通道上,遂联合作出决定,对该厂罚款 2 万元并责令其限期拆除。化工厂对处罚决定不服,准备起诉,以下关于涉诉的说法哪个是正确的?

A. 应以市环保局为被告,因为处罚决定涉及的是环保局的职责

B. 应以环保局、卫生局和水利局为共同被告，因是共同行为

C. 应以市环保局为被告，以卫生局和水利局为第三人

D. 应以三机关共同的上级机关为被告

[解析]B 项正确。《行政诉讼法》第 26 条第 4 款规定：“两个以上行政机关作出同一行政行为的，共同作出行政行为的行政机关是共同被告。”

提示：两个以上行政机关作出行政行为，如果题上有“共同”或者“联合”，就是共同作出的，共同被告，不看是谁的职权。反之，如果题上没有“共同”或者“联合”，就是单独作出的，一个被告，谁的职权就告谁。

3. 委托行政的被告确认。行政机关委托的组织作出具体行政行为的，委托的行政机关是被告。

例：(2010/2/89/多选)市城管执法局委托镇政府负责对一风景区域进行城管执法。镇政府接到举报并经现场勘验，认定刘某擅自建房并组织强制拆除。刘某父亲和嫂子称房屋系二人共建，拆除行为侵犯合法权益，向法院起诉，法院予以受理。关于此案，下列哪些说法是正确的？

A. 此案的被告是镇政府

B. 刘某父亲和嫂子应当提供证据证明房屋为二人共建或与拆除行为有利害关系

C. 如法院对拆除房屋进行现场勘验，应当邀请当地基层组织或当事人所在单位派人参加

D. 被告应当提供证据和依据证明有拆除房屋的决定权和强制执行的权力

[解析]A 项错误。《行政诉讼法》第 26 条第 5 款规定：“行政机关委托的组织所作的行政行为，委托的行政机关是被告。”本题中，城管执法局委托镇政府进行执法，被告是城管执法局。

B 项正确。《行诉证据规定》第 4 条第 1 款规定：“公民、法人或者其他组织向人民法院起诉时，应当提供其符合起诉条件的相应的证据材料。”

C 项正确。《行诉证据规定》第 33 条规定：“人民法院可以依当事人申请或者依职权勘验现场。勘验现场时，勘验人必须出示人民法院的证件，并邀请当地基层组织或者当事人所在单位派人参加。当事人或其成年亲属应当到场，拒不到场的，不影响勘验的进行，但应当在勘验笔录中说明情况。”

D 项正确。《行政诉讼法》第 34 条第 1 款规定：“被告对作出的行政行为负有举证责任，应当提供作出该行政行为的证据和所依据的规范性文件。”

4. 经上级机关批准而作出具体行政行为的被告确认。当事人不服经上级行政机关批准的行政行为，向法院提起诉讼的，以在对外发生法律效力的文书上署名的机关为被告。

例:(2007/2/40/单选)甲市政府批复同意本市乙区政府征用乙区某村丙小组非耕地 63 亩,并将其中 48 亩使用权出让给某公司用于建设商城。该村丙小组袁某等村民认为,征地中有袁某等 32 户村民的责任田 32 亩,区政府虽以耕地标准进行补偿但以非耕地报批的做法违法,遂向法院提起行政诉讼。下列哪一选项是正确的?

A. 袁某等 32 户村民可以以某村丙小组的名义起诉

B. 袁某等 32 户村民可以以自己名义起诉

C. 应当以乙区人民政府为被告

D. 法院经审理如果发现征地批复违法,应当判决撤销

[解析]A 项错误,B 项正确。《行政诉讼法》第 25 条规定:“行政行为的相对人以及其他与行政行为有利害关系的公民、法人或者其他组织,有权提起诉讼。”本题中,袁某等 32 户村民可以以自己的名义起诉,但不能以某村丙小组的名义起诉。

C 项错误。《行诉解释》第 19 条规定:“当事人不服经上级行政机关批准的行政行为,向人民法院提起诉讼的,以在对外发生法律效力的文书上署名的机关为被告。”本题中,不能确定在对外发生法律效力的文书上署名盖章的机关是甲市政府还是乙区政府,所以不能确定被告是甲市政府还是乙区政府。

D 项错误。《行政诉讼法》第 70 条规定:“行政行为有下列情形之一的,人民法院判决撤销或者部分撤销,并可以判决被告重新作出行政行为:(一)主要证据不足的;(二)适用法律、法规错误的;(三)违反法定程序的;(四)超越职权的;(五)滥用职权的;(六)明显不当的。”本题中,政府征用 63 亩非耕地,但其中有 32 亩耕地,属于部分违法,应当部分撤销。

5. 派出机构作出具体行政行为的被告确认。常见的派出机构是工商所、税务所、公安派出所,都得到了相关法律、法规、规章的授权,具有行政主体资格,可以成为行政诉讼被告。如果派出机构越权,要分两种情况确定被告。(1)幅度越权,以派出机构为被告。(2)种类越权,以派出机构所在机关为被告。以派出所为例,其权力为 500 元以下罚款、警告,如果派出所罚款 1 000 元(幅度越权),则以派出所为被告。如果派出所拘留(种类越权),则以公安局为被告。如图 9-2 所示:

派出机构 { 幅度越权→机构
　　　　　 种类越权→机关

图 9-2

例:(2008/2/49/单选)某区公安局派出所突击检查孔某经营的娱乐城,孔某向正在赌博的人员通风报信,派出所突击检查一无所获。派出所工作人员将

孔某带回调查,孔某因受到逼供而说出实情。派出所据此决定对孔某拘留10日,孔某不服提起诉讼。下列哪一选项是正确的?

A. 在作出拘留决定前,孔某有权要求举行听证

B. 对孔某的拘留决定违法

C. 某区公安分局派出所是本案被告

D. 因孔某起诉,公安机关应暂缓执行拘留决定

[解析]A项、D项错误。《治安管理处罚法》第107条规定:"被处罚人不服行政拘留处罚决定,申请行政复议、提起行政诉讼的,可以向公安机关提出暂缓执行行政拘留的申请。公安机关认为暂缓执行行政拘留不致发生社会危险的,由被处罚人或者其近亲属提出符合本法第一百零八条规定条件的担保人,或者按每日行政拘留二百元的标准交纳保证金,行政拘留的处罚决定暂缓执行。"据此,对拘留仅规定了"暂缓执行"的救济方式,并没有举行听证的规定,故A项错误。拘留的暂缓执行需要同时具备四个条件,故D项错误。

B项正确。《治安管理处罚法》第91条规定:"治安管理处罚由县级以上人民政府公安机关决定;其中警告、五百元以下的罚款可以由公安派出所决定。"本题中,派出所没有拘留权,并且通过刑讯逼供的手段收集证据,所以拘留决定违法。

C项错误。派出机构的被告资格,"幅度越权告机构,种类越权告机关"。本案中,派出所作出拘留决定,属于种类越权,被告应为某区公安分局。

6. 内部机构的被告确认。内部机构在没有法律、法规、规章授权的情况下,以自己的名义作出具体行政行为,以其所在行政机关为被告。

例:(2007/2/82/多选)甲银行与乙公司签订了贷款合同并约定乙以其拥有使用权的土地作抵押。双方在镇政府内设机构镇土地管理所办理了土地使用权抵押登记,该所出具了《证明》。因乙不能归还到期贷款,甲经法院强制执行时,发现乙用于抵押的国有土地使用证系伪造。甲遂对镇土地管理所出具的抵押证明提起行政诉讼。下列哪些选项是正确的?

A. 本案的被告应当是镇土地管理所

B. 本案的被告应当是镇政府

C. 镇土地管理所出具抵押证明的行为是超越职权的行为

D. 法院应当判决确认抵押证明违法

[解析]A项错误,B项正确。《行诉解释》第20条第1款规定:"行政机关组建并赋予行政管理职能但不具有独立承担法律责任能力的机构,以自己的名义作出行政行为,当事人不服提起诉讼的,应当以组建该机构的行政机关为被告。"本题中,镇土地管理所是镇政府的内设机构,应当以镇政府为被告。

C 项正确。镇土地管理所是内部机构,无权对外作出具体行政行为,所以其出具抵押证明属于超越职权。

D 项正确。《行政诉讼法》第 75 条规定:"行政行为有实施主体不具有行政主体资格或者没有依据等重大且明显违法情形,原告申请确认行政行为无效的,人民法院判决确认无效。"本案中,镇土地管理所没有行政主体资格,法院应当判决确认无效。

7. 开发区管理机构及其职能部门的被告确认。当事人对由国务院、省级政府批准设立的开发区管理机构作出的行政行为不服提起诉讼的,以该开发区管理机构为被告;对由国务院、省级政府批准设立的开发区管理机构所属职能部门作出的行政行为不服提起诉讼的,以其职能部门为被告;对其他开发区管理机构所属职能部门作出的行政行为不服提起诉讼的,以开发区管理机构为被告;开发区管理机构没有行政主体资格的,以设立该机构的地方政府为被告。

8. 村委会和居委会的被告确认。当事人对村民委员会或者居民委员会依据法律、法规、规章的授权履行行政管理职责的行为不服提起诉讼的,以村民委员会或者居民委员会为被告。当事人对村民委员会、居民委员会受行政机关委托作出的行为不服提起诉讼的,以委托的行政机关为被告。

9. 事业单位、行业协会的被告确认。当事人对高等学校等事业单位以及律师协会、注册会计师协会等行业协会依据法律、法规、规章的授权实施的行政行为不服提起诉讼的,以该事业单位、行业协会为被告。当事人对高等学校等事业单位以及律师协会、注册会计师协会等行业协会受行政机关委托作出的行为不服提起诉讼的,以委托的行政机关为被告。

10. 房屋征收部门的被告确认。市、县级人民政府确定的房屋征收部门组织实施房屋征收与补偿工作过程中作出行政行为,被征收人不服提起诉讼的,以房屋征收部门为被告。征收实施单位受房屋征收部门委托,在委托范围内从事的行为,被征收人不服提起诉讼的,应当以房屋征收部门为被告。

(三)被告资格的转移

有被告资格的行政机关被撤销或者变更,在法律上该主体已被消灭,其被告资格转移给其他行政机关。具体情形如下:

1. 行政机关被撤销或者职权变更的,继续行使其职权的行政机关是被告。

2. 行政机关被撤销或者职权变更,没有继续行使其职权的行政机关的,以其所属的政府为被告;实行垂直领导的,以垂直领导的上一级行政机关为被告。

四、 行政诉讼的第三人

(一) 第三人的概念

被诉具体行政行为的利害关系人,包括相对人和相关人,可以作为第三人申请参加诉讼,或者由法院通知参加诉讼。这种利害关系既包括与被诉行政行为的利害关系,也包括与诉讼结果的利害关系。第三人具有独立的诉讼地位,第三人为了维护自己的合法权益,既不必依附原告也不必依附被告,可以提出自己的请求。

(二) 第三人的确认

第三人总体上可以分为两种:(1) 原告型第三人,在行政法律关系中基本上处于相对人或相关人的地位,具有原告的资格,但是没有提起行政诉讼。(2) 被告型第三人,在行政法律关系中处于或类似于行政主体地位,具有被告资格或者与被告利益一致。

具体讲,第三人主要包括以下几种:(1) 行政处罚案件中的受害人或加害人。(2) 行政处罚案件中的共同被处罚人。(3) 行政裁决案件的当事人。(4) 两个以上行政机关作出相互矛盾的具体行政行为,非被告的行政机关可以作为第三人。(5) 与行政机关共同署名作出处理决定的非政府组织。(6) 应当追加被告而原告不同意追加的,法院应当通知其作为第三人参加诉讼。

例:(2012/2/82/多选)村民甲带领乙、丙等人,与造纸厂协商污染赔偿问题。因对提出的赔偿方案不满,甲、乙、丙等人阻止生产,将工人李某打伤。公安局接该厂厂长举报,经调查后决定对甲拘留 15 日、乙拘留 5 日,对其他人未作处罚。甲向法院提起行政诉讼,法院受理。下列哪些人员不能成为本案的第三人?

A. 丙　　B. 乙　　C. 李某　　D. 造纸厂厂长

[解析]A 项、D 项正确。《行政诉讼法》第 29 条第 1 款规定:"公民、法人或者其他组织同被诉行政行为有利害关系但没有提起诉讼,或者同案件处理结果有利害关系的,可以作为第三人申请参加诉讼,或者由人民法院通知参加诉讼。"本题中,公安局作出拘留决定,相对人是甲、乙,相关人是李某。甲起诉,乙、李某为第三人。至于丙、造纸厂厂长,与具体行政行为没有利害关系,不能成为第三人。

(三) 第三人参加诉讼的程序

第三人参加行政诉讼,须是在原告、被告的诉讼程序已开始、判决未作出以前。第三人参加诉讼的方式包括申请参加和通知参加两种：

1. 申请参加，是指第三人认为自己与被诉具体行政行为有利害关系，向法院提出申请，经法院准许而参加诉讼。法院同意的，书面通知第三人；法院不同意的，裁定驳回申请。申请人不服裁定可在10日以内上诉。

2. 通知参加，如果法院认为某公民、法人或其他组织与被诉具体行政行为有利害关系，应当通知其以第三人的身份参加诉讼，是否参加由被通知人自己决定。如果不参加，将会承担类似“缺席判决”的不利后果。请注意，此处与行政复议不同。《行政复议法实施条例》第9条第1款规定：“行政复议期间，行政复议机构认为申请人以外的公民、法人或者其他组织与被审查的具体行政行为有利害关系的，可以通知其作为第三人参加行政复议。”

第三人享有当事人的诉讼地位，享有对不利判决的上诉权。法院判决第三人承担义务或者减损第三人权益的，第三人有权提起上诉或者申请再审。

第三人，因不能归责于本人的事由未参加诉讼，但有证据证明发生法律效力的判决、裁定、调解书损害其合法权益的，可以自知道或者应当知道其合法权益受到损害之日起6个月内，向上一级法院申请再审。

五、 共同诉讼人

（一）共同诉讼人的概念

当事人一方或者双方为两个以上主体，因同一具体行政行为发生的行政案件，或者因同类的具体行政行为发生的、法院认为可以合并审理并经当事人同意的行政案件，为共同诉讼。

共同诉讼人是指共同诉讼案件的当事人。原告一方是两个以上主体的，称为共同原告；被告一方是两个以上主体的，称为共同被告。

（二）必要共同诉讼人

必要共同诉讼人是指当事人一方或双方为两人以上、诉讼标的是同一具体行政行为的诉讼中的当事人。同一个具体行政行为是指行政机关以一个意思表示为目的，作出了一个处理决定，不论作出的行政机关有几个或者行政相对人有几个。

必要共同诉讼人必须共同参加诉讼。如果有遗漏，人民法院应当通知其参加诉讼。当事人也可以向法院申请参加。法院应当对当事人提出的申请进行审查，申请理由不成立的，裁定驳回；申请理由成立的，书面通知其参加诉讼。

人民法院追加共同诉讼的当事人时，应当通知其他当事人。应当追加的原告,已明确表示放弃实体权利的,可不予追加;既不愿意参加诉讼,又不放弃实体权利的,应追加为第三人,其不参加诉讼,不能阻碍人民法院对案件的审理和裁判。

(三) 普通共同诉讼人

普通共同诉讼人是指诉讼标的是同类的具体行政行为,法院经当事人同意决定合并审理,两人以上参加诉讼的当事人。同类的具体行政行为,是指两个以上的处理同类事实、适用相同法律的具体行政行为。

(四) 代表人诉讼

代表人诉讼,是指由人数众多的原告推选诉讼代表人参加的、法院判决及于全体利害关系人的行政诉讼。

代表人诉讼具有以下特点:(1) 原告方人数众多,一般指 10 人以上。(2) 原告方实行诉讼代表制,诉讼代表人必须是当事人。(3) 法院裁判的效力不仅及于诉讼代表人,也及于其他未亲自参加诉讼的当事人。(4) 诉讼代表人产生途径有两个,一是原告方在指定期限内推选产生,二是原告方在指定期限内未能选定而由法院从原告中指定产生。(5) 诉讼代表人的总数限为 2~5 人,与民事诉讼法的规定相同。

六、 诉讼代理人

诉讼代理人是指以当事人名义,在代理权限内代理当事人进行诉讼活动的人。

诉讼代理人包括以下三种:(1) 法定代理人,是指依法直接享有代理权限,代替无诉讼行为能力的公民进行行政诉讼的人。法定代理人互相推诿代理责任的,由人民法院指定其中一人代为诉讼。(2) 指定代理人,是由人民法院指定代理无诉讼行为能力的当事人进行行政诉讼的人。(3) 委托代理人,是指受当事人、法定代理人委托,代为进行诉讼的人。当事人、法定代理人可以委托 1~2 人代为诉讼。

下列人员可以被委托为诉讼代理人:(1) 律师、基层法律服务工作者。(2) 当事人的近亲属或者工作人员。(3) 当事人所在社区、单位以及有关社会团体推荐的公民。

与当事人有合法劳动人事关系的职工,可以当事人工作人员的名义作为诉讼代理人。以当事人的工作人员身份参加诉讼活动,应当提交以下证据之一加以证明:(1) 缴纳社会保险记录凭证;(2) 领取工资凭证;(3) 其他能够证明其为当事人工作人员身份的证据。

有关社会团体推荐公民担任诉讼代理人的,应当符合下列条件:(1) 社会团体属于依法登记设立或者依法免予登记设立的非营利性法人组织;(2) 被代理人属于该社会团体的成员,或者当事人一方住所地位于该社会团体的活动地域;(3) 代理事务属于该社会团体章程载明的业务范围;(4) 被推荐的公民是该社会团体的负责人或者与该社会团体有合法劳动人事关系的工作人员。专利代理人经中华全国专利代理人协会推荐,可以在专利行政案件中担任诉讼代理人。

代理诉讼的律师,有权按照规定查阅、复制本案有关材料,有权向有关组织和公民调查,收集与本案有关的证据。对涉及国家秘密、商业秘密和个人隐私的材料,应当依照法律规定保密。当事人和其他诉讼代理人有权按照规定查阅、复制本案庭审材料,但涉及国家秘密、商业秘密和个人隐私的内容除外。

当事人委托诉讼代理人,应当向法院提交由委托人签名或者盖章的授权委托书。委托书应当载明委托事项和具体权限。公民在特殊情况下无法书面委托的,也可以由他人代书,并由自己捺印等方式确认,法院应当核实并记录在卷;被诉行政机关或者其他有义务协助的机关拒绝法院向被限制人身自由的公民核实的,视为委托成立。当事人解除或者变更委托的,应当书面报告法院。

第五节　行政诉讼的起诉和受理

起诉和受理是行政诉讼的开始阶段。起诉与受理阶段围绕的核心问题是起诉条件。原告提起行政诉讼要具备起诉条件,法院审查的是起诉条件,最后决定是否受理还取决于起诉条件。

一、 起诉

(一) 起诉的概念

起诉是指公民、法人或者其他组织认为具体行政行为侵犯其合法权益,依法请求人民法院行使国家审判权给予救济的诉讼行为。它是公民、法人或者其他组织请求人民法院启动行政诉讼程序的意思表示,是其行使法律赋予的诉权的具体表现。

人民法院应当保障公民、法人和其他组织的起诉权利,对应当受理的行政案件依法受理。行政机关及其工作人员不得干预、阻碍人民法院受理行政案件。

起诉应当向法院递交起诉状,并按照被告人数提出副本。书写起诉状确有困难的,可以口头起诉,由人民法院记入笔录,出具注明日期的书面凭证,并告知对方当事人。

（二）行政机关负责人出庭

被诉行政机关负责人应当出庭应诉。不能出庭的，应当委托行政机关相应的工作人员出庭。行政机关负责人，包括行政机关的正职、副职负责人以及其他参与分管的负责人。行政机关负责人出庭应诉的，可以另行委托1~2名诉讼代理人。行政机关负责人不能出庭的，应当委托行政机关相应的工作人员出庭，不得仅委托律师出庭。

涉及重大公共利益、社会高度关注或者可能引发群体性事件等案件以及人民法院书面建议行政机关负责人出庭的案件，被诉行政机关负责人应当出庭。

被诉行政机关负责人出庭应诉的，应当在当事人及其诉讼代理人基本情况、案件由来部分予以列明。行政机关负责人有正当理由不能出庭应诉的，应当向人民法院提交情况说明，并加盖行政机关印章或者由该机关主要负责人签字认可。行政机关拒绝说明理由的，不发生阻止案件审理的效果，法院可以向监察机关、上一级行政机关提出司法建议。

行政机关相应的工作人员，包括该行政机关具有国家行政编制身份的工作人员以及其他依法履行公职的人员。被诉行政行为是地方人民政府作出的，地方人民政府法制工作机构的工作人员，以及被诉行政行为具体承办机关工作人员，可以视为被诉人民政府相应的工作人员。

行政机关负责人出庭应诉的，应当向人民法院提交能够证明该行政机关负责人职务的材料。行政机关委托相应的工作人员出庭应诉的，应当向人民法院提交加盖行政机关印章的授权委托书，并载明工作人员的姓名、职务和代理权限。

行政机关负责人和行政机关相应的工作人员均不出庭，仅委托律师出庭的或者人民法院书面建议行政机关负责人出庭应诉，行政机关负责人不出庭应诉的，人民法院应当记录在案和在裁判文书中载明，并可以建议有关机关依法作出处理。

（三）起诉的条件

行政诉讼的起诉条件包括一般条件、时间条件和程序条件。

1. 起诉的一般条件

为防止公民、法人或者其他组织滥用起诉权，同时也为便于监督法院的受理工作，行政诉讼法对起诉设定了以下条件：(1) 原告是认为具体行政行为侵犯其合法权益的公民、法人或者其他组织；(2) 有明确的被告；(3) 有具体的诉讼请求和事实根据；(4) 属于法院受案范围和受诉法院管辖。

公民、法人或者其他组织提起诉讼时应当提交以下起诉材料：(1) 原告的身份证明材料以及有效联系方式;(2)被诉行政行为或者不作为存在的材料;(3)原告与被诉行政行为具有利害关系的材料;(4)人民法院认为需要提交的其他材料。此外,由法定代理人或者委托代理人代为起诉的,还应当在起诉状中写明或者在口头起诉时向法院说明法定代理人、委托代理人的基本情况,并提交法定代理人、委托代理人的身份证明和代理权限证明等材料。

原告提供被告的名称等信息足以使被告与其他行政机关相区别的,可以认定为"有明确的被告"。起诉状列写被告信息不足以认定明确的被告的,人民法院可以告知原告补正;原告补正后仍不能确定明确的被告的,人民法院裁定不予立案。

"有具体的诉讼请求"是指:(1)请求判决撤销或者变更行政行为;(2)请求判决行政机关履行特定法定职责或者给付义务;(3)请求判决确认行政行为违法;(4)请求判决确认行政行为无效;(5)请求判决行政机关予以赔偿或者补偿;(6)请求解决行政协议争议;(7)请求一并审查规章以下规范性文件;(8)请求一并解决相关民事争议;(9)其他诉讼请求。此外,当事人单独或者一并提起行政赔偿、补偿诉讼的,应当有具体的赔偿、补偿事项以及数额;请求一并审查规章以下规范性文件的,应当提供明确的文件名称或者审查对象;请求一并解决相关民事争议的,应当有具体的民事诉讼请求。当事人未能正确表达诉讼请求的,人民法院应当要求其明确诉讼请求。

2. 起诉的时间条件

(1)一般期限与特别期限。前者是指由行政诉讼法明确规定,适用于一般行政案件的起诉期限。后者是指为行政诉讼法所认可,由其他单行法律所规定的起诉期限。① 当事人直接向法院提起诉讼的,应当自知道或者应当知道作出行政行为之日起 6 个月内提出,法律另有规定的除外。② 不服行政复议而起诉的一般期限为 15 日。复议机关作出决定的,自收到复议决定书之日起 15 日内起诉;复议机关逾期不作决定的,自复议期满之日起 15 日内向法院提起诉讼,法律另有规定的除外。一句话,"直接起诉 6 个月,复议接诉讼 15 日"。

例:(2014/2/84/多选)2009 年 3 月 15 日,严某向某市房管局递交出让方为郭某(严某之母)、受让方为严某的房产交易申请表以及相关材料。4 月 20 日,该局向严某核发房屋所有权证。后因家庭纠纷郭某想出售该房产时发现房产已不在名下,于 2013 年 12 月 5 日以该局为被告提起诉讼,要求撤销向严某核发的房屋所有权证,并给自己核发新证。一审法院判决维持被诉行为,郭某提出上诉。下列哪些说法是正确的?

A. 本案的起诉期限为 2 年

B. 本案的起诉期限从 2009 年 4 月 20 日起算

C. 如诉讼中郭某解除对诉讼代理人的委托,在其书面报告法院后,法院应

当通知其他当事人

D. 第二审法院应对一审法院的裁判和被诉具体行政行为是否合法进行全面审查

[解析]A 项、B 项错误。《行政诉讼法》第 46 条第 1 款规定:“公民、法人或者其他组织直接向人民法院提起诉讼的,应当自知道或者应当知道作出行政行为之日起六个月内提出。法律另有规定的除外。”本案中,起诉期限为 6 个月,A 错;起诉期限从知道行政行为之日起算,而不是 4 月 20 日(行政行为作出之日)。“知道行政行为之日”,题上没有明确告知,应为 4 月 20 日之后的某个时间,B 错。

C 项正确。《行诉解释》第 31 条规定:“当事人委托诉讼代理人,应当向人民法院提交由委托人签名或者盖章的授权委托书。委托书应当载明委托事项和具体权限。公民在特殊情况下无法书面委托的,也可以由他人代书,并由自己捺印等方式确认,人民法院应当核实并记录在卷;被诉行政机关或者其他有义务协助的机关拒绝人民法院向被限制人身自由的公民核实的,视为委托成立。当事人解除或者变更委托的,应当书面报告人民法院。”

D 项正确。《行政诉讼法》第 87 条规定:“人民法院审理上诉案件,应当对原审人民法院的判决、裁定和被诉行政行为进行全面审查。”

(2) 起诉期限的计算及最长保护期限。① 起诉期限从公民、法人或者其他组织知道或者应当知道行政机关作出具体行政行为之日起计算。“知道”,原则上以行政机关明确告知诉权和起诉期限为标准。② 行政机关作出具体行政行为时,没有告知公民、法人或者其他组织诉权或起诉期限的,起诉期限从其知道或者应当知道诉权或者起诉期限之日起计算,但从知道或者应当知道具体行政行为内容之日起最长不得超过 1 年。③ 当事人不知道行政机关作出具体行政行为内容的,其起诉期限从知道或者应当知道该具体行政行为内容之日起计算。但是,因不动产提起诉讼的案件自行政行为作出之日起超过 20 年,其他案件自行政行为作出之日起超过 5 年提起诉讼的,法院不予受理。

如表 9-7 所示:

表 9-7

作为	已告知诉权或起诉期限	知道行政行为后 6 个月
	未告知诉权或起诉期限	知道诉权或起诉期限之日起算 6 个月,但最长不超知道行为后 1 年
	不知道行政行为	知道行为之日起算 6 个月,但最长不超行为作出后 5 年(不动产 20 年)

例:(2006/2/47/单选)因甲公司不能偿还到期债务,贷款银行向法院提起民事诉讼。2004 年 6 月 7 日,银行在诉讼中得知市发展和改革委员会已于 2004 年 4 月 6 日根据申请,将某小区住宅项目的建设业主由甲公司变更为乙公司。后银行认为行政机关的变更行为侵犯了其合法债权,于 2006 年 1 月 9 日向法院提起行政诉讼,请求确认市发展和改革委员会的变更行为违法。下列关于起诉期限的哪种说法符合法律规定?

A. 原告应当在知道具体行政行为内容之日起 5 年内提起行政诉讼

B. 原告应当在知道具体行政行为内容之日起 20 年内提起行政诉讼

C. 原告应当在知道具体行政行为内容之日起 1 年内提起行政诉讼

D. 原告应当在知道具体行政行为内容之日起 6 个月内提起行政诉讼

[解析]D 项正确。《行政诉讼法》第 46 条第 1 款规定:“公民、法人或者其他组织直接向人民法院提起诉讼的,应当自知道或者应当知道作出行政行为之日起六个月内提出。法律另有规定的除外。”所以,行政诉讼的“起诉期限”就是 6 个月。至于 A 项、B 项、C 项中的 1 年、5 年、20 年是“起诉的最长保护期限”,而且 A 项、B 项应为“具体行政行为作出之日”。

(3) 行政机关不履行法定职责时起诉期限的计算。这里的不作为,是指“过期不作”拖延履行的情况。公民、法人或者其他组织应当在行政机关履行法定职责期限届满之日起 6 个月内提出。分为三种情况:① 法律、法规没有规定行政机关履行职责期限的,行政机关在接到申请之日起 2 个月内不履行的,相对人可以在 2 个月期限届满后向法院起诉。② 法律、法规对行政机关履行职责的期限有明确规定的,相对人可以在规定期限届满后向法院起诉。③ 在紧急情况下,相对人请求行政机关履行保护人身权、财产权等合法权益的法定职责时,行政机关不履行的,起诉期限不受上述规定期限的限制,当事人可以立即起诉。

(4) 因不可抗力或者其他不属于其自身的原因不能起诉的起诉期限的计算。相对人因不可抗力或者其他不属于其自身的原因耽误起诉期限的,被耽误的时间不计算在起诉期限内。因人身自由受到限制而不能提起诉讼的,被限制人身自由的时间不计算在起诉期间内。相对人在障碍消除后 10 日内,可以申请延长期限,是否准许由法院决定。

(5) 行政协议案件起诉期限的计算。公民、法人或者其他组织对行政机关不依法履行、未按照约定履行协议提起诉讼的,参照民事法律规范关于诉讼时效的规定;对行政机关单方变更、解除协议等行为提起诉讼的,适用《行政诉讼法》及其司法解释关于起诉期限的规定。

3. 起诉的程序条件

起诉的程序条件,主要是指行政诉讼与行政复议的衔接问题。在我国,行政诉讼与行政复议的关系，如本书第八章第四节所述，以当事人自由选择为原则，以复议前置为例外，还有一种特殊的限制选择。

（1）自由选择关系。原则上，相对人对具体行政行为不服，有权自由选择救济途径，可以不经复议直接起诉，也可以选择直接复议，对复议不服仍然可以起诉。① 相对人既提起诉讼又申请行政复议的，由先立案的机关管辖；同时立案的，由相对人选择。② 相对人已经申请行政复议，在法定复议期间内又向法院提起诉讼的，法院裁定不予立案。③ 公民、法人或者其他组织向复议机关申请行政复议后，又经复议机关同意撤回复议申请，在法定起诉期限内对原行政行为提起诉讼的，法院应当依法立案。

（2）限制选择关系。相对人对具体行政行为不服，有权在复议和诉讼之间作出选择，但此种选择属排他性选择，如果当事人对复议不服，不能再起诉。

（3）复议前置关系。相对人对具体行政行为不服，必须先申请复议，对复议不服才能起诉。法律、法规规定应当先申请复议，相对人未申请复议直接提起诉讼的，法院裁定不予立案。但是，复议机关不受理复议申请或者在法定期限内不作出复议决定，相对人不服，依法向法院提起诉讼的，法院应当依法立案。

二、受理

（一）立案登记

立案登记是指法院对依法应当受理的案件做到有案必立、有诉必理，充分保障当事人行使诉讼权利。新法实行立案登记制，目的是解决“立案难”问题。

（二）对起诉状的处理

对当事人依法提起的诉讼，法院一律接收起诉状，并且当场作出判定，根据情况作出如下处理（见图 9-3）：

1. 在接到起诉状时对符合起诉条件的，应当当场登记立案，依法保障当事人行使诉讼权利。

2. 对当场不能判定是否符合起诉条件的，应当接收起诉状，出具注明收到日期的书面凭证，并在 7 日内决定是否立案。[①] 不符合起诉条件的，作出不予立案的裁定。裁定书应当载明不予立案的理由。原告对裁定不服的，可以提起上诉。7 日内仍不能作出判断的，应当先予立案。

---

① 立案期限，因起诉状内容欠缺或者有其他错误通知原告限期补正的，从补正后递交人民法院的次日起算。由上级人民法院转交下级法院立案的案件，从受诉法院收到起诉状的次日起算。

3. 起诉状内容欠缺或者有其他错误的，应当给予指导和释明，并一次性告知当事人需要补正的内容、补充的材料及期限。在指定期限内补正并符合起诉条件的，应当登记立案。当事人拒绝补正或者经补正仍不符合起诉条件的，退回诉状并记录在册；坚持起诉的，裁定不予立案，并载明不予立案的理由。

法院接到起诉状→当场判定→
- 符合法定起诉条件的 → 登记立案
- 不符合起诉条件的 → 裁定不予立案
- 不能判定 → 先接收起诉状 → 7 日内决定是否立案
- 内容欠缺或错误 → 指导释明，一次性告知补正内容

图 9-3

（三）立案后的裁定驳回起诉

有下列情形之一，已经立案的，应当裁定驳回起诉：(1) 不符合《行政诉讼法》第 49 条规定的；(2) 超过法定起诉期限且无《行政诉讼法》第 48 条规定情形的；(3) 错列被告且拒绝变更的；(4) 未按照法律规定由法定代理人、指定代理人、代表人为诉讼行为的；(5) 未按照法律、法规规定先向行政机关申请复议的；(6) 重复起诉的；①(7) 撤回起诉后无正当理由再行起诉的；(8) 行政行为对其合法权益明显不产生实际影响的；(9) 诉讼标的已为生效裁判或者调解书所羁束的；(10) 其他不符合法定起诉条件的情形。前款所列情形可以补正或者更正的，人民法院应当指定期间责令补正或者更正；在指定期间已经补正或者更正的，应当依法审理。人民法院经过阅卷、调查或者询问当事人，认为不需要开庭审理的，可以迳行裁定驳回起诉。

（四）当事人的救济途径

对于不接收起诉状、接收起诉状后不出具书面凭证，以及不一次性告知当事人需要补正的起诉状内容的，当事人可以向上级法院投诉，上级法院应当责令改正，并对直接负责的主管人员和其他直接责任人员依法给予处分。

法院既不立案，又不作出不予立案裁定的，当事人可以向上一级法院起诉。上一级法院认为符合起诉条件的，应当立案、审理，也可以指定其他下级法院立案、审理。

① 当事人就已经提起诉讼的事项在诉讼过程中或者裁判生效后再次起诉，同时具有下列情形的，构成重复起诉：(一) 后诉与前诉的当事人相同；(二) 后诉与前诉的诉讼标的相同；(三) 后诉与前诉的诉讼请求相同，或者后诉的诉讼请求被前诉裁判所包含。

第六节 行政诉讼的审理和判决

一、第一审普通程序

第一审普通程序,是指法院自立案至作出第一审判决的普通诉讼程序。

(一)审理前的准备

1. 组成合议庭。法院审理第一审行政案件,由审判员或审判员、陪审员组成合议庭。合议庭成员应是3人以上的单数。

2. 交换诉状。(1)法院应当在立案之日起5日内,将起诉状副本发送被告。起诉状副本送达被告后,原告提出新的诉讼请求的,法院不予准许,但有正当理由的除外。(2)被告应当在收到起诉状副本之日起15日内向法院提交作出行政行为的证据和所依据的规范性文件,并提出答辩状。被告在法定时间内,不提交或者没有正当理由逾期提供作出具体行政行为的证据和依据的,应当认定该具体行政行为没有证据和依据,判决被告败诉。被告不提出答辩状的,不影响法院审理。(3)法院应当在收到答辩状之日起5日内,将答辩状副本发送原告。

3. 处理管辖异议。当事人对受诉法院的管辖,有权提出异议。当事人提出管辖异议,应在收到法院应诉通知书之日起15日内以书面形式提出。对当事人提出的管辖异议,法院应当进行审查。异议成立的,受诉法院应裁定将案件移送有管辖权的法院;异议不成立的,则应裁定驳回。

4. 审查诉讼文书和调查收集证据。法院如果发现当事人双方材料或证据不全,应当通知当事人补充;对当事人不能收集的材料和证据,法院可以根据需要主动调查收集证据。

例:(2006/2/50/单选)行政诉讼中,起诉状副本送达被告后,下列关于行政诉讼程序的哪种说法是正确的?

A. 原告可以提出新的诉讼请求,但变更原诉讼请求的,法院不予准许

B. 法庭辩论终结前,原告提出新的诉讼请求的,法院应予准许

C. 法庭辩论终结前,原告提出新的诉讼请求或变更原诉讼请求的,法院应予准许

D. 原告提出新的诉讼请求的,法院不予准许,但有正当理由的除外

[解析]D项正确。《行诉解释》第70条规定:"起诉状副本送达被告后,原告提出新的诉讼请求的,人民法院不予准许,但有正当理由的除外。"

（二）庭审程序

1. 庭审方式。行政诉讼第一审程序必须进行开庭审理，遵循以下原则：（1）必须采取言词审理的方式。（2）以公开审理为原则。法院公开审理行政案件，但涉及国家秘密、个人隐私和法律另有规定的除外。涉及商业秘密的案件，当事人申请不公开审理的，可以不公开审理。

2. 庭审程序。一般分为六个阶段：开庭准备、开庭审理、法庭调查、法庭辩论、合议庭评议、宣读判决裁定。

3. 审理期限。法院审理第一审行政案件，应当自立案之日起6个月内作出判决。但是，鉴定、处理管辖权异议和中止诉讼的期间不计算在内。有特殊情况需要延长的，由高级法院批准，[①]高级法院审理第一审行政案件需要延长的，由最高人民法院批准。

行政诉讼法的审理期限，是指从立案之日起至裁判宣告、调解书送达之日止的期间，但公告期间、鉴定期间、调解期间、中止诉讼期间、审理当事人提出的管辖异议以及处理人民法院之间的管辖争议期间不应计算在内。

（三）调解的适用

法院审理行政案件，原则上不适用调解。但是，行政赔偿、补偿以及行政机关行使法律、法规规定的自由裁量权的案件可以调解。调解应当遵循自愿、合法原则，不得损害国家利益、社会公共利益和他人合法权益。经法院准许，第三人可以参加调解。法院认为有必要的，可以通知第三人参加调解。

调解达成协议，法院应当制作调解书。调解书应当写明诉讼请求、案件的事实和调解结果。调解书由审判人员、书记员署名，加盖法院印章，送达双方当事人。调解书经双方当事人签收后，即具有法律效力。调解书生效日期根据最后收到调解书的当事人签收的日期确定。

法院审理行政案件，调解过程不公开，但当事人同意公开的除外。调解协议内容不公开，但为保护国家利益、社会公共利益、他人合法权益，法院认为确有必要公开的除外。

当事人一方或者双方不愿调解、调解未达成协议的，法院应当及时判决。当事人自行和解或者调解达成协议后，请求法院按照和解协议或者调解协议的内容制作判决书的，法院不予准许。

---

① 基层法院申请延长审理期限，应当直接报请高级法院批准，同时报中级法院备案。

（四）妨害行政诉讼行为的排除

妨害行政诉讼的行为，是指诉讼参加人和其他人在行政诉讼过程中，故意干扰、破坏诉讼秩序，妨碍诉讼活动正常进行的行为。

妨害行政诉讼的行为有七种：(1) 有义务协助调查、执行的人，对法院的协助调查决定、协助执行通知书，无故推拖、拒绝或者妨碍调查、执行的；(2) 伪造、隐藏、毁灭证据或者提供虚假证明材料，妨碍法院审理案件的；(3) 指使、贿买、胁迫他人作伪证或者威胁、阻止证人作证的；(4) 隐藏、转移、变卖、毁损已被查封、扣押、冻结的财产的；(5) 以欺骗、胁迫等非法手段使原告撤诉的；(6) 以暴力、威胁或者其他方法阻碍法院工作人员执行职务，或者以哄闹、冲击法庭等方法扰乱人民法院工作秩序的；(7) 对法院审判人员或者其他工作人员、诉讼参与人、协助调查和执行的人员恐吓、侮辱、诽谤、诬陷、殴打、围攻或者打击报复的。

诉讼参与人或者其他人有妨害行政诉讼行为的，法院可以根据情节轻重，予以训诫、责令具结悔过或者处 10 000 元以下的罚款、15 日以下的拘留；构成犯罪的，依法追究刑事责任。法院对有妨害行政诉讼行为的单位，可以对其主要负责人或者直接责任人员予以罚款、拘留；构成犯罪的，依法追究刑事责任。罚款、拘留可以单独适用，也可以合并适用。对同一妨害行政诉讼行为的罚款、拘留不得连续适用。发生新的妨害行政诉讼行为的，法院可以重新予以罚款、拘留。罚款、拘留须经法院院长批准。当事人不服的，可以向上一级法院申请复议一次，但复议期间不停止执行。

（五）案件移送和司法建议

1. 案件移送。法院在审理行政案件中，认为行政机关的主管人员、直接责任人员违法违纪的，应当将有关材料移送监察机关、该行政机关或者其上一级行政机关；认为有犯罪行为的，应当将有关材料移送公安、检察机关。

2. 司法建议。法院对被告经传票传唤无正当理由拒不到庭，或者未经法庭许可中途退庭的，可以将被告拒不到庭或者中途退庭的情况予以公告，并可以向监察机关或者被告的上一级行政机关提出依法给予其主要负责人或者直接责任人员处分的司法建议。

二、简易程序

（一）简易程序的概念

简易程序，是相对于普通程序而言的在起诉、审理、审限等方面有所简化的程序。

（二）简易程序的适用范围

1. 法定的情形

法院审理下列第一审行政案件，认为事实清楚、权利义务关系明确、争议不大的，[①]可以适用简易程序：（1）被诉行政行为是依法当场作出的；（2）案件涉及款额 2 000 元以下的；（3）属于政府信息公开案件的。

2. 当事人各方同意适用的情形

除法定情形以外的第一审行政案件，当事人各方同意适用简易程序的，可以适用简易程序。

3. 不适用简易程序的情形

发回重审、按照审判监督程序再审的案件不适用简易程序。

（三）简易程序的审判组织和审理期限

适用简易程序审理的行政案件，由审判员一人独任审理，并应当在立案之日起 45 日内审结。

适用简易程序审理的行政案件，法院可以用口头通知、电话、短信、传真、电子邮件等简便方式传唤当事人、通知证人、送达裁判文书以外的诉讼文书。以简便方式送达的开庭通知，未经当事人确认或者没有其他证据证明当事人已经收到的，法院不得缺席判决。

适用简易程序案件的举证期限由法院确定，也可以由当事人协商一致并经法院准许，但不得超过 15 日。被告要求书面答辩的，法院可以确定合理的答辩期间。法院应当将举证期限和开庭日期告知双方当事人，并向当事人说明逾期举证以及拒不到庭的法律后果，由双方当事人在笔录和开庭传票的送达回证上签名或者捺印。当事人双方均表示同意立即开庭或者缩短举证期限、答辩期间的，法院可以立即开庭审理或者确定近期开庭。

（四）简易程序转为普通程序

法院在审理过程中，发现案情复杂，不宜适用简易程序的，裁定转为普通程序。

---

① “事实清楚”，是指当事人对争议的事实陈述基本一致，并能提供相应的证据，无须人民法院调查收集证据即可查明事实；“权利义务关系明确”，是指行政法律关系中权利和义务能够明确区分；“争议不大”，是指当事人对行政行为的合法性、责任承担等没有实质分歧。

转为普通程序审理的，应当在审理期限届满前作出裁定并将合议庭组成人员及相关事项书面通知双方当事人，审理期限自法院立案之日起计算。

例：(2016/2/84/多选)交警大队以方某闯红灯为由当场处以50元罚款，方某不服起诉。法院适用简易程序审理。关于简易程序，下列哪些说法是正确的？

A. 由审判员一人独任审理

B. 法院应在立案之日起30日内审结，有特殊情况需延长的经批准可延长

C. 法院在审理过程中发现不宜适用简易程序的，裁定转为普通程序

D. 对适用简易程序作出的判决，当事人不得提出上诉

[解析]A项正确，B项错误。《行政诉讼法》第83条规定："适用简易程序审理的行政案件，由审判员一人独任审理，并应当在立案之日起四十五日内审结。"

C项正确。《行政诉讼法》第84条规定："人民法院在审理过程中，发现案件不宜适用简易程序的，裁定转为普通程序。"

D项错误。《行政诉讼法》第85条规定："当事人不服人民法院第一审判决的，有权在判决书送达之日起十五日内向上一级人民法院提起上诉。……"可见，简易程序是第一审程序，当事人不服第一审判决，当然可以提出上诉。

三、第二审程序

第二审程序，是指当事人不服地方各级法院尚未生效的第一审判决或裁定，依法向上一级法院提起上诉，上一级法院据此对案件进行再次审理所适用的程序。除了最高法院所作的第一审判决、裁定是终审判决、裁定外，当事人不服地方各级法院所作的第一审判决、裁定，都有权依法向上一级法院提起上诉，从而引起第二审程序。第二审程序是根据当事人的上诉而发生，故又称"上诉审程序"；同时，中国实行两审终审制，故也称"终审程序"。

（一）上诉和上诉的受理

1. 上诉的提起。当事人不服一审判决的，有权在判决书送达之日起15日内向上一级法院提起上诉；不服第一审裁定的，有权在裁定书送达之日起10日内向上一级法院提起上诉。逾期不提起上诉的，一审判决或者裁定发生法律效力。当事人提出上诉，既可以通过原审法院提出，也可以直接向二审法院提出。当事人直接向二审法院上诉的，二审法院应当在5日内将上诉状移交原审法院。

当事人均提起上诉的，上诉各方均为上诉人。当事人中的一部分人提出上诉，没有提出上诉的对方当事人为被上诉人，其他当事人依原审诉讼地位列明。当事人提出上诉，应当按照其他当事人或者诉讼代表人的人数提出上诉状副本。

原审法院收到上诉状，应当在5日内将上诉状副本发送其他当事人，对方当事人应当在收到上诉状副本之日起15日内提出答辩状。原审法院应当在收到答辩状之日起5日内将副本发送上诉人。对方当事人不提出答辩状的，不影响法院审理。原审法院收到上诉状、答辩状，应当在5日内连同全部案卷和证据，报送二审法院；已经预收的诉讼费用，一并报送。

2. 上诉的受理。原审法院收到上诉状（包括当事人提交的和第二审法院移交的），应当审查；对有欠缺的上诉状，应当限期当事人补正。上诉状内容无欠缺的，原审法院应当在5日内将上诉状副本送达被上诉人，被上诉人在收到上诉状副本之日起10日内提出答辩状。被上诉人不提出答辩状的，不影响法院对案件的审理。原审法院收到上诉状、答辩状，应当在5日内连同全部案卷，报送二审法院。二审法院经过审查，如果认为上诉符合法定条件，应予受理；如果认为不符合法定条件，应当裁定不予受理。

（二）上诉案件的审理

1. 审理方式。（1）人民法院对上诉案件，应当组成合议庭，开庭审理。（2）经过阅卷、调查和询问当事人，对没有提出新的事实、证据或者理由，合议庭认为不需要开庭审理的，也可以不开庭审理。

2. 审理对象。人民法院审理上诉案件，应当对原审人民法院的判决、裁定和被诉具体行政行为进行全面审查，不受上诉范围的限制。

3. 审理期限。二审法院应当自收到上诉状之日起3个月作出终审判决，有特殊情况需要延长的，由高级法院批准。高级法院审理上诉案件需要延长的，由最高法院批准。

4. 审理结果。法院审理上诉案件，按照下列情形，分别处理：（1）原判决、裁定认定事实清楚，适用法律、法规正确的，判决或者裁定驳回上诉，维持原判决、裁定；（2）原判决、裁定认定事实错误或者适用法律、法规错误的，依法改判、撤销或者变更；（3）原判决认定基本事实不清、证据不足的，发回原审法院重审，或者查清事实后改判；（4）原判决遗漏当事人或者违法缺席判决等严重违反法定程序的，裁定撤销原判决，发回原审法院重审。原审法院对发回重审的案件作出判决后，当事人提起上诉的，二审法院不得再次发回重审。法院审理上诉案件，需要改变原审判决的，应当同时对被诉行政行为作出判决。

5. 对原审判决遗漏的处理。（1）原审判决遗漏了必须参加诉讼的当事人或者诉讼请求的，二审法院应当裁定撤销原审判决，发回重审。（2）原审判决遗漏行政赔偿请求，二审法院经审查认为依法不应当予以赔偿的，应当判决驳回行政赔偿请求。（3）原审判决遗漏行政赔偿请求，二审法院经审理认为依法应当予以赔偿的，在确认被诉具体行政行为违法的同时，可以就行政赔偿问题进行调解；调解不成的，应当就行政赔偿部分发回重审。（4）当事人在二审期间提出行政赔偿请求的，二审法院可以进行调解；调解不成的，应当告知当事人另行起诉。

如表 9-8 所示：

表 9-8

遗漏当事人或诉讼请求	二审法院裁定撤销原判、发回重审
遗漏行政赔偿请求	二审法院认为不应赔偿→判决驳回行政赔偿请求
	二审法院认为应当赔偿→可以调解→不成，就赔偿部分发回重审
当事人二审期间提出行政赔偿请求	二审法院→可以调解→不成，告知另行起诉

例：（2007/2/93/不定选）某公司提起行政诉讼，要求撤销区教育局作出的《关于不同意申办花蕾幼儿园的批复》，并要求法院判令该局在 20 日内向花蕾幼儿园颁发独立的《办学许可证》。一审法院经审理后作出确认区教育局批复违法的判决，但未就颁发《办学许可证》的诉讼请求作出判决。该公司不服一审判决，提起上诉。下列说法正确的是：

A. 二审法院应当裁定撤销一审判决

B. 二审法院应当维持一审判决

C. 二审法院可以裁定发回一审法院重审

D. 二审法院应当裁定发回一审法院重审，一审法院应当另行组成合议庭进行审理

[解析]A 项正确，B 项、C 项错误。《行诉解释》第 109 条第 2 款规定：“原审判决遗漏了必须参加诉讼的当事人或者诉讼请求的，第二审人民法院应当裁定撤销原审判决，发回重审。”所以，B 项错在“维持”、C 项错在“应当”。

D 项正确。《行诉解释》第 109 条第 2 款规定：“第二审人民法院裁定发回原审人民法院重新审理的行政案件，原审人民法院应当另行组成合议庭进行审理。”

四、审判监督程序

审判监督程序，也称再审程序，是指法院发现已经发生法律效力的判决、裁定违反法律、法规规定，依法对案件进行审理的程序。

（一）申请再审和再审事由

1. 申请再审

当事人对已经发生法律效力的判决、裁定，认为确有错误的，可以向上一级法院申请再审，但判决、裁定不停止执行。

2. 再审事由

当事人的申请符合下列情形之一的，法院应当再审：(1) 不予立案或者驳回起诉确有错误的；(2) 有新的证据，足以推翻原判决、裁定的；(3) 原判决、裁定认定事实的主要证据不足、未经质证或者系伪造的；(4) 原判决、裁定适用法律、法规确有错误的；(5) 违反法律规定的诉讼程序，可能影响公正审判的；(6) 原判决、裁定遗漏诉讼请求的；(7) 据以作出原判决、裁定的法律文书被撤销或者变更的；(8) 审判人员在审理该案件时有贪污受贿、徇私舞弊、枉法裁判行为的。

当事人向上一级法院申请再审，应当在判决、裁定或者调解书发生法律效力后 6 个月内提出。有下列情形之一的，自知道或者应当知道之日起 6 个月内提出：(1) 有新的证据，足以推翻原判决、裁定的；(2) 原判决、裁定认定事实的主要证据是伪造的；(3) 据以作出原判决、裁定的法律文书被撤销或者变更的；(4) 审判人员审理该案件时有贪污受贿、徇私舞弊、枉法裁判行为的。当事人申请再审的，应当提交再审申请书等材料。法院认为有必要的，可以自收到再审申请书之日起 5 日内将再审申请书副本发送对方当事人。对方当事人应当自收到再审申请书副本之日起 15 日内提交书面意见。法院可以要求申请人和对方当事人补充有关材料，询问有关事项。

（二）法院依职权启动再审程序

各级法院院长对本院已经发生法律效力的判决、裁定，发现符合再审事由，或者发现调解违反自愿原则或者调解书内容违法，认为需要再审的，应当提交审判委员会讨论决定。最高人民法院对地方各级法院已经发生法律效力的判决、裁定，上级法院对下级法院已经发生法律效力的判决、裁定，发现符合再审事由，或者发现调解违反自愿原则或者调解书内容违法的，有权提审或者指令下级人民法院再审。

法院应当自再审申请案件立案之日起 6 个月内审查，有特殊情况需要延长的，由本院院长批准。法院根据审查再审申请案件的需要决定是否询问当事人；新的证据可能推翻原判决、裁定的，法院应当询问当事人。审查再审申请期间，被申请人及原审其他当事人依法提出再审申请的，法院应当将其列为再审申请人，对其再审事由一并审查，审查期限重新计算。经审查，其中一方再审申请人主张的再审事由成立的,应当裁定再审。各方再审申请人主张的再审事由均不成立的,一并裁定驳回再审申请。

审查再审申请期间,再审申请人申请法院委托鉴定、勘验的,法院不予准许。再审申请人撤回再审申请的,是否准许,由人民法院裁定。再审申请人经传票传唤,无正当理由拒不接受询问的,按撤回再审申请处理。法院准许撤回再审申请或者按撤回再审申请处理后,再审申请人再次申请再审的,不予立案,但有以下四种情形,自知道或者应当知道之日起6个月内提出的除外:(1) 有新的证据,足以推翻原判决、裁定的;(2) 原判决、裁定认定事实的主要证据不足、未经质证或者系伪造的;(3) 据以作出原判决、裁定的法律文书被撤销或者变更的;(4) 审判人员在审理该案件时有贪污受贿、徇私舞弊、枉法裁判行为的。

当事人主张的再审事由成立,且符合法定的申请再审条件的,法院应当裁定再审。当事人主张的再审事由不成立,或者当事人申请再审超过法定申请再审期限、超出法定再审事由范围等不符合法定的申请再审条件的,法院应当裁定驳回再审申请。

(三) 检察院启动再审程序

最高人民检察院对各级法院已经发生法律效力的判决、裁定,上级检察院对下级法院已经发生法律效力的判决、裁定,发现符合再审事由,或者发现调解书损害国家利益、社会公共利益的,应当提出抗诉。地方各级检察院对同级法院已经发生法律效力的判决、裁定,发现符合再审事由,或者发现调解书损害国家利益、社会公共利益的,可以向同级法院提出检察建议,并报上级检察院备案;也可以提请上级检察院向同级法院提出抗诉。各级检察院对审判监督程序以外的其他审判程序中审判人员的违法行为,有权向同级法院提出检察建议。

有下列情形之一的,当事人可以向检察院申请抗诉或者检察建议:(1) 法院驳回再审申请的;(2) 法院逾期未对再审申请作出裁定的;(3) 再审判决、裁定有明显错误的。法院基于抗诉或者检察建议作出再审判决、裁定后,当事人申请再审的,法院不予立案。

(四) 再审审理程序

按照审判监督程序决定再审的案件,裁定中止原判决、裁定、调解书的执行,但支付抚恤金、最低生活保障费或者社会保险待遇的案件,可以不中止执行。上级法院决定提审或者指令下级法院再审的,应当作出裁定,裁定应当写明中止原判决的执行;情况紧急的,可以将中止执行的裁定口头通知负责执行的法院或者作出生效判决、裁定的法院,但应当在口头通知后10日内发出裁定书。

法院按照审判监督程序再审的案件,发生法律效力的判决、裁定是由第一审法院作出的,按照第一审程序审理,所作的判决、裁定,当事人可以上诉;发生法律效力的判决、裁定是由第二审法院作出的,按照第二审程序审理,所作的判决、裁定,是发生法律效力的判决、裁定;上级法院按照审判监督程序提审的,按照第二审程序审理,所作的判决、裁定是发生法律效力的判决、裁定。法院审理再审案件,应当另行组成合议庭。

法院审理再审案件应当围绕再审请求和被诉行政行为合法性进行。当事人的再审请求超出原审诉讼请求,符合另案诉讼条件的,告知当事人可以另行起诉。被申请人及原审其他当事人在庭审辩论结束前提出的再审请求,符合法定的申请期限的,法院应当一并审理。法院经再审,发现已经发生法律效力的判决、裁定损害国家利益、社会公共利益、他人合法权益的,应当一并审理。

再审审理期间,有下列情形之一的,裁定终结再审程序:(1) 再审申请人在再审期间撤回再审请求,人民法院准许的;(2) 再审申请人经传票传唤,无正当理由拒不到庭的,或者未经法庭许可中途退庭,按撤回再审请求处理的;(3) 人民检察院撤回抗诉的;(4) 其他应当终结再审程序的情形。因检察院提出抗诉裁定再审的案件,申请抗诉的当事人有以上规定的情形,且不损害国家利益、社会公共利益或者他人合法权益的,法院裁定终结再审程序。再审程序终结后,法院裁定中止执行的原生效判决自动恢复执行。

法院审理再审案件,认为原生效判决、裁定确有错误,在撤销原生效判决或者裁定的同时,可以对生效判决、裁定的内容作出相应裁判,也可以裁定撤销生效判决或者裁定,发回作出生效判决、裁定的人民法院重新审理。

法院审理二审案件和再审案件,对原审法院立案、不予立案或者驳回起诉错误的,应当分别情况作如下处理:(1) 一审法院作出实体判决后,二审法院认为不应当立案的,在撤销一审判决的同时,可以迳行驳回起诉;(2) 二审法院维持一审法院不予立案裁定错误的,再审法院应当撤销一审、二审裁定,指令一审法院受理;(3) 二审法院维持一审法院驳回起诉裁定错误的,再审法院应当撤销一审、二审裁定,指令一审法院审理。

检察院提出抗诉的案件,接受抗诉的法院应当自收到抗诉书之日起 30 日内作出再审的裁定;有以下情形之一的,可以指令下一级法院再审,但经该下一级法院再审过的除外:(1) 有新的证据,足以推翻原判决、裁定的;(2) 原判决、裁定认定事实的主要证据不足、未经质证或者系伪造的。法院在审查抗诉材料期间,当事人之间已经达成和解协议的,人民法院可以建议人民检察院撤回抗诉。

检察院提出抗诉的案件,法院再审开庭时,应当在开庭 3 日前通知检察院派员出庭。法院收到再审检察建议后,应当组成合议庭,在 3 个月内进行审查,发现原判决、裁定、调解书确有错误,需要再审的,依法裁定再审,并通知当事人;经审查,决定不予再审的,应当书面回复检察院。法院审理因检察院抗诉或者检察建议裁定再审的案件,不受此前已经作出的驳回当事人再审申请裁定的限制。

第七节　行政诉讼的特殊制度与规则

一、 行政诉讼证据

(一) 行政诉讼证据的概念和种类

1. 行政诉讼证据的概念。行政诉讼证据,是指在行政诉讼过程中,一切用来证明案件事实情况的材料。行政诉讼证据主要是证明被诉具体行政行为是否合法,由被告对具体行政行为的合法性承担举证责任,而原告只在特定情况下对特定情况承担举证责任。

2. 行政诉讼证据种类。行政诉讼证据包括书证、物证、视听资料、电子数据、证人证言、当事人的陈述、鉴定意见、勘验笔录、现场笔录。现场笔录是行政诉讼特有的证据形式,是指行政机关及其工作人员在实施具体行政行为时,对某些事项当场所作的书面记录。现场笔录应有执行职务人、当事人、见证人等有关人员的签名或盖章。

(二) 举证责任的概念、分配和举证期限

1. 举证责任的概念

举证责任是法律假定的一种后果,指承担举证责任的当事人应当举出证据证明自己的主张是成立的,否则将承担举证不能的不利后果。

2. 举证责任的分配

(1) 被告证明具体行政行为"合法",应当提供作出该具体行政行为的证据和所依据的规范性文件。经过复议的案件,复议机关维持原行为机关行为的,原行为机关和复议机关对原行政行为合法性共同承担举证责任,可以由其中一个机关实施举证行为。复议机关对复议程序的合法性承担举证责任。原告可以提供证明被诉具体行政行为违法的证据。原告提供的证据不成立的,不免除被告对被诉具体行政行为合法性的举证责任。这可以视为原告举证的权利。

(2) 原告证明具体行政行为"存在"。① 起诉时,应当提供其符合起诉条件的相应的证据材料。② 在起诉被告在依申请行为中的不作为案件中,原告应当提供其在行政程序中提出申请的证据。但是,因原告因正当理由不能提供证据

的，以及被告受理申请的登记制度不完备等正当事由不能提供相关证据并能够作出合理说明的除外。③ 在行政赔偿、补偿的案件中，原告应当对行政行为造成的损害提供证据。因被告的原因导致原告无法就损害情况举证的，应当由被告就该损害情况承担举证责任。对于各方主张损失的价值无法认定的，应当由负有举证责任的一方当事人申请鉴定，但法律、法规、规章规定行政机关在作出行政行为时依法应当评估或者鉴定的除外；负有举证责任的当事人拒绝申请鉴定的，由其承担不利的法律后果。当事人的损失因客观原因无法鉴定的，法院应当结合当事人的主张和在案证据，遵循法官职业道德，运用逻辑推理和生活经验、生活常识等，酌情确定赔偿数额。

如表 9-9 所示：

表 9-9

	被告	原告（第三人）
举证责任	具体行政行为合法 +认为原告超过起诉期限	具体行政行为存在 ① 起诉时，应当提供其符合起诉条件的相应的证据材料（初步证明责任） ② 依申请行为的不作为案件，提出申请的证据。但原告有正当理由的或被告登记制度不完备的除外 ③ 行政赔偿、补偿案件，造成损害的事实

3. 举证期限

（1）被告的举证期限。被告应当在收到起诉状副本之日起 15 日内，提供作出被诉具体行政行为的证据和所依据的规范性文件。被告不提供或者无正当理由逾期提供证据，视为没有相应证据。但是，被诉行政行为涉及第三人合法权益，第三人提供证据的除外。被告因不可抗力或者客观上不能控制的其他正当事由，不能如期提供证据的，应当在收到起诉状副本之日起 15 日内向法院提出延期提供证据的书面申请。法院准许延期提供的，被告应当在正当事由消除后 15 日内提供证据。

（2）原告的举证期限。原告或者第三人应当在开庭审理前或者法院指定的交换证据之日提供证据。因正当事由申请延期提供证据的，经法院准许，可以在法庭调查中提供。逾期提供证据的，视为放弃举证权利。逾期提供证据的，法院应当责令其说明理由；拒不说明理由或者理由不成立的，视为放弃举证权利。原告或者第三人在第一审程序中无正当事由未提供而在第二审程序中提供的证据，法院不予接纳。

当事人申请延长举证期限，应当在举证期限届满前向法院提出书面申请。申请理由成立的，法院应当准许，适当延长举证期限，并通知其他当事人。申请理由不成立的，法院不予准许，并通知申请人。

如表 9-10 所示：

表 9-10

	被告	原告(第三人)
举证期限	① 收到起诉状副本 15 日内提交证据	① 开庭前/法院指定的交换证据之日
	② 正当事由→15 日内申请延期，该事由消除后 15 日内提交	② 正当事由→申请延期，在法庭调查中提交

例：(2004/2/42/单选)田某对某市房管局向李某核发房屋所有权证的行为不服，以自己是房屋所有权人为由请求法院判决撤销某市房管局的发证行为。田某向法院提交了房屋所有权证，李某向法院提交了该房屋买卖合同，某市房管局向法院提交了李某的房屋产权登记申请、契税完税证等证据。下列哪一说法是正确的？

A. 房屋所有权证、房屋买卖合同、房屋产权登记申请、契税完税证均系书证

B. 李某可以在一审庭审结束前向法院提交房屋买卖合同

C. 田某向法院提交其房屋所有权证是承担举证责任的表现

D. 法院在收到被告提交的证据后应当出具收据，加盖法院印章和经办人员印章

[解析]A 项正确。书证是指以文字、符号、图形所记载或表示的内容、含义来证明案件事实的证据。

B 项错误。《行诉证据规定》第 7 条规定："原告或者第三人应当在开庭审理前或者人民法院指定的交换证据之日提供证据。因正当事由申请延期提供证据的，经人民法院准许，可以在法庭调查中提供。逾期提供证据的，视为放弃举证权利。"本案中，李某是第三人，应当在开庭审理前或者法院指定的交换证据之日提交证据。

C 项错误。《行诉证据规定》第 6 条规定："原告可以提供证明被诉具体行政行为违法的证据。原告提供的证据不成立的，不免除被告对被诉具体行政行为合法性的举证责任。"本案中，原告田某向法院提交房屋所有权证，目的是为了证明房管局的行政行为违法，属于举证权利。

D 项错误。《行诉证据规定》第 20 条规定："人民法院收到当事人提交的证据材料，应当出具收据，注明证据的名称、份数、页数、件数、种类等以及收到的时

间,由经办人员签名或者盖章。"

提示:C项,不要混淆举证责任和举证权利。《行政诉讼法》规定了举证责任(防御),被告证明具体行政行为"合法",原告证明具体行政行为"存在"。与此相对应的是举证权利(进攻),被告可以证明具体行政行为"不存在",原告可以证明具体行政行为"不合法"。本案中,田某举证的目的在于进攻,应为举证权利。

(三)提供证据的要求

1. 书证的要求。(1) 提供书证的原件,原本、正本和副本均属于书证的原件。提供原件确有困难的,可以提供与原件核对无误的复印件、照片、节录本;(2) 提供由有关部门保管的书证原件的复制件、影印件或者抄录件的,应当注明出处,经该部门核对无异后加盖其印章;(3) 提供报表、图纸、会计账册、专业技术资料、科技文献等书证的,应当附有说明材料;(4) 被告提供的被诉具体行政行为所依据的询问、陈述、谈话类笔录,应当有行政执法人员、被询问人、陈述人、谈话人签名或者盖章。法律、法规、司法解释和规章对书证的制作形式另有规定的,从其规定。

2. 物证的要求。(1) 提供原物。提供原物确有困难的,可以提供与原物核对无误的复制件或者证明该物证的照片、录像等其他证据;(2) 原物为数量较多的种类物的,提供其中的一部分。

3. 视听资料的要求。(1) 提供有关资料的原始载体。提供原始载体确有困难的,可以提供复制件。(2) 注明制作方法、制作时间、制作人和证明对象等。(3) 声音资料应当附有该声音内容的文字记录。

4. 证人证言的要求。(1) 写明证人的姓名、年龄、性别、职业、住址等基本情况;(2) 有证人的签名,不能签名的,应当以盖章等方式证明;(3) 注明出具日期;(4) 附有居民身份证复印件等证明证人身份的文件。

法院在证人出庭作证前应当告知其如实作证的义务以及作伪证的法律后果。证人因履行出庭作证义务而支出的交通、住宿、就餐等必要费用以及误工损失,由败诉一方当事人承担。

5. 鉴定意见的要求。被告向法院提供的在行政程序中采用的鉴定意见,应当载明委托人和委托鉴定的事项、向鉴定部门提交的相关材料、鉴定的依据和使用的科学技术手段、鉴定部门和鉴定人鉴定资格的说明,并应有鉴定人的签名和鉴定部门的盖章。通过分析获得的鉴定意见,应当说明分析过程。

例:(2003/2/72/多选)公安局以徐某经营的录像厅涉嫌播放淫秽录像为由,将录像带、一台VCD机和一台彩色电视机扣押,对徐某作出罚款500元的决定。徐某不服提起行政诉讼后，公安局向法院提交了有关录像带的鉴定意见。下列说法哪些是正确的？

A. 该鉴定意见中应当载明鉴定所使用的科学技术手段

B. 徐某认为鉴定意见有误口头申请重新鉴定，人民法院应予准许

C. 徐某要求鉴定人出庭接受询问，除有正当事由外鉴定人应当出庭

D. 徐某证明鉴定意见内容不完整，人民法院应不予采纳

[解析]A 项正确。《行诉证据规定》第 14 条规定："……被告向人民法院提供的在行政程序中采用的鉴定结论，应当载明委托人和委托鉴定的事项、向鉴定部门提交的相关材料、鉴定的依据和使用的科学技术手段、鉴定部门和鉴定人鉴定资格的说明，并应有鉴定人的签名和鉴定部门的盖章。通过分析获得的鉴定结论，应当说明分析过程。"

B 项错误。《行诉证据规定》第 29 条规定："原告或者第三人有证据或者有正当理由表明被告据以认定案件事实的鉴定结论可能有错误，在举证期限内书面申请重新鉴定的，人民法院应予准许。"

C 项正确。《行诉证据规定》第 47 条第 1 款规定："当事人要求鉴定人出庭接受询问的，鉴定人应当出庭。鉴定人因正当事由不能出庭的，经法庭准许，可以不出庭，由当事人对其书面鉴定结论进行质证。"

D 项正确。《行诉证据规定》第 62 条规定："对被告在行政程序中采纳的鉴定结论，原告或者第三人提出证据证明有下列情形之一的，人民法院不予采纳：(一) 鉴定人不具备鉴定资格；(二) 鉴定程序严重违法；(三) 鉴定意见错误、不明确或者内容不完整。"

6. 现场笔录的要求。被告向人民法院提供的现场笔录，应当载明时间、地点和事件等内容，并由执法人员和当事人签名。当事人拒绝签名或者不能签名的，应当注明原因。有其他人在现场的，可由其他人签名。法律、法规和规章对现场笔录的制作形式另有规定的，从其规定。

例：(2003/2/98/不定选) 食品药品监督管理局对王某经营的餐馆进行卫生检查，发现厨师在操作间未戴帽子，备用餐具有油腻及小飞虫，当场制作了检查笔录。两天后对王某处以 200 元罚款。王某不服向法院起诉，食品药品监督管理局向法院提供了检查笔录。下列何种说法是正确的？

A. 检查笔录应至少有 2 名执法人员的签名

B. 检查笔录应加盖食品药品监督管理局的公章

C. 检查笔录必须有当事人的签名

D. 法院对检查笔录进行审查时，制作笔录的执法人员必须出庭

[解析]A 项正确。《行政处罚法》第 37 条第 1 款规定："行政机关在调查或

者进行检查时，执法人员不得少于两人，并应当向当事人或者有关人员出示证件。当事人或者有关人员应当如实回答询问，并协助调查或者检查，不得阻挠。询问或者检查应当制作笔录。”所以，检查笔录应有 2 名以上执法人员签名。

B 项、C 项错误。《行诉证据规定》第 15 条规定：“……被告向人民法院提供的现场笔录，应当载明时间、地点和事件等内容，并由执法人员和当事人签名。当事人拒绝签名或者不能签名的，应当注明原因。有其他人在现场的，可由其他人签名。法律、法规和规章对现场笔录的制作形式另有规定的，从其规定。”本题中，检查笔录是现场笔录中最常见的一种，没有对行政机关加盖公章的要求（B 错），当事人也可以拒绝签名（C 错）。

D 项错误。《行诉证据规定》第 44 条规定：“有下列情形之一，原告或者第三人可以要求相关行政执法人员作为证人出庭作证：（一）对现场笔录的合法性或者真实性有异议的；（二）对扣押财产的品种或者数量有异议的；（三）对检验的物品取样或者保管有异议的；（四）对行政执法人员的身份的合法性有异议的；（五）需要出庭作证的其他情形。”可见，行政执法人员作为证人出庭只是“可能”，而不是“必须”。

7. 提供域外证据、外语证据、涉密证据的要求。（1）域外证据。当事人向法院提供的在中华人民共和国领域外形成的证据，应当说明来源，经所在国公证机关证明，并经中华人民共和国驻该国使领馆认证，或者履行中华人民共和国与证据所在国订立的有关条约中规定的证明手续。当事人提供的在中华人民共和国香港特别行政区、澳门特别行政区和台湾地区内形成的证据，应当具有按照有关规定办理的证明手续。（2）外语证据。当事人向法院提供外文书证或者外国语视听资料的，应当附有由具有翻译资质的机构翻译的或者其他翻译准确的中文译本，由翻译机构盖章或者翻译人员签名。（3）涉密证据。证据涉及国家秘密、商业秘密或者个人隐私的，提供人应当作出明确标注，并向法庭说明，法庭予以审查确认。

8. 提交与接受证据以及庭前证据交换程序。（1）当事人应当对其提交的证据材料分类编号，对证据材料的来源、证明对象和内容作简要说明，签名或者盖章，注明提交日期。法院收到当事人提交的证据材料，应当出具收据，注明证据的名称、份数、页数、件数、种类等以及收到的时间，由经办人员签名或者盖章。（2）对于案情比较复杂或者证据数量较多的案件，法院可以组织当事人在开庭前向对方出示或者交换证据，并将交换证据清单的情况记录在卷。当事人在庭前证据交换过程中没有争议并记录在卷的证据，经审判人员在庭审中说明后，可以作为认定案件事实的依据。

（四）重新鉴定和勘验

1. 重新鉴定。原告或者第三人有证据或者有正当理由表明被告据以认定案件事实的鉴定意见可能有错误，在举证期限内书面申请重新鉴定的，法院应予准许。当事人对法院委托的鉴定部门作出的鉴定意见有异议申请重新鉴定，提出证据证明存在下列情形之一的，法院应予准许：（1）鉴定部门或者鉴定人不具有相应的鉴定资格的；（2）鉴定程序严重违法的；（3）鉴定意见明显依据不足的；（4）经过质证不能作为证据使用的其他情形。对有缺陷的鉴定意见，可以通过补充鉴定、重新质证或者补充质证等方式解决。

例：（2009/2/87/多选）许某与汤某系夫妻，婚后许某精神失常。二人提出离婚，某县民政局准予离婚。许某之兄认为许某为无民事行为能力人，县民政局准予离婚行为违法，遂提起行政诉讼。县民政局向法院提交了县医院对许某作出的间歇性精神病的鉴定意见。许某之兄申请法院重新进行鉴定。下列哪些选项是正确的？

A. 原告需对县民政局准予离婚行为违法承担举证责任

B. 鉴定意见应有鉴定人的签名和鉴定部门的盖章

C. 当事人申请法院重新鉴定可以口头提出

D. 当事人申请法院重新鉴定应当在举证期限内提出

[解析]A 项错误。《行政诉讼法》第 37 条规定："原告可以提供证明行政行为违法的证据。原告提供的证据不成立的，不免除被告的举证责任。"可见，原告可以提供证明行政行为违法的证据，这是原告的举证权利。

B 项正确。《行诉证据规定》第 14 条规定："……被告向人民法院提供的在行政程序中采用的鉴定结论，应当载明委托人和委托鉴定的事项、向鉴定部门提交的相关材料、鉴定的依据和使用的科学技术手段、鉴定部门和鉴定人鉴定资格的说明，并应有鉴定人的签名和鉴定部门的盖章。……"

C 项错误，D 项正确。《行诉证据规定》第 29 条规定："原告或者第三人有证据或者有正当理由表明被告据以认定案件事实的鉴定结论可能有错误，在举证期限内书面申请重新鉴定的，人民法院应予准许。"因此，原告申请重新鉴定需采用书面形式，并且在举证期限内提出。

2. 勘验。法院可以依当事人申请或者依职权勘验现场。勘验现场时，勘验人必须出示法院的证件，并邀请当地基层组织或者当事人所在单位派人参加。当事人或其成年亲属应当到场，拒不到场的，不影响勘验的进行，但应当在勘验笔录中说明情况。审判人员应当制作勘验笔录，记载勘验的有关信息，由勘验人、当事人、在场人签名。勘验现场时绘制的现场图，应当注明有关内容。当事人对勘验结论有异议的，可以在举证期限内申请重新勘验，是否准许由法院决定。

（五）调取和保全证据

1. 调取证据。（1）依职权调取证据。仅限于两种情形：第一，相关事实认定涉及国家利益、公共利益或者他人合法权益；第二，涉及依职权追加当事人、中止诉讼、终结诉讼、回避等程序性事项。（2）依申请调取证据。对下列证据材料，如果原告或者第三人不能自行收集，在能够提供确切线索时，可以申请法院调取：第一，由国家有关部门保存而须由法院调取的证据材料；第二，涉及国家秘密、商业秘密、个人隐私的证据材料；第三，确因客观原因不能自行收集的其他证据材料。

当事人申请调查收集证据，但该证据与待证事实无关联、对证明待证事实无意义或者其他无调查收集必要的，法院不予准许。法院不得为证明被诉具体行政行为的合法性，调取被告在作出具体行政行为时未收集的证据。

原告或者第三人确有证据证明被告持有的证据对原告或者第三人有利的，可以在开庭审理前书面申请法院责令行政机关提交。申请理由成立的，法院应当责令行政机关提交，因提交证据所产生的费用，由申请人预付。行政机关无正当理由拒不提交的，法院可以推定原告或者第三人基于该证据主张的事实成立。持有证据的当事人以妨碍对方当事人使用为目的，毁灭有关证据或者实施其他致使证据不能使用行为的，法院可以推定对方当事人基于该证据主张的事实成立。

如表 9-11 所示：

表 9-11

调取证据	依职权	① 相关事实认定涉及国家利益、公共利益或者他人合法权益 ② 涉及依职权追加当事人、中止诉讼、终结诉讼、回避等程序性事项
	依申请	原告或第三人不能自行收集、但能提供确切线索的证据材料： ① 由国家有关部门保存而须由法院调取的 ② 涉及国家秘密、商业秘密、个人隐私的 ③ 确因客观原因不能自行收集的

例：（2004/2/46/单选）依据行政诉讼的有关规定，下列哪一证据材料在原告不能自行收集，但能够提供确切线索时，可以申请人民法院调取？

A. 涉及公共利益的证据材料　　　B. 涉及个人隐私的证据材料

C. 涉及中止诉讼事项的证据材料　　D. 涉及回避事项的证据材料

[解析]B 项正确。《行政诉讼法》第 41 条规定:“与本案有关的下列证据,原告或者第三人不能自行收集的,可以申请人民法院调取:(一) 由国家机关保存而须由人民法院调取的证据;(二) 涉及国家秘密、商业秘密和个人隐私的证据;(三) 确因客观原因不能自行收集的其他证据。”

2. 保全证据。当事人向法院申请保全证据的,应当在举证期限届满前以书面形式提出,并说明证据的名称和地点、保全的内容和范围、申请保全的理由等事项。法院可以要求其提供相应的担保。法院可以根据具体情况,采取查封、扣押、拍照、录音、录像、复制、鉴定、勘验、制作询问笔录等保全措施。法院保全证据时,可以要求当事人或者其诉讼代理人到场。

例:(2007/2/45/单选)关于行政诉讼中的证据保全申请,下列哪一选项是正确的?

A. 应当在第一次开庭前以书面形式提出

B. 应当在举证期限届满前以书面形式提出

C. 应当在举证期限届满前以口头形式提出

D. 应当在第一次开庭前以口头形式提出

[解析]B 项正确。《行诉证据规定》第 27 条第 1 款规定:“当事人……向人民法院申请保全证据的,应当在举证期限届满前以书面形式提出,并说明证据的名称和地点、保全的内容和范围、申请保全的理由等事项。”

(六) 证据的对质辨认和核实

在法官的主持下,当事人就有关证据进行对质和辨认,围绕证据的真实性、关联性和合法性及证据的证明力和证明力大小进行辩论。

1. 质证原则。证据应当在法庭上出示,并经庭审质证。未经庭审质证的证据,不能作为定案的依据。但是,当事人在庭前证据交换过程中没有争议并记录在卷的证据,经审判人员在庭审中说明后,可以作为认定案件事实的依据。

2. 缺席证据。经传票传唤,被告无正当理由拒不到庭而需要依法缺席判决的,被告提供的证据不能作为定案的依据,但当事人在庭前交换证据中没有争议的证据除外。

3. 涉密证据。涉及国家秘密、商业秘密和个人隐私或者法律规定的其他应当保密的证据,不得在开庭时公开质证。

4. 调取证据。当事人申请法院调取的证据,由申请调取证据的当事人在庭审中出示,并由当事人质证。但是,法院依职权调取的证据,由法庭出示,并可就调取该证据的情况进行说明,听取当事人意见。

5. 特殊证人。(1) 行政执法人员。有下列情形之一,原告或者第三人要求相关行政执法人员出庭说明的,法院可以准许:对现场笔录的合法性或者真实性有异议的;对扣押财产的品种或者数量有异议的;对检验的物品取样或者保管有异议的;对行政执法人员身份的合法性有异议的;需要出庭说明的其他情形。(2) 鉴定人。当事人要求鉴定人出庭接受询问的,鉴定人应当出庭。鉴定人因正当事由不能出庭的,经法庭准许,可以不出庭,由当事人对其书面鉴定意见进行质证。(3) 专业人员。对被诉具体行政行为涉及的专门性问题,当事人可以向法庭申请由专业人员出庭进行说明,法庭也可以通知专业人员出庭说明。必要时,法庭可以组织专业人员进行对质。

6. 新的证据。(1) 在二审程序中,对当事人依法提供的新的证据,法庭应当进行质证;当事人对一审认定的证据仍有争议的,法庭也应当进行质证。(2) 按照审判监督程序审理的案件,对当事人依法提供的新的证据,法庭应当进行质证;因原判决、裁定认定事实的证据不足而提起再审所涉及的主要证据,法庭也应当进行质证。(3)"新的证据"包括三种:在一审程序中应当准予延期提供而未获准许的证据;当事人在一审程序中依法申请调取而未获准许或者未取得,法院在二审程序中调取的证据;原告或者第三人提供的在举证期限届满后发现的证据。

如表 9-12 所示:

表 9-12

质证原则	未经质证的证据不能作为定案依据 但当事人在庭前证据交换过程中没有争议并记录在卷的证据除外
缺席证据	被告无正当理由拒不到庭而缺席判决的,被告提供的证据不能作为定案依据 但当事人在庭前证据交换过程中没有争议的证据除外
涉密证据	涉及国家秘密、商业秘密、个人隐私的证据,不得在开庭时公开质证
调取证据	依申请调取的证据由申请人在庭审中出示,并由当事人质证 依职权调取的证据由法庭出示并进行说明,听取当事人意见,但无须质证
二审质证	对当事人依法提供的新证据或对一审认定的证据仍有争议的
再审质证	对当事人依法提供的新证据或因证据不足而再审的案件的主要证据

例:(2004/2/47/单选)关于行政诉讼证据,下列哪一说法是正确的?

A. 人民法院依职权调取的证据,应当在法庭出示,由当事人质证

B. 涉及商业秘密的证据,可以不公开质证

C. 第二审程序中，所有第一审认定的证据无须再质证

D. 生效的人民法院判决书认定的事实无须质证，可以作为定案的证据

[解析]A 项错误。《行诉证据规定》第 38 条规定："当事人申请人民法院调取的证据，由申请调取证据的当事人在庭审中出示，并由当事人质证。人民法院依职权调取的证据，由法庭出示，并可就调取该证据的情况进行说明，听取当事人意见。"可见，法院依职权调取证据，不需要当事人质证。

B 项错误。《行诉证据规定》第 37 条规定："涉及国家秘密、商业秘密和个人隐私或者法律规定的其他应当保密的证据，不得在开庭时公开质证。"可见，涉及商业秘密的证据，应当不公开质证。

C 项错误。《行诉证据规定》第 50 条规定："在第二审程序中，对当事人依法提供的新的证据，法庭应当进行质证；当事人对第一审认定的证据仍有争议的，法庭也应当进行质证。"可见，一审认定的证据仍有争议的，应当进行质证。

D 项正确。《行诉证据规定》第 70 条规定："生效的人民法院裁判文书或者仲裁机构裁决文书确认的事实，可以作为定案依据。但是如果发现裁判文书或者裁决文书认定的事实有重大问题的，应当中止诉讼，通过法定程序予以纠正后恢复诉讼。"本项中，人民法院判决书属于公文书证，其认定的事实无须质证。

提示：① A 项、B 项，涉及命题技术中的张冠李戴，A 项混淆了"依职权"和"依申请"，B 项混淆了"可以"和"应当"。② C 项，"所有的"表述过于绝对化。

（七）证据的审核认定

1. 证据审核认定的概念和内容。证据的审核认定，是指法官在听取当事人对证据的说明、对质和辨认后，对证据作出的采信与否的认定。法院应当根据案件的具体情况，审查证据的关联性、真实性、合法性。法院应当按照法定程序，全面、客观地审查核实证据。对未采纳的证据应当在裁判文书中说明理由。以非法手段取得的证据，不得作为认定案件事实的根据。

例：(2010/2/49/单选)关于在行政诉讼中法庭对证据的审查，下列哪一说法是正确的？

A. 从证据形成的原因方面审查证据的合法性

B. 从证人与当事人是否具有利害关系方面审查证据的关联性

C. 从发现证据时的客观环境审查证据的真实性

D. 从复制件与原件是否相符审查证据的合法性

[解析]C 项正确。《行诉证据规定》第 56 条规定："法庭应当根据案件的具体情况，从以下方面审查证据的真实性：(一) 证据形成的原因；(二) 发现证据时的客观环境；(三) 证据是否为原件、原物，复制件、复制品与原件、原物是否相

符;(四)提供证据的人或者证人与当事人是否具有利害关系;(五)影响证据真实性的其他因素。”本题中,四个选项都应为审查证据的真实性。

2. 不具备合法性和真实性的证据。(1)严重违反法定程序收集的证据材料。(2)以偷拍、偷录、窃听等手段获取侵害他人合法权益的证据材料。(3)以利诱、欺诈、胁迫、暴力等不正当手段获取的证据材料。(4)当事人无正当事由超出举证期限提供的证据材料。(5)在中华人民共和国领域以外或者在中华人民共和国香港特别行政区、澳门特别行政区和台湾地区形成的未办理法定证明手续的证据材料。(6)当事人无正当理由拒不提供原件、原物,又无其他证据印证,且对方当事人不予认可的证据的复制件或者复制品。(7)被当事人或者他人进行技术处理而无法辨明真伪的证据材料。(8)不能正确表达意志的证人提供的证言。(9)不具备合法性和真实性的其他证据材料。此外,还有两种不合法的证据:(1)以违反法律禁止性规定或者侵犯他人合法权益的方法取得的证据,不能作为认定案件事实的依据。(2)被告有证据证明其在行政程序中依照法定程序要求原告或者第三人提供证据,原告或者第三人依法应当提供而没有提供,在诉讼程序中提供的证据,人民法院一般不予采纳。

3. 不利被告证据。以下证据,不能作为认定被诉具体行政行为合法的依据。(1)被告及其诉讼代理人在作出具体行政行为后或者在诉讼程序中自行收集的证据。(2)被告在行政程序中非法剥夺公民、法人或者其他组织依法享有的陈述、申辩或者听证权利所采用的证据。(3)原告或者第三人在诉讼程序中提供的、被告在行政程序中未作为具体行政行为依据的证据。(4)作出原具体行政行为的行政机关在复议程序中未向复议机关提交的证据。

例:(2007/2/42/单选)李某和钱某参加省教委组织的“省中小学教师自学考试”。后省教委以“通报”形式,对李某、钱某等4名作弊考生进行了处理,并通知当次考试各科成绩作废,三年之内不准报考。李某、钱某等均得知该通报内容。李某向省政府递交了行政复议申请书,省政府未予答复。李某诉至法院。下列哪一选项是错误的?

A. 法院应当受理李某对通报不服提起的诉讼

B. 李某对省教委提起诉讼后,法院可以通知钱某作为第三人参加诉讼

C. 法院应当受理李某对省政府不予答复行为提起的诉讼

D. 钱某在诉讼程序中提供的、被告在行政程序中未作为处理依据的证据可以作为认定被诉处理决定合法的依据

[解析]A项、C项正确,不选。《行政诉讼法》第2条第1款规定:“公民、法人或者其他组织认为行政机关和行政机关工作人员的行政行为侵犯其合法权益,有权依照本法向人民法院提起诉讼。”本题中,省教委的通报、省政府的不作

为都侵犯了李某的合法权益，都属于行政诉讼受案范围，法院应当受理。

B项正确，不选。《行诉解释》第30条第1款规定："行政机关的同一行政行为涉及两个以上利害关系人，其中一部分利害关系人对行政行为不服提起诉讼，人民法院应当通知没有起诉的其他利害关系人作为第三人参加诉讼。"本项中，法院"应当"通知钱某作为第三人参加诉讼。

D项错误，应选。根据《行诉证据规定》第60条第3项规定："下列证据不能作为认定被诉具体行政行为合法的依据：(一) 被告及其诉讼代理人在作出具体行政行为后或者在诉讼程序中自行收集的证据；(二) 被告在行政程序中非法剥夺公民、法人或者其他组织依法享有的陈述、申辩或者听证权利所采用的证据；(三) 原告或者第三人在诉讼程序中提供的、被告在行政程序中未作为具体行政行为依据的证据。"

4. 鉴定意见的排除。对被告在行政程序中采纳的鉴定意见，原告或者第三人提出证据证明有下列情形之一的，人民法院不予采纳：(1) 鉴定人不具备鉴定资格；(2) 鉴定程序严重违法；(3) 鉴定意见错误、不明确或者内容不完整。

例：(2006/2/85/多选) 甲、乙公司签订了甲公司向乙公司购买5辆"三星"牌汽车的合同。乙公司按约定将汽车运至甲公司所在地火车站。某市工商局接举报扣押了汽车，并最终认定乙公司提供的五辆"三星"牌汽车为国外某一品牌汽车，乙公司将其冒充国产车进行非法销售，遂决定没收该批汽车。乙公司在提起行政诉讼后，向法院提供了该批汽车的技术参数，某市工商局则提供了某省商检局对其中一辆车的鉴定意见。下列哪些说法是正确的？

A. 乙公司在提供图片及技术参数时，应附有说明材料

B. 若乙公司提供证据证明某省商检局的鉴定意见内容不完整，法院应不采纳该鉴定意见

C. 某省商检局的鉴定意见为某市工商局处罚乙公司的证据，是法院采纳此鉴定意见的条件之一

D. 对某市工商局的没收决定，甲公司具有原告资格

[解析] A项正确。《行诉证据规定》第10条第1款第3项规定，"提供报表、图纸、会计账册、专业技术资料、科技文献等书证的，应当附有说明材料。"

B项正确。《行诉证据规定》第62条规定："对被告在行政程序中采纳的鉴定结论，原告或者第三人提出证据证明有下列情形之一的，人民法院不予采纳：(一) 鉴定人不具备鉴定资格；(二) 鉴定程序严重违法；(三) 鉴定结论错误、不明确或者内容不完整。"

C项正确。《行诉证据规定》第49条第1款规定："法庭在质证过程中，对与案件没有关联的证据材料，应予排除并说明理由。"可见，关联性是法院采纳

证据的条件之一。

D 项错误。《行政诉讼法》第 25 条第 1 款规定:“行政行为的相对人以及其他与行政行为有利害关系的公民、法人或者其他组织,有权提起诉讼。”可见,判断原告资格的标准是“与行政行为有利害关系”。本题中,市工商局没收乙公司汽车的行为,与甲公司没有直接的利害关系,所以甲公司不具有原告资格。

提示:D 项,“乙公司按约定将汽车运至甲公司所在地火车站”,并没有交付给甲公司,所以没有影响甲公司的合法权益。

5. 证据效力大小的判断。在对证据进行审核认定过程中,如果发现证明同一事实的数个证据,其证明效力一般可以按照以下情形分别认定:(1) 国家机关以及其他职能部门依职权制作的公文文书优于其他书证;(2) 鉴定结论、现场笔录、勘验笔录、档案材料以及经过公证或者登记的书证优于其他书证、视听资料和证人证言;(3) 原件、原物优于复制件、复制品;(4) 法定鉴定部门的鉴定结论优于其他鉴定部门的鉴定意见;(5) 法庭主持勘验所制作的勘验笔录优于其他部门主持勘验所制作的勘验笔录;(6) 原始证据优于传来证据;(7) 其他证人证言优于与当事人有亲属关系或者其他密切关系的证人提供的对该当事人有利的证言;(8) 出庭作证的证人证言优于未出庭作证的证人证言;(9) 数个种类不同、内容一致的证据优于一个孤立的证据。

例:(2003/2/100/不定选)在某法院受理的一起交通处罚案件中,被告提供了当事人闯红灯的现场笔录。该现场笔录载明了当事人闯红灯的时间、地点和拒绝签名的情况,但没有当事人的签名,也没有其他证人签名。原告主张当时不在现场,并有一朋友为其出庭作证。根据原被告双方提供的证据,法院应如何认定?

A. 法院可以认定原告闯红灯　　B. 法院可以认定原告没有闯红灯

C. 法院对原告是否闯红灯无法认定　　D. 法院需进一步调查后再作认定

[解析] A 项正确。《行诉证据规定》第 63 条规定:“证明同一事实的数个证据,其证明效力一般可以按照下列情形分别认定:……(二) 鉴定结论、现场笔录、勘验笔录、档案材料以及经过公证或者登记的书证优于其他书证、视听资料和证人证言;……”本题中,现场笔录虽然当事人拒签,但是证据有效。现场笔录的证明效力优于证人证言,所以法院可以认定原告闯红灯。

二、 行政诉讼的法律适用

(一) 行政诉讼法律适用的含义

行政诉讼的法律适用,是指法院按照法定程序将法律、法规、规章具体运用于各种行政案件,对被诉行政行为的合法性进行审查的活动。

（二）行政诉讼法律适用的规则

1. 依据法律、法规。法院审理行政案件,审查具体行政行为是否合法并进而对其作出裁判时,在有法律、法规具体规定情况下,法律、法规是法院直接适用的根据,法院无权拒绝适用。

2. 参照规章。“参照”则是指法院审理行政案件,对规章进行参酌和鉴定后,对符合法律、法规规定的规章予以适用,将规章作为审查具体行政行为合法性的根据;对不符合或不完全符合法律、法规原则精神的规章,法院有灵活处理的余地,可以不予适用。但是,参照的对象只能是一个规章,如果法院认为地方政府规章与部门规章不一致的,以及部门规章之间不一致的,应当层层上报最高人民法院,由最高人民法院送请国务院作出解释或者裁决。

3. 参考其他规范性文件。其他规范性文件,是指除了行政法规、规章以外的抽象行政行为。一般认为,其他规范性文件不属法的范畴,对法院没有强制约束力。当其他规范性文件有明确的法律、法规和规章依据,同时不违反法律、法规和规章的情况下,法院应对其他规范性文件予以参考。法院在审理行政案件中,经审查认为国务院部门和地方政府及其工作部门制定的规范性文件不合法的,不作为认定行政行为合法的依据,并向制定机关提出处理建议。

公民、法人或者其他组织在对行政行为提起诉讼时一并请求对所依据的规范性文件审查的,由行政行为案件管辖法院一并审查。法院在对规范性文件审查过程中,发现规范性文件可能不合法的,应当听取规范性文件制定机关的意见。制定机关申请出庭陈述意见的,法院应当准许。行政机关未陈述意见或者未提供相关证明材料的,不能阻止法院对规范性文件进行审查。

法院对规范性文件进行一并审查时,可以从规范性文件制定机关是否超越权限或者违反法定程序、作出行政行为所依据的条款以及相关条款等方面进行。有下列情形之一的,属于“规范性文件不合法”:(1) 超越制定机关的法定职权或者超越法律、法规、规章的授权范围的;(2) 与法律、法规、规章等上位法的规定相抵触的;(3) 没有法律、法规、规章依据,违法增加公民、法人和其他组织义务或者减损公民、法人和其他组织合法权益的;(4) 未履行法定批准程序、公开发布程序,严重违反制定程序的;(5) 其他违反法律、法规以及规章规定的情形。

法院经审查认为行政行为所依据的规范性文件合法的,应当作为认定行政行为合法的依据;经审查认为规范性文件不合法的,不作为法院认定行政行为合法的依据,并在裁判理由中予以阐明。作出生效裁判的法院应当向规范性文件的制定机关提出处理建议,并可以抄送制定机关的同级政府、上一级行政机关、监察机关以及规范性文件的备案机关。

规范性文件不合法的,法院可以在裁判生效之日起3个月内,向规范性文件制定机关提出修改或者废止该规范性文件的司法建议。规范性文件由多个部门联合制定的,人民法院可以向该规范性文件的主办机关或者共同上一级行政机关发送司法建议。接收司法建议的行政机关应当在收到司法建议之日起60日内予以书面答复。情况紧急的,人民法院可以建议制定机关或者其上一级行政机关立即停止执行该规范性文件。

法院认为规范性文件不合法的,应当在裁判生效后报送上一级人民法院进行备案。涉及国务院部门、省级行政机关制定的规范性文件,司法建议还应当分别层报最高人民法院、高级法院备案。

各级法院院长对本院已经发生法律效力的判决、裁定,发现规范性文件合法性认定错误,认为需要再审的,应当提交审判委员会讨论。最高法院对地方各级法院已经发生法律效力的判决、裁定,上级法院对下级法院已经发生法律效力的判决、裁定,发现规范性文件合法性认定错误的,有权提审或者指令下级法院再审。

4. 援引司法解释。法院审理行政案件,适用最高法院司法解释的,应当在裁判文书中援引。

如表9-13所示:

表9-13

依据	法律、法规(行政法规、地方性法规、自治条例单行条例)	无条件适用
参照	规章(部门规章、地方政府规章)	有条件适用,1个
参考	其他规范性文件	类似参照
援引	最高法院的司法解释	类似依据

5. 参照民事诉讼法。法院审理行政案件,关于期间、送达、财产保全、开庭审理、调解、中止诉讼、终结诉讼、简易程序、执行等,以及检察院对行政案件受理、审理、裁判、执行的监督,《行政诉讼法》没有规定的,适用《民事诉讼法》的相关规定。

期间包括法定期间和法院指定的期间。期间以时、日、月、年计算。期间开始的时和日,不计算在期间内。期间届满的最后一日是节假日的,以节假日后的第一日为期间届满的日期。期间不包括在途时间,诉讼文书在期满前交邮的,视为在期限内发送。

法院可以要求当事人签署送达地址确认书,当事人确认的送达地址为法院法律文书的送达地址。当事人同意电子送达的,应当提供并确认传真号、电子信箱等电子送达地址。当事人送达地址发生变更的,应当及时书面告知受理案件的法院;未及时告知的,法院按原地址送达,视为依法送达。法院可以通过国家邮政机构以法院专递方式进行送达。

法院可以在当事人住所地以外向当事人直接送达诉讼文书。当事人拒绝签署送达回证的,采用拍照、录像等方式记录送达过程即视为送达。审判人员、书记员应当在送达回证上注明送达情况并签名。

例:(2015/2/81/多选)法院审理行政案件,对下列哪些事项,《行政诉讼法》没有规定的,适用《民事诉讼法》的相关规定?

A. 受案范围、管辖

B. 期间、送达、财产保全

C. 开庭审理、调解、中止诉讼

D. 检察院对受理、审理、裁判、执行的监督

[解析]A 项错误。《行政诉讼法》第二章、第三章分别规定了“受案范围”和“管辖”。

B 项、C 项、D 项正确。《行政诉讼法》第 101 条规定:“人民法院审理行政案件,关于期间、送达、财产保全、开庭审理、调解、中止诉讼、终结诉讼、简易程序、执行等,以及人民检察院对行政案件受理、审理、裁判、执行的监督,本法没有规定的,适用《中华人民共和国民事诉讼法》的相关规定。”

(三)行政诉讼法律冲突的适用规则

1. 行政诉讼法律冲突的概念。行政诉讼法律规范冲突,是指法院在行政诉讼过程中,发现对同一法律事实或者法律关系,存在两个或者两个以上的法律规范,且对其作出了不同的规定的情形。

2. 行政诉讼法律冲突的适用规则。主要是《立法法》的规定。参见“行政行为”一章中有关行政规则冲突的部分。

(四)世界贸易组织(WTO)规则的适用问题

原则上,WTO 规则不能在我国行政诉讼中直接适用,其仅具有间接适用力。任何人不得直接援引 WTO 规则提起行政诉讼,法院在裁判文书中也不能直接援引 WTO 规则作为裁判依据,而必须按照经过转化的相关国内法受理和审判有关行政诉讼案件,即我国是在遵守 WTO 协定的前提下,通过修订现行国内法

和制定新法律的方式来实施WTO规则的。

但是,特殊情况下,WTO规则在行政诉讼中可以直接适用。在行政法规、部门规章或者其他中央政府措施在承诺的时限内不能到位时,主管机关可以直接援引WTO规则,WTO规则在行政诉讼中具有直接适用力。即WTO规则无法及时转化为国内法时,其在行政诉讼中可以直接适用。

三、 行政案件审理中的特殊制度

(一) 撤诉

1. 撤诉的概念。行政诉讼中的撤诉,是指原告或上诉人自立案至法院作出裁判前,向法院撤回自己的诉讼请求,不再要求法院对案件进行审理的行为。根据撤诉是否由当事人提出,可将撤诉分为两种:(1) 申请撤诉,指当事人主动向受诉法院提出撤诉申请,不再要求受诉法院对案件继续进行审理,是当事人对自己诉讼权利的积极处分。(2) 视为申请撤诉,指当事人拒绝履行法定诉讼义务的行为,视为其申请撤诉的情形,是当事人对自己诉讼权利的消极处分。

2. 申请撤诉的条件。(1) 撤诉申请人必须是原告(一审)和上诉人(二审)或经他们特别授权的代理人。(2) 申请撤诉必须基于当事人自己真实的意思表示,出于当事人自愿。在一审中,原告申请撤诉包括两种情形:一种情形是被诉具体行政行为没有任何变化,原告申请撤诉;另一种情形是被告改变被诉具体行政行为,原告同意并申请撤诉。(3) 撤诉必须符合法律规定,不得规避法律,也不能损害公共利益和他人利益。(4) 撤诉申请必须在法院宣判前作出。(5) 撤诉必须经法院准许。法院应当对撤诉申请进行审查,申请符合条件的,裁定准予撤诉,案件审理终结;申请不符合条件的,裁定驳回申请,案件继续审理。(6) 法庭辩论终结后原告申请撤诉,人民法院可以准许,但涉及国家利益和社会公共利益的除外。

3. 视为申请撤诉的条件。(1) 原告或上诉人经传票传唤,无正当理由拒不到庭,可以按撤诉处理。(2) 原告或上诉人未经法庭许可中途退庭,可以按撤诉处理。(3) 原告或上诉人未按规定的期限预交案件受理费,又不提出缓交、减交、免交申请,或者提出申请未获批准的,按自动撤诉处理。

4. 不准许撤诉或者不按撤诉处理。当事人申请撤诉或者依法可以按撤诉处理的案件,当事人有违反法律的行为需要依法处理的,法院可以不准许撤诉或者不按撤诉处理。

如表9-14所示:

表 9-14

申请撤诉	原告申请	法院审查
视为申请撤诉	经传票传唤,无正当理由拒不到庭	法院审查
	未经法庭许可中途退庭	法院审查
	未按规定预交案件受理费	法院不审查

5. 撤诉的法律后果。(1) 无论是原告申请撤诉,还是按撤诉处理,得到法院裁定准予撤诉,其直接的法律后果都是导致诉讼程序的终结。(2) 法院裁定准许原告撤诉后,原告以同一事实和理由重新起诉的,法院不予立案。但是,原告或者上诉人未按规定的期限预交案件受理费而按自动撤诉处理的,原告如果在法定期限内再次起诉或者上诉,并依法解决诉讼费预交问题的,法院应予受理。(3) 准予撤诉的裁定确有错误,原告申请再审的,法院应当通过审判监督程序撤销原准予撤诉的裁定,重新对案件进行审理。

例:(2005/2/41/单选)潘某不服某卫生局的行政处罚决定向法院提起诉讼。诉讼过程中,卫生局撤销了原处罚决定,潘某遂向法院申请撤诉,法院作出准予撤诉的裁定。一周后,卫生局又以同一事实和理由作出了与原处罚决定相同的决定。下列哪一种说法是正确的?

A. 潘某可以撤回撤诉申请,请求法院恢复诉讼,继续审理该案

B. 潘某可以对法院所作的准予撤诉裁定提出上诉

C. 潘某可以申请再审,请求法院撤销准予撤诉的裁定

D. 潘某可以对卫生局新的处罚决定提起诉讼

[解析]D 项正确。《行诉解释》第 90 条规定:“行政机关以同一事实和理由重新作出与原行政行为基本相同的行政行为,人民法院应当根据行政诉讼法第七十条、第七十一条的规定判决撤销或者部分撤销,并根据行政诉讼法第九十六条的规定处理。”本题中,在案件终结后,卫生局又以同一事实和理由作出了相同的行政处罚决定,这就形成了一个新的行政行为,潘某可以对此提起新的诉讼。

(二) 缺席判决

缺席判决,与对席判决相对而言,是指法院在开庭审理时,在一方当事人或双方当事人未到庭陈述、辩论的情况下,合议庭经审理所作的判决。

行政诉讼中的缺席判决主要包括两种情形:(1) 经法院传票传唤,被告无正当理由拒不到庭,或者未经法庭许可中途退庭的,可以缺席判决。(2) 原告或者

上诉人申请撤诉,法院裁定不予准许的,原告或者上诉人经传票传唤无正当理由拒不到庭,或者未经法庭许可而中途退庭的,法院可以缺席判决。

(三)财产保全与先予执行

1. 财产保全。行政诉讼财产保全,是指法院在因一方当事人的行为或者其他原因,可能使具体行政行为或者法院生效裁判不能或者难以执行的情况下,根据对方当事人的申请或者依职权对有关财产加以保护的措施。

2. 对判决的先予执行。对判决的先予执行,是指为解决当事人一方生活或生产的紧迫需要,根据其申请,裁定另一方当事人给付申请人一定的钱物,或者实施或停止某种行为的制度。法院对起诉行政机关没有依法支付抚恤金、最低生活保障金和工伤、医疗社会保险金的案件,权利义务关系明确、不先予执行将严重影响原告生活的,可以根据原告的申请,裁定先予执行。当事人对先予执行裁定不服的,可以申请复议一次。复议期间不停止裁定的执行。

例:(2010/2/47/单选)陈某申请领取最低生活保障金,遭民政局拒绝。陈某诉至法院,要求判令民政局履行法定职责,同时申请法院先予执行。对此,下列哪一说法是正确的?

A. 陈某提出先予执行申请时,应提供相应担保

B. 陈某的先予执行申请,不属于《行政诉讼法》规定的先予执行范围

C. 如法院作出先予执行裁定,民政局不服可以申请复议

D. 如法院作出先予执行裁定,情况特殊的可以采用口头方式

[解析]C 项正确。《行政诉讼法》第 57 条规定:"人民法院对起诉行政机关没有依法支付抚恤金、最低生活保障金和工伤、医疗社会保险金的案件,权利义务关系明确、不先予执行将严重影响原告生活的,可以根据原告的申请,裁定先予执行。当事人对先予执行裁定不服的,可以申请复议一次。复议期间不停止裁定的执行。"本题中,陈某申请领取最低生活保障金,属于先予执行范围(B 错),不需要提供担保(A 错),民政局不服可以申请复议(C 对),法院以书面形式作出先予执行裁定(D 错)。

(四)审理程序的延阻

审理程序的延阻,是指因特殊原因使诉讼活动不能按正常程序进行,而出现的程序中断、中止和延期审理等情形。

1. 延期审理。延期审理指法院把已定的审理日期或正在进行的审理推迟至另一日期审理的制度。主要包括以下情形:(1) 必须到庭的当事人和其他诉讼参与人没有到庭;(2) 当事人申请回避,法院因客观原因不能立即作出是否回

避的决定；(3) 需要通知新的证人到庭，调取新的证据，重新鉴定、勘验，或者需要补充调查的；(4) 其他应当延期的情形。

2. 诉讼中止。诉讼中止是指在诉讼过程中，因出现某种原因而诉讼暂时停止，待原因消除后诉讼继续进行的制度。主要包括以下情形：(1) 原告死亡，须等待其近亲属表明是否参加诉讼的；(2) 原告丧失诉讼行为能力，尚未确定法定代理人的；(3) 作为一方当事人的行政机关、法人或者其他组织终止，尚未确定权利义务承受人的；(4) 一方当事人因不可抗力的事由不能参加诉讼的；(5) 案件涉及法律适用问题，需要送请有权机关作出解释或者确认的；(6) 案件的审判须以相关民事、刑事或者其他行政案件的审理结果为依据，而相关案件尚未审结的；(7) 其他应当中止诉讼的情形。中止诉讼的原因消除后，恢复诉讼。

3. 诉讼终结。诉讼终结是指在诉讼开始后，出现了使诉讼不可能进行或进行下去已无必要的情形，由法院决定结束对案件审理的制度。仅限于以下法定事由：(1) 原告死亡，没有近亲属或者近亲属放弃诉讼权利的；(2) 作为原告的法人或者其他组织终止后，其权利义务的承受人放弃诉讼权利的；(3) 因原告死亡须等待其近亲属表明是否参加诉讼，或者原告丧失诉讼行为能力尚未确定法定代理人，或者作为一方当事人的行政机关、法人或者其他组织终止尚未确定权利义务承受人这三种原因，中止诉讼满 90 日仍无人继续诉讼的，但有特殊情况的除外。

（五）被告在诉讼期间改变被诉具体行政行为的处理

为了妥善解决行政争议，最高人民法院颁布了《关于行政诉讼撤诉若干问题的规定》(简称《行诉撤诉规定》)，建立了协调和解的工作机制。在行政诉讼中，如果被告改变行政行为，原告申请撤诉，法院原则上应当裁定准许。

1. 改变的时间。被告既可以在一审期间改变被诉具体行政行为，也可以在二审和再审期间改变被诉具体行政行为。

2. 改变的方式。被告可以主动改变被诉具体行政行为，法院也可以建议被告改变被诉具体行政行为。被告改变被诉具体行政行为时，应当书面告知法院。

3. 改变的种类。(1) 被告改变的情形：① 改变被诉具体行政行为所认定的主要事实和证据；② 改变被诉具体行政行为所适用的规范依据且对定性产生影响；③ 撤销、部分撤销或者变更被诉具体行政行为处理结果。(2) 视为被告改变的情形：① 根据原告的请求依法履行法定职责；② 采取相应的补救、补偿等措施；③ 在行政裁决案件中，书面认可原告与第三人达成的和解。

如表 9-15 所示：

表 9-15

时间	一审期间、二审期间、再审期间
方式	被告主动改变 + 法院建议改变
条件	主要事实、法律依据、撤销部分撤销或改变处理结果 履行职责、补救补偿、行政裁决案件认可当事人和解

例：(2009/2/99/不定选)下列情况属于或可以视为行政诉讼中被告改变被诉具体行政行为的是：

A. 被诉公安局把拘留 3 日的处罚决定改为罚款 500 元

B. 被诉土地局更正被诉处罚决定中不影响决定性质和内容的文字错误

C. 被诉工商局未在法定期限答复原告的请求，在二审期间作出书面答复

D. 县政府针对甲乙两村土地使用权争议作出的处理决定被诉后，甲乙两村达成和解，县政府书面予以认可

[解析] A 项正确。《行诉撤诉规定》第 3 条规定："有下列情形之一的，属于……'被告改变其所作的具体行政行为'：……(三) 撤销、部分撤销或者变更被诉具体行政行为处理结果。"本项中，公安局把拘留 3 日改为罚款 500 元，属于变更具体行政行为处理结果。

B 项错误。本项中，土地局更正处罚决定中不影响决定性质和内容的文字错误，属于对行政处罚的程序瑕疵的补正，不是改变被诉具体行政行为。

C 项、D 项正确。《行诉撤诉规定》第 4 条规定："有下列情形之一的，可以视为'被告改变其所作的具体行政行为'：(一) 根据原告的请求依法履行法定职责；(二) 采取相应的补救、补偿等措施；(三) 在行政裁决案件中，书面认可原告与第三人达成的和解。"本题中，C 项属于其中第 1 项的情形，D 项属于第 3 项的情形。

4. 改变的后果。改变后的具体行政行为的效力及由此产生的结果取决于原告的态度。(1) 如果原告同意被告对被诉行政行为的改变，并提出撤诉申请，经法院准许，诉讼结束。(2) 如果原告或者第三人对改变后的行政行为不服提起诉讼的，法院应当就改变后的行政行为进行审理。(3) 如果原告不同意被告对被诉行政行为的改变，不提出撤诉申请，法院应当继续对原行政行为进行审理，并就原行政行为作出裁判。请注意，原告起诉被告不作为，在诉讼中被告作出行政行为，原告不撤诉的，法院应继续审查被告不作为是否合法。从不作为到作为也是一种改变。如表 9-16 所示：

表 9-16

被告	原告	法院
原行为改变 →新行为生效 →告知法院	同意改变原行为、申请撤诉	原则上准许→诉讼结束
	同意改变原行为、不服新行为	审理 新行为
	不同意改变原行为、不申请撤诉	审理 原行为 ① 违法→确认违法 ② 合法→驳回诉讼请求

例：（2003/2/75/多选）某市某区公安分局认定赵某有嫖娼行为，对其处以拘留15天，罚款3 000元。在第一审程序中，原处罚机关认定赵某有介绍嫖娼行为，将原处罚决定变更为罚款1 000元。赵某对改变后的处罚决定仍不服。下列说法哪些是正确的？

A. 法院应继续审理原处罚决定

B. 法院应审理改变后的处罚决定

C. 审理原处罚决定还是改变后的处罚决定由法院决定

D. 原告对原处罚决定不申请撤诉的，法院应当对原处罚决定作出相应判决

[解析]《行诉解释》第81条第2、3款规定："原告或者第三人对改变后的行政行为不服提起诉讼的，人民法院应当就改变后的行政行为进行审理。被告改变原违法行政行为，原告仍要求确认原行政行为违法的，人民法院应当依法作出确认判决。"

A项错误、B项正确。本题中，赵某对改变后的处罚决定仍不服，法院应审理改变后的处罚决定。

C项错误。被告改变具体行政行为之后，原告的三种态度决定了法院的三种程序。（1）原告同意改变，申请撤诉，法院原则上同意，诉讼终结；（2）原告同意改变，但是不服新行为，法院审查新行为；（3）原告不同意改变，不申请撤诉，法院审理原行政行为。本题中，审理原处罚决定还是改变后的处罚决定由原告决定。

D项正确。本项中，不同于题目上的"赵某对改变后的处罚决定仍不服"，而是提出了一个新的假设，原告对原处罚决定不申请撤诉的，法院应当对原处罚决定作出相应判决。

（六）具体行政行为的停止执行

具体行政行为，在行政诉讼期间，以不停止执行为原则，以停止执行为例外。有下列情形之一的，裁定停止执行：（1）被告认为需要停止执行的；（2）原

告或者利害关系人申请停止执行,法院认为该行政行为的执行会造成难以弥补的损失,并且停止执行不损害国家利益、社会公共利益的;(3) 法院认为该行政行为的执行会给国家利益、社会公共利益造成重大损害的;(4) 法律、法规规定停止执行的。如《治安管理处罚法》规定的拘留暂缓执行。当事人对停止执行或者不停止执行的裁定不服的,可以申请复议一次。

(七) 合并审理

合并审理,是指法院把两个或两个以上的独立诉讼合并在一个诉讼程序中进行审理和裁判的制度。

有下列情形之一的,法院可以合并审理:(1) 两个以上行政机关分别对同一事实作出行政行为,公民、法人或者其他组织不服向同一人民法院起诉的,这是原告的合并。(2) 行政机关就同一事实对若干公民、法人或者其他组织分别作出行政行为,公民、法人或者其他组织不服分别向同一人民法院起诉的,这是被告的合并。(3) 在诉讼过程中,被告对原告作出新的行政行为,原告不服向同一法院起诉的,这是审理对象的合并。(4) 法院认为可以合并审理的其他情形。

如表 9-17 所示:

表 9-17

多被告	几个行政机关 → 1 个当事人	同一事实、几个行为、几个诉讼、同一法院
多原告	1 个行政机关 → 几个当事人	同一事实、几个行为、几个诉讼、同一法院
多对象	同一被告 → 同一原告	———新的行为、新的诉讼、同一法院

(八) 行政诉讼附带民事诉讼

行政诉讼附带民事诉讼是法院在审理行政案件的同时,对与引起该案件的行政争议相关的民事纠纷一并审理的诉讼活动和诉讼关系的总称。

在涉及行政许可、登记、征收、征用和行政裁决的行政诉讼中,当事人申请一并解决相关民事争议的,法院可以一并审理。公民、法人或者其他组织请求一并审理相关民事争议,应当在第一审开庭审理前提出;有正当理由的,也可以在法庭调查中提出。

有下列情形之一的,法院应当作出不予准许一并审理民事争议的决定,并告知当事人可以依法通过其他渠道主张权利:(1) 法律规定应当由行政机关先行处理的;(2) 违反民事诉讼法专属管辖规定或者协议管辖约定的;(3) 约定仲裁或者提起民事诉讼的；(4) 其他不宜一并审理民事争议的情形。对不予准许的决定可以申请复议一次。

法院决定在行政诉讼中一并审理相关民事争议，或者案件当事人一致同意相关民事争议在行政诉讼中一并解决，法院准许的，由受理行政案件的法院管辖。公民、法人或者其他组织请求一并审理相关民事争议，法院经审查发现行政案件已经超过起诉期限，民事案件尚未立案的，告知当事人另行提起民事诉讼；民事案件已经立案的，由原审判组织继续审理。法院在审理行政案件中发现民事争议为解决行政争议的基础，当事人没有请求法院一并审理相关民事争议的，法院应当告知当事人依法申请一并解决民事争议。当事人就民事争议另行提起民事诉讼并已立案的，法院应当中止行政诉讼的审理。民事争议处理期间不计算在行政诉讼审理期限内。

法院在行政诉讼中一并审理相关民事争议的，民事争议应当单独立案，由同一审判组织审理。但是，审理行政裁决案件，一并审理民事争议的，不另行立案。法院一并审理相关民事争议，适用民事法律规范的相关规定，法律另有规定的除外。当事人在调解中对民事权益的处分，不能作为审查被诉行政行为合法性的根据。

对行政争议和民事争议应当分别裁判。当事人仅对行政裁判或者民事裁判提出上诉的，未上诉的裁判在上诉期满后即发生法律效力。一审法院应当将全部案卷一并移送二审法院，由行政审判庭审理。二审法院发现未上诉的生效裁判确有错误的，应当按照审判监督程序再审。

行政诉讼原告在宣判前申请撤诉的，是否准许由人民法院裁定。人民法院裁定准许行政诉讼原告撤诉，但其对已经提起的一并审理相关民事争议不撤诉的，人民法院应当继续审理。

法院一并审理相关民事争议，应当按行政案件、民事案件的标准分别收取诉讼费用。

四、 涉外行政诉讼

(一) 涉外行政诉讼的概念

涉外行政诉讼，是指具有涉外因素的行政诉讼，在我国是指外国人、外国组织作为行政诉讼原告或者第三人的诉讼。

(二) 涉外行政诉讼的特征

1. 主体的涉外性。专指行政诉讼的原告或者第三人为外国人或者外国组织。这里的外国人或者外国组织包括外国人、无国籍人、国籍不明人以及外国企业、外国组织等。不过值得注意的是，当事人是港、澳、台地区的居民和组织的行政诉讼不属于涉外行政诉讼，但考虑到这三个地区的特殊性，在行政诉讼中具体问题的处理上可以参照涉外行政诉讼的规定。

2. 行政诉讼发生地点的特定性。构成涉外行政诉讼除主体的涉外因素外，还必须具备：(1) 具体行政行为必须发生在我国领域内，是我国主权范围内的事项，由我国的国家行政机关或者法律、法规授权的组织进行处理；(2) 外国当事人在我国法院提起行政诉讼或者参加在我国法院进行的行政诉讼。

（三）涉外行政诉讼的原则

1. 同等原则。同等原则指外国人、无国籍人、外国组织在我国进行行政诉讼时，可以享有与我国公民、组织在行政诉讼中所享有的同样的诉讼权利，同时应承担与我国公民、组织在行政诉讼中所应承担的同样的诉讼义务。

2. 对等原则。对等原则是指外国法院对中国公民、组织的行政诉讼权利加以限制的，中国法院对其公民、组织的行政诉讼权利实行同样的限制。

（四）涉外行政诉讼的法律适用

对我国缔结或者参加的国际条约与《行政诉讼法》有不同规定的，适用国际条约的规定，但我国声明保留的条款除外。

例：(2005/2/100/不定选)兴汇有限公司申报进口人工草坪，某海关征收关税和代征增值税后放行。后某海关发现兴汇有限公司进口人工草坪税则归类错误导致税率差异，遂又向兴汇有限公司补征关税和代征增值税近 5 万元。兴汇有限公司以第一次征税行为违法致使其未能将税款纳入成本造成损失为由要求某海关赔偿，在遭拒绝后，兴汇有限公司遂向法院提起行政赔偿诉讼。下列说法正确的是：

A. 此案为涉外行政案件

B. 因兴汇有限公司提起诉讼，补征税款的决定停止执行

C. 兴汇有限公司的起诉符合单独提起行政赔偿诉讼的程序要求

D. 兴汇有限公司应当对所遭受的损失承担举证责任

[解析]A 项错误。《行政诉讼法》第 98 条规定："外国人、无国籍人、外国组织在中华人民共和国进行行政诉讼，适用本法。法律另有规定的除外。"本案中，兴汇有限公司是中国企业，不是外国组织，所以不是涉外行政案件。

B 项错误。《行政诉讼法》第 56 条第 1 款规定："诉讼期间，不停止行政行为的执行。但有下列情形之一的，裁定停止执行：(一) 被告认为需要停止执行的；(二) 原告或者利害关系人申请停止执行，人民法院认为该行政行为的执行

会造成难以弥补的损失，并且停止执行不损害国家利益、社会公共利益的；(三) 人民法院认为该行政行为的执行会给国家利益、社会公共利益造成重大损害的；(四) 法律、法规规定停止执行的。”可见，具体行政行为在诉讼期间以不停止执行为原则，以停止执行为例外。

C 项正确。《国家赔偿法》第 9 条第 2 款规定：“赔偿请求人要求赔偿，应当先向赔偿义务机关提出，也可以在申请行政复议或者提起行政诉讼时一并提出。”新《国家赔偿法》删除了先“确认违法”再单独提出行政赔偿的规定，赔偿请求人可以选择单独程序(先向赔偿义务机关提出赔偿要求，不成再提起行政赔偿诉讼)和一并程序(在申请行政复议和提起行政诉讼时一并提出赔偿要求)。

D 项正确。《行政诉讼法》第 38 条第 2 款规定：“在行政赔偿、补偿的案件中，原告应当对行政行为造成的损害提供证据。因被告的原因导致原告无法举证的，由被告承担举证责任。”

第八节 行政诉讼的裁判

一、 行政诉讼的判决

行政诉讼判决，简称行政判决，是指法院审理行政案件终结时，根据审理所查清的事实，依据法律规定对行政案件实体问题作出的结论性处理决定。

(一) 一审判决

1. 驳回诉讼请求判决

驳回诉讼请求判决，是指法院经审查，认定原告诉讼请求不能成立但又不适宜对被诉具体行政行为作出其他类型判决的情况下，直接作出否定原告诉讼请求的一种判决形式。

驳回诉讼请求判决，适用于以下六种情形：(1) 行政行为证据确凿，适用法律、法规正确，符合法定程序的。事实上，法院作出驳回判决的条件是具体行政行为合法，即符合具体行政行为合法的五个要件，除以上三个要件以外，还要具备“符合法定职权”以及“没有滥用职权”两个要件。(2) 原告申请被告履行法定职责或者给付义务，理由不成立的。(3) 原告诉被告不作为的理由不能成立的。(4) 被诉具体行政行为合法但不合理的。(5) 被诉具体行政行为虽然合法，但因法律、政策变化需要变更或废止的。(6) 其他情形。

此外，当事人之间恶意串通，企图通过诉讼等方式侵害国家利益、社会公共利益或者他人合法权益的，法院应当裁定驳回起诉或者判决驳回其请求，并根据情节轻重予以罚款、拘留；构成犯罪的，依法追究刑事责任。

2. 撤销判决

撤销判决，是指法院经审查，认定被诉具体行政行为部分或者全部违法，从而部分或全部撤销被诉行政行为，并可以责令被告重新作出具体行政行为的判决形式。

具体行政行为具备下列六种情形之一的，法院判决撤销或者部分撤销，并可以判决被告重新作出行政行为：(1) 主要证据不足。(2) 适用法律、法规错误。(3) 违反法定程序。(4) 超越职权。(5) 滥用职权。(6) 明显不当的。前五种情形，就是具体行政行为合法性五个要件的缺失。需要特别注意的是，第六项“明显不当”实际上是第五项“滥用职权”的一种表现形式。一句话，具体行政行为违法，法院予以撤销。

撤销判决可分为三种具体形式：(1) 全部撤销，适用于具体行政行为全部违法或具体行政行为部分违法但具体行政行为不可分的情形；(2) 部分撤销，适用于具体行政行为部分违法、部分合法，且具体行政行为可分，法院只作出撤销违法部分的判决的情形；(3) 判决撤销并责令被告重新作出具体行政行为，适用于违法具体行政行为撤销后尚需被告对具体行政行为所涉及事项作出处理的情形。复议决定改变原行政行为错误，人民法院判决撤销复议决定时，可以一并责令复议机关重新作出复议决定或者判决恢复原行政行为的法律效力。请注意，法院判决被告重新作出行政行为的，被告不得以同一的事实和理由作出与原行政行为基本相同的行政行为，否则法院对重新作出的行政行为判决撤销或者部分撤销。但是，法院以违反法定程序为由，判决撤销被诉行政行为的，行政机关重新作出行政行为，不受此限。

此外，如果判决撤销将会给国家利益、公共利益或他人利益造成损失的，法院在判决撤销的同时，可以分别采取以下方式处理：(1) 判决被告重新作出具体行政行为；(2) 责令被告采取相应的补救措施；(3) 向被告及有关机关提出司法建议；(4) 发现违法犯罪行为的，建议有权机关进行处理。

例：(2004/2/43/单选) 某化工企业生产国家明令淘汰的产品，某技术监督局依据《产品质量法》某条的规定作出罚款 2 000 元的处罚决定。该企业不服，提起行政诉讼，法院经审查以技术监督局的处罚决定适用法律不当为由判决撤销了处罚决定。下列哪一说法是正确的？

A. 技术监督局不得再对该企业作出行政处罚

B. 技术监督局不得再对该企业作出罚款决定，但可以作出其他行政处罚

C. 技术监督局可以依据原处罚决定适用的《产品质量法》条文规定作出与

原来不同的处罚决定

D. 技术监督局可以依据原处罚决定适用的《产品质量法》条文规定以外的相关条款作出与原来相同的处罚决定

[解析]D 项正确。《行政诉讼法》第 71 条规定:“人民法院判决被告重新作出行政行为的,被告不得以同一的事实和理由作出与原行政行为基本相同的行政行为。”《行诉解释》第 90 条第 2 款规定:“人民法院以违反法定程序为由,判决撤销被诉行政行为的,行政机关重新作出行政行为不受行政诉讼法第七十一条规定的限制。”也就是说,被告应当作出新的行政行为,判断标准是事实、法律、结果、程序四个条件至少变一个。本题中,A 项中的不得再处罚是错误的,B 项中的不得再罚款是错误的。另外,法院撤销技术监督局处罚决定的原因是适用法律不当,C 项中的适用相同条文规定是错误的,D 项中的适用其他条款作出相同处罚决定是正确的。

3. 履行判决

履行判决,是指法院经过审查,认定被告具有不履行法定职责的情形,从而作出责令被告在一定期限内履行法定职责的判决形式。

法院作出履行判决必须同时满足三个条件:(1) 被告负有履行某项义务的法定职责。(2) 被告没有履行该法定职责,包括不履行和拖延履行两种。(3) 被告没有履行法定职责无正当理由。

原告请求被告履行法定职责的理由成立,被告违法拒绝履行或者无正当理由逾期不予答复的,法院可以判决被告在一定期限内依法履行原告请求的法定职责;尚需被告调查或者裁量的,应当判决被告针对原告的请求重新作出处理。

法院判决被告履行法定职责,应当指定履行期限。在判决被告履行该法定职责已为时太晚,责令其履行已无实际意义的情况下,法院应当作出确认被诉行政行为违法的判决,公民、法人或者其他组织因被告不履行法定职责所造成的损失可请求赔偿。

4. 给付判决

给付判决,是指具有公法上请求权的公民、法人或者其他组织对行政机关不履行给付义务的行为不服提起行政诉讼,法院经审查,认定被告依法负有给付义务的,判令被告依法履行给付义务的判决形式。

原告申请被告依法履行支付抚恤金、最低生活保障待遇或者社会保险待遇等给付义务的理由成立,被告依法负有给付义务而拒绝或者拖延履行义务且无正当理由的,法院可以判决被告在一定期限内履行相应的给付义务。法院作出履行判决,必须同时具备两个条件:(1) 被告未依法履行给付义务。(2) 原告有给付之请求权。

原告请求被告履行法定职责或者依法履行支付抚恤金、最低生活保障待遇或者社会保险待遇等给付义务，原告未先向行政机关提出申请的，法院裁定驳回起诉。

法院经审理认为原告所请求履行的法定职责或者给付义务明显不属于行政机关权限范围的，可以裁定驳回起诉。

5. 确认违法判决

确认违法判决，是指法院经审查后，认为被诉具体行政行为违法但不适合作出撤销判决或履行判决，转而确认被诉行政行为违法的判决形式。它是对撤销判决的补充。

确认违法判决，分为两大类、五种具体情形：(1) 行政行为有下列情形之一的，法院判决确认违法，但不撤销行政行为：① 行政行为依法应当撤销，但撤销会给国家利益、社会公共利益造成重大损害的；② 行政行为程序轻微违法①，但对原告权利不产生实际影响的。(2) 行政行为有下列情形之一，不需要撤销或者判决履行的，法院判决确认违法：① 行政行为违法，但不具有可撤销内容的；② 被告改变原违法行政行为，原告仍要求确认原行政行为违法的；③ 被告不履行或者拖延履行法定职责，判决履行没有意义的。

例：(2015/2/99/不定选) 某镇政府以一公司所建钢架大棚未取得乡村建设规划许可证为由责令限期拆除。该公司逾期不拆除，镇政府现场向其送达强拆通知书，组织人员拆除了大棚。该公司向法院起诉要求撤销强拆行为。如一审法院审理认为强拆行为违反法定程序，可作出的判决有：

A. 撤销判决　　B. 确认违法判决　　C. 履行判决　　D. 变更判决

[解析] B 项正确。《行政诉讼法》第 74 条第 2 款规定："行政行为有下列情形之一，不需要撤销或者判决履行的，人民法院判决确认违法：(一) 行政行为违法，但不具有可撤销内容的；(二) 被告改变原违法行政行为，原告仍要求确认原行政行为违法的；(三) 被告不履行或者拖延履行法定职责，判决履行没有意义的。"本案中，镇政府已经拆除了大棚，具体行政行为没有可撤销内容，法院可以作出确认违法判决。

6. 确认无效判决

确认无效判决，是指法院经审查，认定被诉行政行为属于无效情形而确认其无效的判决形式。行政行为根据存在错误和违法程度的不同，可以分为轻微违法、一般违法和重大明显违法三种。重大明显违法是指行政行为存在一般正常

---

① 有下列情形之一，且对原告依法享有的听证、陈述、申辩等重要程序性权利不产生实质损害的，属于"程序轻微违法"：(1) 处理期限轻微违法；(2) 通知、送达等程序轻微违法；(3) 其他程序轻微违法的情形。

的有理智的人都足以判断的违法性，属于无效行政行为，自始不发生法律效力。

确认无效判决，适用于行政行为重大且明显违法情形，包括以下情形：(1) 行政行为实施主体不具有行政主体资格；(2) 减损权利或者增加义务的行政行为没有法律规范依据；(3) 行政行为的内容客观上不可能实施；(4) 其他重大且明显违法的情形。

公民、法人或者其他组织起诉请求撤销行政行为，人民法院经审查认为行政行为无效的，应当作出确认无效的判决。

公民、法人或者其他组织起诉请求确认行政行为无效，人民法院审查认为行政行为不属于无效情形，经释明，原告请求撤销行政行为的，应当继续审理并依法作出相应判决；原告请求撤销行政行为但超过法定起诉期限的，裁定驳回起诉；原告拒绝变更诉讼请求的，判决驳回其诉讼请求。

公民、法人或者其他组织对 2015 年 5 月 1 日之前作出的行政行为提起诉讼，请求确认行政行为无效的，法院不予立案。

7. 责令被告采取补救措施判决与赔偿判决

责令被告采取补救措施判决。法院判决确认违法或者无效的，可以同时判决责令被告采取补救措施。(1)“可以”，责令被告采取补救措施，是法院的裁量权。(2)“补救措施”，应在行政机关的权限和职责范围内。

赔偿判决。给原告造成损失的，依法判决被告承担赔偿责任。法院对于行政赔偿判决，没有选择权。

法院经审理认为被诉行政行为违法或者无效，可能给原告造成损失，经释明，原告请求一并解决行政赔偿争议的，法院可以就赔偿事项进行调解；调解不成的，应当一并判决。人民法院也可以告知其就赔偿事项另行提起诉讼。

原告或者第三人的损失系由其自身过错和行政机关的违法行政行为共同造成的，人民法院应当依据各方行为与损害结果之间有无因果关系以及在损害发生和结果中作用力的大小，确定行政机关相应的赔偿责任。

因行政机关不履行、拖延履行法定职责，致使公民、法人或者其他组织的合法权益遭受损害的，人民法院应当判决行政机关承担行政赔偿责任。在确定赔偿数额时，应当考虑该不履行、拖延履行法定职责的行为在损害发生过程和结果中所起的作用等因素。

8. 变更判决

变更判决，是指法院经审理，认定行政处罚明显不当或者其他行政行为涉及对款额的确定、认定确有错误的，直接予以改变的判决形式。变更判决涉及司法权与行政权的分工。法院通过行政诉讼监督而不是代替行政机关行使职权，原则上不能变更行政行为。但是，根据行政便宜原则，在特定情况下，为了节约各方面的时间和成本，允许法院径行作出变更。因此，《行政诉讼法》建立了有限的司法变更规则。

变更判决，适用于以下情形：(1) 行政处罚明显不当的。明显不当属于滥用职权，是不合法的。明显不当的典型表现形式是畸轻畸重，即行政处罚与被处罚人的违法行为应受到的行政处罚相差过于悬殊。同样情况不同对待或者不同情况同等对待也可构成明显不当。(2) 其他行政行为涉及对款额的确定、认定确有错误的。

变更判决，受到法律精神和救济法原理的限制。变更，包括减轻和加重两种可能。但是，法院判决变更，不得加重原告的义务或者减损原告的权益。利害关系人同为原告，且诉讼请求相反的除外。

9. 行政协议案件的判决

《行政诉讼法》第 12 条第 1 款第 11 项规定，公民、法人或者其他组织“认为行政机关不依法履行、未按照约定履行或者违法变更、解除政府特许经营协议、土地房屋征收补偿协议等协议的”，可以向法院提起行政诉讼。行政协议案件是一种新型的案件，不能适用传统的判决方式，需要专门为其设定相应的判决形式。

行政协议案件的判决方式包括两种：(1) 被告不依法履行、未按照约定履行或者违法变更、解除行政协议的，法院判决被告承担继续履行、采取补救措施或者赔偿损失等责任。原告理由成立的，法院可以判决确认协议有效、判决被告继续履行协议，并明确继续履行的具体内容；被告无法继续履行或者继续履行已无实际意义的，判决被告采取相应的补救措施；给原告造成损失的，判决被告予以赔偿。原告请求解除协议或者确认协议无效，理由成立的，判决解除协议或者确认协议无效，并根据合同法等相关法律规定作出处理。(2) 被告变更、解除行政协议合法，但未依法给予补偿的，法院判决给予补偿。行政补偿的前提是行政行为合法，被告因公共利益需要或者其他法定理由单方变更、解除协议，给原告造成损失的，法院判决被告予以补偿。

对行政机关不依法履行、未按照约定履行协议提起诉讼的，诉讼费用准用民事案件交纳标准；对行政机关单方变更、解除协议等行为提起诉讼的，诉讼费用适用行政案件交纳标准。

10. 复议决定与原行政行为一并裁判

复议机关与原行为机关为共同被告的案件，法院应当在审查原行政行为合法性的同时，一并审查复议程序的合法性，并且对复议决定和原行政行为一并作出裁判。经复议的案件，复议机关决定维持原行政行为的，原行为机关和复议机关是共同被告。①

法院对原行政行为作出判决的同时，应当对复议决定一并作出相应判决。(1) 法院判决撤销原行政行为和复议决定的，可以判决原行为机关重新作出行政行为。(2) 法院判决原行为机关履行法定职责或者给付义务的，应当同时判决撤销复议决定。(3) 原行政行为合法、复议决定违法的，法院可以判决撤销复议决定或者确认复议决定违法，同时判决驳回原告针对原行政行为的诉讼请求。(4) 原行政行为被撤销、确认违法或者无效，给原告造成损失的，应当由原行为机关承担赔偿责任；因复议决定加重损害的，由复议机关对加重部分承担赔偿责任。(5) 原行政行为不符合复议或者诉讼受案范围等受理条件，复议机关作出维持决定的，法院应当裁定一并驳回对原行政行为和复议决定的起诉。

行政诉讼一审判决，如表 9-18 所示：

表 9-18

驳回诉讼请求	① 证据确凿 ② 适用法律法规正确 ③ 符合法定程序 ④ 没有超越职权 ⑤ 没有滥用职权 原告申请被告履行法定职责或者给付义务，理由不成立的 当事人之间恶意串通，通过诉讼侵害公共利益或者他人合法权益的	
撤销	① 主要证据不足 ② 适用法律法规错误 ③ 违反法定程序 ④ 超越职权 ⑤ 滥用职权 ⑥ 明显不当的	全部撤销 部分撤销 撤销并可以责令重作 =(4 变 1)
履行	拒绝或拖延 → 限期履行	
给付	被告依法负有给付义务(抚恤金、最低生活保障金、社会保险金)，但没有履行	
确认违法	不撤销行政行为	① 撤销会给国家利益、社会公共利益造成重大损害的 ② 程序轻微违法，但对原告权利不产生实际影响的
	不需要撤销或者判决履行的	① 行政行为违法，但不具有可撤销内容的 ② 被告改变原违法行政行为，原告仍要求确认原行政行为违法的 ③ 被告不履行或者拖延履行法定职责，判决履行没有意义的
确认无效	重大且明显违法① 实施主体不具有行政主体资格 ② 减损权利或者增加义务没有法律依据 ③ 内容客观上不可能实施 ④ 其他重大且明显违法的情形	
变更	① 行政处罚明显不当(畸轻畸重、不正当考虑、不公平对待) ② 其他行政行为涉及对款额的确定、认定确有错误的	

① 原行为机关和复议机关对原行政行为合法性共同承担举证责任，可以由其中一个机关实施举证行为。复议机关对复议决定的合法性承担举证责任。复议机关在复议程序中依法收集和补充的证据，可以作为法院认定复议决定和原行政行为合法的依据。

续表

行政协议	① 不依法履行、未按照约定履行或者违法变更行政协议的,判决被告承担继续履行、采取补救措施或者赔偿损失等责任 ② 被告变更、解除行政协议合法,但未给予补偿的,判决给予补偿
复议维持	复议机关与原机关为共同被告,应当对复议决定和原行为一并裁判

(二)二审判决

二审判决是法院在第二审程序中就上诉案件作出的判决。

法院审理上诉案件,按照下列情形,分别处理:

1. 原判决、裁定认定事实清楚,适用法律、法规正确的,判决或者裁定驳回上诉,维持原判决、裁定。

2. 原判决、裁定认定事实错误或者适用法律、法规错误的,依法改判、撤销或者变更。

3. 原判决认定基本事实不清、证据不足的,发回原审法院重审,或者查清事实后改判。

4. 原判决遗漏当事人或者违法缺席判决等严重违反法定程序的,裁定撤销原判决,发回原审法院重审。

二审法院经审理认为原审法院不予立案或者驳回起诉的裁定确有错误且当事人的起诉符合起诉条件的,应当裁定撤销原审法院的裁定,指令原审法院依法立案或者继续审理,原审法院应当另行组成合议庭进行审理。

原审法院对发回重审的案件作出判决后,当事人提起上诉的,二审法院不得再次发回重审。

法院审理上诉案件,需要改变原审判决的,应当同时对被诉行政行为作出判决。

二、 行政诉讼裁定

行政诉讼的裁定,是指法院在审理行政案件过程中或者执行案件的过程中,就程序问题所作出的判定。

行政诉讼中的裁定主要适用于下列事项:(1) 不予立案;(2) 驳回起诉;(3) 管辖异议;(4) 终结诉讼;(5) 中止诉讼;(6) 移送或者指定管辖;(7) 诉讼期间停止行政行为的执行或者驳回停止执行的申请;(8) 财产保全;(9) 先予执行;(10) 准许或者不准许撤诉;(11) 补正裁判文书中的笔误;(12) 中止或者终结执行;(13) 提审、指令再审或者发回重审;(14) 准许或者不准许执行行政机关的行政行为;(15) 其他需要裁定的事项。裁定书应当写明裁定结果和作出该裁定的理由。裁定书由审判人员、书记员署名，加盖人民法院印章。口头裁定的，记入笔录。

对一审法院作出的不予受理、驳回起诉和管辖权异议的裁定，当事人可以在一审法院作出裁定之日起 10 日内向上一级法院提出上诉，逾期不提出上诉的，一审法院的裁定即发生法律效力。

法院应当公开发生法律效力的判决书、裁定书，供公众查阅，但涉及国家秘密、商业秘密和个人隐私的内容除外。

法院在审理行政案件中，认为行政机关的主管人员、直接责任人员违法违纪的，应当将有关材料移送监察机关、该行政机关或者其上一级行政机关；认为有犯罪行为的，应当将有关材料移送公安、检察机关。

法院对被告经传票传唤无正当理由拒不到庭，或者未经法庭许可中途退庭的，可以将被告拒不到庭或者中途退庭的情况予以公告，并可以向监察机关或者被告的上一级行政机关提出依法给予其主要负责人或者直接责任人员处分的司法建议。

三、 行政诉讼决定

行政诉讼决定，是指法院为了保证行政诉讼的顺利进行，依法对行政诉讼中的某些特殊事项所作的处理。

行政诉讼决定主要有：(1) 有关回避事项的决定。(2) 对妨害行政诉讼的行为采取强制措施的决定。(3) 审判委员会对已生效的行政案件的裁判认为应当再审的决定。(4) 有关诉讼期限事项的决定。

当事人对决定不服，不得提出上诉。法律规定可以申请复议的，当事人有权申请复议，但复议期间不停止决定的执行。

第九节 行政诉讼的执行与非诉行政案件的执行

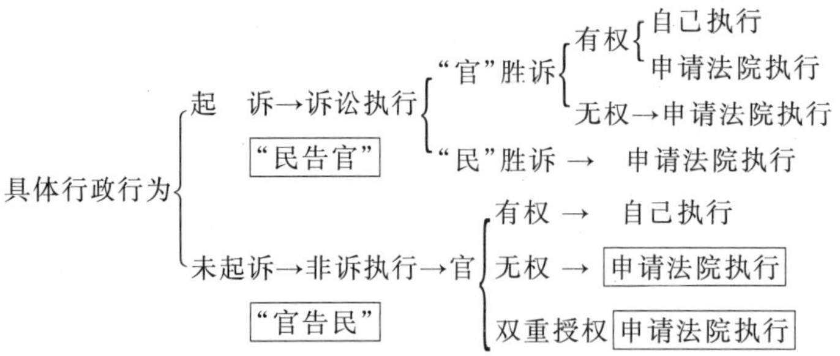

图 9-4

一、行政诉讼的执行

《行政诉讼法》第 95 条规定:“公民、法人或者其他组织拒绝履行判决、裁定、调解书的,行政机关或者第三人可以向第一审人民法院申请强制执行,或者由行政机关依法强制执行。”

对发生法律效力的行政判决书、行政裁定书、行政赔偿判决书和行政调解书,负有义务的一方当事人拒绝履行的,对方当事人可以依法申请法院强制执行。法院判决行政机关履行行政赔偿、行政补偿或者其他行政给付义务,行政机关拒不履行的,对方当事人可以依法向法院申请强制执行。

(一)行政诉讼执行的含义

行政诉讼的执行,是指行政案件当事人逾期拒不履行法院生效的行政案件的判决、裁定、调解书等法律文书,法院和有行政强制执行权的行政机关采取强制措施促使当事人履行义务,从而使生效法律文书的内容得以实现的活动。

行政诉讼执行的主要特征有:(1) 强制执行的主体既包括法院也包括有行政强制执行权的行政机关。(2) 执行申请人或被申请执行人一方是行政机关。(3) 强制执行的依据是已生效的行政裁判法律文书,包括行政判决书、行政裁定书、行政赔偿判决书和行政赔偿调解书。(4) 强制执行的目的是实现已生效的法律文书所确定的义务。

(二)执行主体

执行主体指在行政诉讼执行中享有权利、义务的各方主体。

1. 执行机关,也称执行组织,指拥有行政诉讼执行权,主持执行程序,采取强制执行措施的主体。行政案件的执行机关除法院外,还包括行政机关。在法院作为执行机关时,由一审法院负责执行。一审法院认为情况特殊,需要由二审法院执行的,可以报请二审法院执行;二审法院可以决定由其执行,也可以决定由一审法院执行。

2. 执行当事人,指行政诉讼执行中的执行申请人和被申请执行人。一般情况下,行政诉讼执行由法院负责执行,执行当事人就是行政诉讼的当事人。但在依照法律、法规规定,享有强制执行权的行政机关作为行政诉讼执行的执行机关时,该行政机关作为行政诉讼一方当事人,同时又成为执行机关,具有双重身份。

3. 执行参与人。指除执行当事人以外的其他参与执行过程的组织或者个人。

4. 执行异议人,也称案外异议人,指没有参与执行程序,但对执行标的主张权利,提出不同意见的组织或者个人。执行异议人提出异议时一般应采用书面形式,说明异议的理由并提供有关证据;执行人员应当及时审查异议理由,并作必要的调查核实。如果异议确有理由和事实根据,报请院长批准后中止执行;如果异议理由不成立的,驳回异议申请,继续执行程序。

(三) 执行根据

执行根据,是指执行申请人申请执行或者执行机关依职权直接采取执行措施所依据的法律文书,包括行政判决书、行政裁定书、行政赔偿判决书和行政赔偿调解书。

(四) 执行措施

执行措施,是指执行机关运用国家强制力,强制被执行人完成所承担的义务的法律手段和方法。

1. 对行政机关的执行措施。行政机关拒绝履行判决、裁定、调解书的,第一审人民法院可以采取下列措施:(1) 对应当归还的罚款或者应当给付的款额,通知银行从该行政机关的账户内划拨。(2) 在规定期限内不履行的,从期满之日起,对该行政机关负责人按日处 50 元至 100 元的罚款。(3) 将行政机关拒绝履行的情况予以公告。(4) 向监察机关或者该行政机关的上一级行政机关提出司法建议。接受司法建议的机关,根据有关规定进行处理,并将处理情况告知法院。(5) 拒不履行判决、裁定、调解书,社会影响恶劣的,可以对该行政机关直接负责的主管人员和其他直接责任人员予以拘留;情节严重,构成犯罪的,依法追究刑事责任。

2. 对公民、法人或者其他组织的执行措施。具体行政行为经过法院审查、裁判之后,总的结果是:合法的驳回诉讼请求,违法的撤销或变更。具体行政行为经过驳回诉讼请求、变更判决之后,结果依然是具体行政行为。因此,相对人拒绝履行受法院裁判所保护的具体行政行为的义务时,依然引发行政强制执行。根据《行政强制法》的规定,行政机关有执行权的,只能自己执行。没有执行权的,只能申请法院执行。

如表 9-19 所示:

表 9-19

"官"胜诉,"民"不履行	官、第三人申请 一审法院 有执行权的官→自己执行

续表

“民”胜诉，“官”不履行	民申请 一审法院 ① 对应当归还的罚款、应当给付的款额，通知银行从行政机关账户内划拨 ② 规定期限内不履行的，对行政机关负责人期满按日处 50～100 元罚款 ③ 将行政机关拒绝履行的情况予以公告 ④ 向监察机关或者上一级行政机关提出司法建议 ⑤ 社会影响恶劣的，拘留行政机关直接负责主管人员、其他直接责任人员 ⑥ 情节严重，构成犯罪的，追究行政机关直接负责主管人员和直接责任人员的刑事责任

（五）申请执行的期限

申请执行的期限为 2 年。申请执行时效的中止、中断，适用法律有关规定。申请执行的期限从法律文书规定的履行期间最后一日起计算；法律文书规定分期履行的，从规定的每次履行期间的最后一日起计算；法律文书中没有规定履行期限的，从该法律文书送达当事人之日起计算。逾期申请的，除有正当理由外，人民法院不予受理。

二、 非诉行政案件的执行

（一）非诉行政案件执行的含义

非诉行政案件的执行，是指公民、法人或者其他组织既不向法院提起行政诉讼，又不履行行政机关作出的具体行政行为，行政机关向法院提出执行申请，由法院采取强制执行措施，使具体行政行为得以实现的制度。

非诉行政案件的执行有下列特点：(1) 非诉行政案件的执行机关是法院，而非行政机关。(2) 非诉行政案件执行的根据是行政机关作出的具体行政行为，该具体行政行为没有进入行政诉讼，没有经过法院的裁判。(3) 非诉行政案件的执行申请人是行政机关，被执行人只能为公民、法人或者其他组织。在特定情况下，非诉行政案件的执行申请人也可以是行政裁决的权利人或者其继承人。(4) 非诉行政案件的执行前提是公民、法人或者其他组织在法定期限内，既不提起行政诉讼，也不履行具体行政行为所确定的义务。(5) 非诉行政案件的执行目的主要是保障没有行政强制执行权的行政机关所作出的具体行政行为内容得以实现。

（二）非诉行政案件执行的适用范围

凡行政机关对具体行政行为没有强制执行权，或者行政机关得到法律的双重执行授权时，行政机关可以申请法院强制执行该具体行政行为。

1. 申请与受理

一般而言，非诉行政案件执行的申请人为行政机关。不过，在特定情况下，非诉行政案件执行的申请人，也可以是行政裁决确定的权利人或者其继承人。行政机关作出行政裁决后，当事人在法定期限内不起诉又不履行，作出裁决的行政机关在申请执行的期限内未申请法院强制执行的，生效行政裁决确定的权利人或者其继承人、权利承受人在6个月内可以申请法院强制执行。享有权利的公民、法人或者其他组织申请人民法院强制执行生效行政裁决，参照行政机关申请法院强制执行行政行为的规定。

行政机关申请执行其行政行为，应当具备以下条件：(1) 行政行为依法可以由法院执行；(2) 行政行为已经生效并具有可执行内容；(3) 申请人是作出该行政行为的行政机关或者法律、法规、规章授权的组织；(4) 被申请人是该行政行为所确定的义务人；(5) 被申请人在行政行为确定的期限内或者行政机关催告期限内未履行义务；(6) 申请人在法定期限内提出申请；(7) 被申请执行的行政案件属于受理执行申请的法院管辖。

行政机关申请法院强制执行其行政行为，应当自被执行人的法定起诉期限届满之日起3个月内提出。逾期申请的，除有正当理由外，法院不予受理。行政机关申请法院强制执行其具体行政行为时，应当提交申请执行书、据以执行的行政法律文书、证明该具体行政行为合法的材料以及被执行财产状况或其他必须提交的材料。行政机关申请人民法院执行，应当提交《行政强制法》第55条规定的相关材料。

行政机关申请法院强制执行其行政行为的，由申请人所在地的基层法院受理；执行对象为不动产的，由不动产所在地的基层法院受理。基层法院认为执行确有困难的，可以报请上级法院执行；上级法院可以决定由其执行，也可以决定由下级法院执行。

法院对符合条件的申请，应当在5日内立案受理，并通知申请人；对不符合条件的申请，应当裁定不予受理。行政机关对不予受理裁定有异议，在15日内向上一级法院申请复议的，上一级法院应当在收到复议申请之日起15日内作出裁定。

行政机关或行政裁决确定的权利人申请法院强制执行前，有充分理由认为执行人可能逃避执行的，可以申请法院采取财产保全措施。后者申请强制执行的，应当提供相应的财产担保。

例 1:(2005/2/83/多选)某市建筑材料厂超标准排放污水违反了《中华人民共和国水污染防治法》，该市环境保护局对其处以 2 万元的罚款。在规定期间内该厂既不交纳罚款也未向法院提起诉讼，该市环境保护局向法院申请强制执行。下列哪些说法是正确的？

A. 市环境保护局应当自罚款决定生效之日起 90 日向法院提起执行申请

B. 市环境保护局如有理由认为某市建筑材料厂逃避执行的，可以在提出执行申请之前要求法院采取财产保全措施

C. 市环境保护局应当向法院提供某市建筑材料厂财产状况的材料

D. 人民法院在强制执行此罚款决定前，应当对罚款决定是否合法进行审查

[解析]A 项错误。《行政强制法》第 53 条规定：“当事人在法定期限内不申请行政复议或者提起行政诉讼，又不履行行政决定的，没有行政强制执行权的行政机关可以自期限届满之日起三个月内，依照本章规定申请人民法院强制执行。”本项中，有两处错误，市环境保护局应当①自建筑材料厂法定起诉期限届满之日起，②3 个月内向法院提起执行申请。

B 项正确。《行诉解释》第 159 条规定：“行政机关或者行政行为确定的权利人申请人民法院强制执行前，有充分理由认为被执行人可能逃避执行的，可以申请人民法院采取财产保全措施。后者申请强制执行的，应当提供相应的财产担保。”

C 项正确。《行诉解释》第 155 条第 2 款规定：“行政机关申请人民法院执行，应当提交行政强制法第五十五条规定的相关材料。”《行政强制法》第 55 条规定：“行政机关向人民法院申请强制执行，应当提供下列材料：(一) 强制执行申请书；(二) 行政决定书及作出决定的事实、理由和依据；(三) 当事人的意见及行政机关催告情况；(四) 申请强制执行标的情况；(五) 法律、行政法规规定的其他材料。强制执行申请书应当由行政机关负责人签名，加盖行政机关的印章，并注明日期。”本项中，某市建筑材料厂财产状况的材料属于上述第四项规定的“申请强制执行标的的情况”。

D 项正确。《行诉解释》第 160 条第 1 款规定：“人民法院受理行政机关申请执行其行政行为的案件后，应当在七日内由行政审判庭对行政行为的合法性进行审查，并作出是否准予执行的裁定。”

例 2:(2003/2/73/多选)甲乙两村因某一土地所有权发生争议，县人民政府将该土地确定为甲村所有，乙村在法定期限内没有向法院起诉，但仍继续占有并

使用该片土地。下列说法哪些是正确的？

A. 甲村无权向人民法院申请强制执行

B. 县政府可以向人民法院申请强制执行

C. 甲村可以要求县政府履行法定职责

D. 甲村可以对乙村提起民事诉讼

[解析]《行诉解释》第 158 条规定："行政机关根据法律的授权对平等主体之间民事争议作出裁决后，当事人在法定期限内不起诉又不履行，作出裁决的行政机关在申请执行的期限内未申请人民法院强制执行的，生效行政裁决确定的权利人或者其继承人、权利承受人在六个月内可以申请人民法院强制执行。"据此，行政诉讼执行（"民告官"）、非诉行政案件执行（"官告民"）和行政裁决权利人（代位"官"告"民"）执行在时间上的关系，如图 9-5 所示：

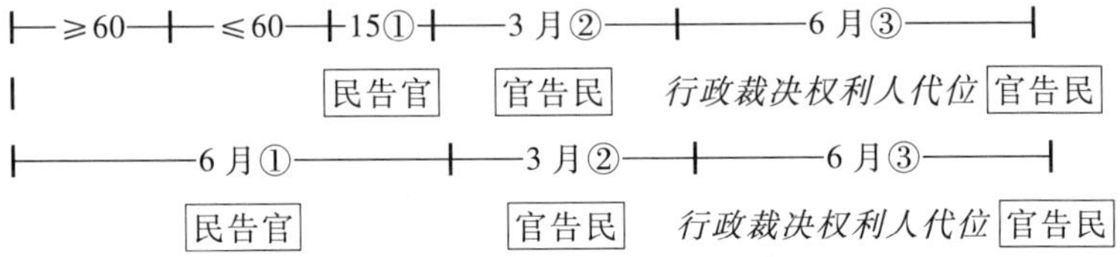

图 9-5

A 项、B 项、C 项正确。本题中，县政府的行为是行政裁决，在执行上的阶段顺序是："民告官""官告民"、权利人代位"官告民"。题上表述的"乙村在法定期限内没有向法院起诉"，表明此时位于"官告民"的执行阶段。

D 项错误。最高人民法院有专门司法解释，行政裁决案件应申请法院执行，不得提起民事诉讼。

提示：图上两条线，第一条是先复议再诉讼的程序，第二条是直接起诉的程序。

2. 法院对具体行政行为的审查

对被执行的行政行为的合法性审查，由行政审判庭负责进行，审查实行合议制。法院的审查主要是书面审查，必要时法院可以进行一定的调查，对重大的案件法院也可以采取其他审查方式。

法院受理行政机关申请执行其行政行为的案件后，应当在 7 日内由行政审判庭对行政行为的合法性进行审查，并作出是否准予执行的裁定。法院在作出裁定前发现行政行为明显违法并损害被执行人合法权益的，应当听取被执行人和行政机关的意见，并自受理之日起 30 日内作出是否准予执行的裁定。需要采取强制执行措施的，由本院负责强制执行非诉行政行为的机构执行。

被申请执行的行政行为有下列情形之一的，法院应当裁定不准予执行：

（1）实施主体不具有行政主体资格的；（2）明显缺乏事实根据的；（3）明显缺乏法律、法规依据的；（4）其他明显违法并损害被执行人合法权益的情形。行政机关对不准予执行的裁定有异议，在15日内向上一级法院申请复议的，上一级法院应当在收到复议申请之日起30日内作出裁定。

3. 通知履行

对于行政审判庭裁定准予执行的非诉行政案件，需要采取强制执行措施的，行政审判庭应当将案件交由本院负责强制执行非诉行政行为的机构具体执行。负责强制执行的机构，在强制执行前，应当再次书面通知被执行人，告诫被执行人履行义务，并附履行期限。

4. 准备强制

在此阶段，法院应履行强制执行手续，填写强制执行文书，通知有关单位、人员到场，制定强制执行方案等。

5. 实施强制措施

法院在非诉行政案件执行中所采取的执行措施，参照《民事诉讼法》的有关规定执行。

6. 对被诉具体行政行为的先予执行

对被诉具体行政行为的先予执行，是指在行政诉讼过程中，为避免可能给国家利益、公共利益或者他人合法权益造成不可弥补的损失，根据被告或相关权利人的申请，对被诉具体行政行为的先予执行。这种先予执行必须以有申请为前提，申请的主体不仅包括被告，也包括行政裁决确定的权利人，后者申请强制执行的，应当提供相应的财产担保。

7. 执行结束

执行任务完成后，法院应将案卷材料整理归档，并结清各种手续、清单及费用，书面通知申请强制执行的行政机关，宣告执行程序结束。

非诉行政案件的执行，如表9-20所示：

表9-20

申请	行政机关 → 被执行人法定起诉期限届满之日起3个月内 行政裁决的权利人 → 行政裁决机关申请执行的期限届满之日起6个月内	
受理	基层法院立案审查	符合条件 →立案 不符合条件→裁定不予受理
审查执行	行政审判庭 →审查具体行政行为合法性	合法正确→交执行机构执行 原则错误→不准予执行

例:(2008/2/47/单选)某市建设委员会以某公司的房屋系违章建筑为由,作出限期拆除决定,要求某公司自收到决定之日起10日内自行拆除。但某公司逾期未拆除,亦未在法定期限内提起诉讼,某市建设委员会申请法院强制执行。下列哪一选项是正确的?

A. 若法律赋予某市建设委员会有自行强制执行权,法院即应不受理其申请

B. 某市建设委员会应当向其所在地的法院申请强制执行

C. 接受申请的法院应当在受理申请之日起30日内作出是否准予强制执行的裁定

D. 若在某市建设委员会申请强制执行前,某公司已对限期拆除决定提起诉讼,法院有权在诉讼期间执行拆除决定

[解析]A项正确。《行政强制法》第13条规定:"行政强制执行由法律设定。法律没有规定行政机关强制执行的,作出行政决定的行政机关应当申请人民法院强制执行。"本题中,如果法律赋予建设委员会有自行强制执行权,那么建设委员会就应当自行执行,法院应当不受理其申请。

B项错误。《行政强制法》第54条规定:"行政机关申请人民法院强制执行前,应当催告当事人履行义务。催告书送达十日后当事人仍未履行义务的,行政机关可以向所在地有管辖权的人民法院申请强制执行;执行对象是不动产的,向不动产所在地有管辖权的人民法院申请强制执行。"本案中,涉及不动产,应当由不动产所在地法院专属管辖,而不是建设委员会所在地法院。

C项错误。《行诉解释》第160条第1、2款规定:"人民法院受理行政机关申请执行其行政行为的案件后,应当在七日内由行政审判庭对行政行为的合法性进行审查,并作出是否准予执行的裁定。人民法院在作出裁定前发现行政行为明显违法并损害被执行人合法权益的,应当听取被执行人和行政机关的意见,并自受理之日起三十日内作出是否准予执行的裁定。"可见,法院审查的时间有7天和30天两种可能,而不是本项中的30日。

D项错误。《行政诉讼法》第97条规定:"公民、法人或者其他组织对行政行为在法定期限内不提起诉讼又不履行的,行政机关可以申请人民法院强制执行,或者依法强制执行。"由此可见,"民告官"和"官告民"是排他程序,当事人提起了行政诉讼,行政机关就无权再申请法院执行。

第十章

国家赔偿

[本章提要]

国家赔偿,包括两个部分:行政赔偿和司法赔偿。

行政赔偿属于行政法的范围,它与行政复议、行政诉讼一起构成行政救济。所以,要对比行政复议、行政诉讼的相关知识来理解行政赔偿。

司法赔偿不完全属于行政法的范围,包括三大诉讼中的赔偿,主要是刑事赔偿,要结合刑事诉讼法来理解记忆。同时,要把司法赔偿与行政赔偿相对比,找出共同点和不同点。

第一节　国家赔偿概述

一、国家赔偿

(一)国家赔偿的概念和特征

1. 国家赔偿的概念。国家赔偿是指国家对国家机关及其工作人员在行使职权过程中侵犯公民、法人和其他组织合法权益而造成的损害给予赔偿的活动,分为行政赔偿和司法赔偿两大部分,司法赔偿又包括刑事赔偿和民事、行政司法赔偿。

2. 国家赔偿的特征。(1) 国家责任、机关赔偿。即国家承担责任,机关履行赔偿义务。(2) 赔偿范围有限。国家只对行政机关和司法机关及其工作人员的一部分违法行为承担责任。对立法机关和军事机关的行为,即使造成了损害,国家也不承担赔偿责任。(3) 方式标准法定。赔偿方式只有三种:金钱赔偿、返还财产、恢复原状。赔偿标准根据侵权损害的对象和程度来确定,赔偿数额有最高限制。(4) 赔偿程序多元化。行政赔偿有四种方式,司法赔偿只有一种程序。

(二)国家赔偿与近似概念的区别

1. 国家赔偿与国家补偿。国家赔偿是国家对国家机关及工作人员"违法行为”造成的损害承担的赔偿,而国家补偿是国家对国家机关及工作人员的“合法行为”造成的损失给予的补偿。两者的区别是:(1) 引发原因不同。国家赔偿是违法行为引起的,而国家补偿是合法行为(如行政征用等)引起的。(2) 性质不同。国家赔偿是国家对其违法行为承担的一种法律责任,目的是恢复到合法行为所应有的状态。国家补偿是一种例外责任,目的是为因公共利益而遭受特别损失的公民、法人或其他组织提供补救,以体现公平负担的精神。(3) 承担责任的方式不同。国家赔偿责任以金钱赔偿为原则,以恢复原状、返还财产等方式为辅。国家补偿责任多为支付一定数额的金钱。(4) 承担责任的时间不同。国家赔偿以损害的实际发生为条件。国家补偿既可以在损害发生前,也可以在损害发生后。

例:(2007/2/89/多选)李某租用一商店经营服装。某区公安分局公安人员驾驶警车追捕时,为躲闪其他车辆,不慎将李某服装厅的橱窗玻璃及模特衣物撞坏。事后,公安分局与李某协商赔偿不成,李某请求国家赔偿。下列哪些选项是错误的?

A. 公安分局应作为赔偿义务机关,因为李某曾与其协商赔偿

B. 公安分局不应作为赔偿义务机关,因该公安人员行为属于与行使职权无关的个人行为

C. 公安分局不应作为赔偿义务机关,因为该公安人员的行为不是违法行使职权,应按行政补偿解决

D. 公安分局应作为赔偿义务机关,因为该公安人员的行为属于与行使职权有关的行为

[解析]C 项正确。国家赔偿是国家对国家机关及工作人员违法行为造成的损害承担的赔偿,而国家补偿是国家对国家机关及工作人员的合法行为造成的损失给予的补偿。新修订的《国家赔偿法》,把一元化的违法归责原则,改为多元化的归责原则。也就是说,违法归责原则依然是国家赔偿的一个重要原则,只是不再具有唯一性。本案中某区公安分局的行为属于合法行为,不应赔偿,而应补偿。故 A 项、B 项、D 项错误,应选。

2. 国家赔偿与民事赔偿。国家赔偿是由民事赔偿发展而来的,但是两者存在着很大的差异:(1) 赔偿主体不同。国家赔偿主体是抽象的国家,具体由赔偿义务机关履行,责任主体与赔偿义务人分离。民事赔偿主体是民事主体,责任主体与赔偿义务人未分离。(2) 赔偿发生的基础不同。国家赔偿由国家侵权行为引起,民事赔偿则由民事侵权行为引起。(3) 归责原则不同。国家赔偿归责原则是违法原则、过错原则和特定情况下的结果原则,民事赔偿的归责原则主要是过错原则。(4) 赔偿程序不同。国家赔偿分为行政赔偿和司法赔偿,其程序比

较特殊,而民事赔偿受害人可以直接向法院起诉。

3. 行政赔偿与司法赔偿。行政赔偿是行政机关行使行政权而引起的赔偿责任,而司法赔偿是司法机关行使审判、检察、侦查、监狱管理等司法权而引起的赔偿责任,二者在赔偿义务机关、赔偿范围、赔偿程序等方面有很大的区别。

4. 国家赔偿与公有公共设施致害赔偿。公有公共设施致害赔偿,是指因公有公共设施的设置、管理、使用有欠缺和瑕疵,造成公民生命、健康、财产损害的,有关组织负责赔偿的制度。在我国,公有公共设施致害的,由该设施的经营管理单位或通过保险渠道赔偿。

二、 国家赔偿法

广义的国家赔偿法,是指有关国家赔偿的所有法律规范的总称,包括宪法、民法、诉讼法、行政法和特别法中关于国家赔偿的各种法律规范。狭义的国家赔偿法是指专门规定国家赔偿内容的法典。本书除特别标明外,均采用广义的国家赔偿法概念。

国家赔偿法的作用,包括三个方面:(1) 制定国家赔偿法,是落实宪法的需要,将宪法中有关规定具体化的举措;(2) 制定国家赔偿法,有利于保障公民、法人和其他组织的合法权益;(3) 制定国家赔偿法,可以有效地监督和促进国家机关依法行使职权。

三、 国家赔偿责任的构成要件

国家赔偿责任的构成要件,是指国家承担赔偿责任的必要条件,它是国家赔偿制度的核心内容。只有同时具备这些条件,国家才承担赔偿责任。

(一) 主体要件——国家机关及其工作人员

国家赔偿责任主体要件,是指国家承担赔偿责任必须具备的主体条件,即国家对哪些组织和个人的侵权行为负责赔偿。

国家赔偿责任主体,即侵权责任主体,包括以下两种:

1. 国家机关。(1) 行政机关(广义),包括所有的行政机关以及被授权组织。(2) 司法机关(广义),包括法院、检察院,以及行使司法权的公安机关、安全机关、海关、监狱管理机关、军队保卫部门。

2. 国家机关工作人员。(1) 行政机关工作人员(广义),包括行政机关、被授权组织和被委托组织的工作人员,但工勤人员除外。(2) 司法机关工作人员(广义),包括法院、检察院的工作人员,以及行政司法权的公安机关、安全机关、海关、监狱管理机关、军队保卫部门的工作人员，但工勤人员除外。

（二）行为要件——执行职务行为

国家只对侵权责任主体实施的执行职务的行为承担赔偿责任，即致害行为必须是与执行职务有关的行为。所谓执行职务是指国家机关或国家机关工作人员履行或不履行其职责和义务的行为。

公务员具有双重身份，执行职务时是公务员，不执行职务时是公民。公务员身份时是执行职务行为，由国家承担责任。公民身份时，是个人行为，由自己承担民事责任。界定公务员执行职务行为的标准有以下四个方面：（1）时间标准。上班时间是执行职务行为，下班时间是个人行为。（2）岗位标准。在工作岗位上是执行职务行为，不在工作岗位是个人行为。（3）职权标准。根据法律赋予的职责权限实施的行为是执行职务行为，不是法定职权是个人行为。（4）命令标准。执行上级命令是执行职务行为，不是上级命令的是个人行为。

判断某一行为是否为职务行为，必须综合上述标准予以分析判断。但是，最重要的是职权标准，即行为与职务存在密切关系。

例：(2000/1/17/多选)某市公安局刑事警察赵某下班期间发现有人斗殴，即予以制止。正巧打架的马某与赵某有隙，便对赵某出言不逊。赵某大怒，拔枪将马某击伤。下列关于赔偿责任的说法正确的是：

A. 应由赵某赔偿，因其行为属于行使职权无关的个人行为

B. 应由赵某赔偿，因其是刑事警察，无治安管理职权，且是在下班期间作出

C. 应由公安局赔偿，因赵某的行为是执行职务

D. 应由公安局赔偿，因赵某的行为属于违法使用武器、警械造成公民身体伤害的情形

[解析]C 项、D 项正确。《国家赔偿法》第 3 条规定："行政机关及其工作人员在行使行政职权时有下列侵犯人身权情形之一的，受害人有取得赔偿的权利：……（四）违法使用武器、警械造成公民身体伤害或者死亡的……"该法第 5 条规定："属于下列情形之一的，国家不承担赔偿责任：（一）行政机关工作人员与行使职权无关的个人行为；……"本题中，关键在于判断赵某的行为是否属于"与行使职权无关的个人行为"。区分职务行为和个人行为，有 4 个标准：上班时间、工作岗位、法定职权、上级命令。本案中，刑事警察赵某在下班期间制止斗殴，不在上班时间和工作岗位，但是警察是特殊公务人员，应当随时随地履行职责，故其阻止斗殴的行为是执行职务。赵某因为个人情绪失控，拔枪伤人，属于违法使用武器、警械造成公

民身体伤害的情形，应由公安局赔偿。

（三）结果要件——造成特定损害

1. 损害的范围。损害包括人身损害和财产损害，前者包括限制人身自由、剥夺生命、致人伤残等，后者指财产的灭失、毁损和减少等损害。

2. 损害的对象。国家能否赔偿损害，首先应确定损害者的利益是否受到法律保护，国家对受害人是否承担特定的义务。

3. 损害行为与损害结果之间的因果关系。因果之间具有逻辑联系，且有直接相关性。有些特殊的致害原因与损害结果之间缺乏因果联系，国家对此不负赔偿责任。（1）受害人的过错。受害人的行为致使损害的发生或加重时，国家不负赔偿责任或者部分免除赔偿责任。（2）不可抗力。如战争、天灾等引起的损害，国家不负赔偿责任。（3）第三者介入。通过第三者介入产生的损害是间接损害，国家不负赔偿责任。

（四）法律要件

国家对何种行为负责赔偿、适用什么赔偿方式及程序，均须由《国家赔偿法》明确规定。

如表 10-1 所示：

表 10-1

主体要件	国家机关及其工作人员 ① 国家机关：行政机关（包括被授权组织）、司法机关（法院、检察院、公安机关、安全机关、海关、监狱管理机关、军队保卫部门） ② 工作人员（国家机关同公民存在实际上的公务关系）：包括行政机关、司法机关工作人员、具有相当身份的人员（包括被授权组织、被委托组织的工作人员、受指使实施行为的公民），但是不包括工勤人员
行为要件	职务行为（时间、岗位、职权、命令）
结果要件	① 人身损害+财产损害 ② 物质损害+直接损害 ③ 因果关系（排除受害人过错、不可抗力、第三者介入等）
法律要件	有法律规定

第二节 行政赔偿

一、行政赔偿概述

（一）行政赔偿的概念

行政赔偿是指行政机关及其工作人员在行使职权过程中侵犯公民、法人或其他组织的合法权益并造成损害，国家对此承担的赔偿责任。

（二）行政赔偿与近似概念的区别

1. 行政赔偿与行政补偿。行政赔偿是由行政机关及其工作人员的违法行为引发的，而行政补偿是由行政机关及其工作人员的合法行为引发的。

2. 行政赔偿与民事赔偿。行政赔偿是国家向公民个人承担的赔偿责任，形成的是国家与公民之间的法律关系；而民事赔偿是公民个人向公民个人承担的赔偿责任，形成的是公民与公民之间的法律关系。

3. 行政赔偿与司法赔偿。在行政赔偿中，实施侵权行为的主体是行政机关及其工作人员。在司法赔偿中，实施侵权行为的主体是履行司法职能的司法机关及其工作人员。

二、行政赔偿范围

行政赔偿范围，是指国家应对行政机关及其工作人员在行使行政职权时侵犯公民、法人和其他组织合法权益造成损害的哪些行为承担赔偿责任的界限。根据《行政复议法》《行政诉讼法》《国家赔偿法》的相关规定，行政赔偿的范围与行政复议受案范围、行政诉讼受案范围基本一致，是具体行政行为（以及部分事实行为）的合法性、合理性。具体包括以下两大类。

（一）侵犯人身权的行为

国家赔偿法规定的人身权范围，主要包括人身自由权、生命健康权。

1. 侵犯人身自由权的行为。（1）违法拘留或者违法采取限制公民人身自由的行政强制措施。（2）非法拘禁或者以其他方法非法剥夺公民人身自由。有两种情形：一是无权限，没有限制公民人身自由权的行政机关实施的剥夺公民人身自由。二是超过法定期限或者条件关押，享有限制人身自由权的行政机关在法律规定期限和条件之外剥夺公民人身自由。

2. 侵犯生命健康权的行为。(1) 以殴打、虐待等行为或者唆使、放纵他人以殴打、虐待等行为造成公民身体伤害或者死亡。(2) 违法使用武器、警械。武器、警械是指枪支、警棍、警绳、手铐等。有权使用武器、警械的主要有警察、武警部队人员等。(3) 其他造成公民身体伤害或者死亡的违法行为。

(二) 侵犯财产权的行为

侵犯财产权的行为,包括以下四种:(1) 侵犯财产权的行政处罚,包括罚款、没收、吊销许可证和执照、责令停产停业、侵犯财产权的其他行政处罚。(2) 侵犯财产权的行政强制措施,主要是查封、扣押、冻结、保全、拍卖。(3) 违法征收、征用财产。(4) 其他侵犯财产权的违法行为。

(三) 国家不承担赔偿责任的情形

1. 个人行为。行政机关工作人员实施的与行使职权无关的个人行为。公务员以公民的身份实施的行为应当视为其个人的行为,由此而造成损害引起的赔偿责任应当由个人负责。

2. 受害人过错。因受害人自己行为致使损害发生的。受害人自己的行为致使损害发生或者扩大的,过错在于本人,后果应当由其个人承担。

3. 国家不承担赔偿责任的其他情形。主要包括两种:(1) 不可抗力,指不能预见、不能避免并不能克服的客观情况。(2) 第三人过错,因第三人过错致使损害发生的,法律上的侵权行为的主体是第三人,而不是行政机关及其工作人员,更不是国家。

行政赔偿范围,如表 10-2 所示:

表 10-2

人身权	人身自由权:违法拘留或者违法采取限制公民人身自由的行政强制措施 非法拘禁或者以其他方法非法剥夺公民人身自由
	生命健康权:以殴打、虐待等行为(或者唆使、放纵他人),造成公民身体伤害或死亡 违法使用武器、警械,造成公民身体伤害或者死亡 其他违法行为,造成公民身体伤害或者死亡
财产权	违法行政处罚 违法行政强制措施 违法征收、征用财产 其他违法行为
不赔偿	加害人个人行为 受害人过错:虚假供述或自伤自残 不可抗力、紧急避险、第三人过错等

例:(2010/2/46/单选)某区城管局以甲摆摊卖“麻辣烫”影响环境为由,将其从事经营的小推车等物品扣押。在实施扣押过程中,城管执法人员李某将甲打伤。对此,下列哪一说法是正确的?

A. 扣押甲物品的行为,属于行政强制执行措施

B. 李某殴打甲的行为,属于事实行为

C. 因甲被打伤,扣押甲物品的行为违法

D. 甲被打伤的损失,应由李某个人赔偿

[解析]A项错误。扣押属于行政强制措施。行政强制包括行政强制措施和行政强制执行,根本不存在“行政强制执行措施”的概念。

B项正确。事实行为是指国家机关和国家机关工作人员不具有设立、变更或者消灭法律关系的意图,但依照法律的规定引起法律后果的行为,主要是指非法拘禁和非法殴打。

C项错误。因果关系不成立。判断具体行政行为合法性,看是否具备五个要件:事实证据确凿、适用法律正确、符合法定程序、没有超越职权、没有滥用职权。本案中,甲被打伤,与扣押是否合法,没有因果关系。

D项错误。本案中,城管执法人员李某的非法殴打是职务行为,不是个人行为,应该由国家承担赔偿责任。

三、 行政赔偿请求人和赔偿义务机关

(一)行政赔偿请求人

1. 行政赔偿请求人的概念。行政赔偿请求人是指依法享有取得国家赔偿的权利,请求赔偿义务机关确认和履行国家赔偿责任的公民、法人或者其他组织,也称受害人,即具体行政行为的利害关系人,包括相对人和相关人。

2. 请求人资格的转移。分为两种情况:(1)受害的公民死亡,其继承人、其他有扶养关系的亲属、死者生前抚养的无劳动能力的人有权要求赔偿。请注意,行政复议和行政诉讼是转移到“近亲属”,国家赔偿是转移到“继承人”,因为国家赔偿的方式是金钱赔偿、返还财产和恢复原状,都与财产有关,而财产只会发生继承问题。(2)受害的法人或者其他组织终止,其权利承受人有权要求赔偿。权利承受人包括继承权利组织或者继承权利个人。但是,在资格转移的同时,原组织依然保留赔偿请求人的资格。

例:(2005/2/87/多选)甲县人民政府在强行拆除乙厂未经批准建造的房屋时,未及时通知乙厂,也未制作物品清单,房屋内的物品被毁损。该强制拆除行为后因违反法定程序被法院判决确认违法。2002年12月,乙厂被工商部门吊

销营业执照，2003 年 4 月乙厂的企业法人登记被注销。2003 年 1 月乙厂向法院提起行政诉讼，要求甲县人民政府赔偿建房投入和物品损失。下列哪些说法不正确？

A. 乙厂具有原告资格

B. 乙厂提起行政赔偿诉讼的时效为自该强制拆除行为被确认违法之日起两年

C. 因乙厂被拆房屋为违法建筑，乙厂的请求不成立

D. 因甲县人民政府的拆除行为只存在程序违法，乙厂的请求不成立

[解析]A 项正确，不选。A 项考查行政赔偿诉讼的原告资格。《最高人民法院关于审理行政赔偿案件若干问题的规定》第 16 条规定："企业法人或者其他组织被行政机关撤销、变更、兼并、注销，认为经营自主权受到侵害，依法提起行政赔偿诉讼，原企业法人或其他组织，或者对其享有权利的法人或其他组织均具有原告资格。"本案中，尽管乙厂已经被注销，但是仍然具有原告资格。

B 项错误，应选。根据《国家赔偿法》第 13 条和第 14 条的规定，乙厂单独提起行政赔偿诉讼，首先向甲县政府申请赔偿，甲县政府应当自收到申请之日起两个月内作出是否赔偿的决定。如果甲县政府未作出是否赔偿的决定，乙厂可以在两个月期满之日起三个月内向法院提起行政赔偿诉讼；如果甲县政府作出赔偿或者不予赔偿的决定，乙厂可以在三个月内向法院提起行政赔偿诉讼。

C 项、D 项错误，应选。根据《国家赔偿法》第 4 条的规定，甲县政府的强制拆除行为已被法院判决确认为违法行为，因此无论是程序违法还是实体违法，乙厂作为受害人均有权取得赔偿，并不因乙厂自身也有过错或政府行为只存在程序违法等理由就导致赔偿请求不成立。

（二）行政赔偿义务机关

1. 行政赔偿义务机关的概念和义务

行政赔偿义务机关，是指代表国家处理赔偿请求、支付赔偿费用、参加赔偿诉讼的行政机关。在我国，行政侵权行为人是行政机关及工作人员，赔偿义务机关只为行政机关。这里的行政机关是广义的概念，包括被授权组织。

2. 行政赔偿义务机关的确认

（1）单独赔偿义务机关。行政机关及其工作人员行使职权侵犯公民合法权益的，该行政机关为赔偿义务机关。

（2）共同赔偿义务机关。两个以上行政机关共同行使职权侵犯公民合法权益造成损害的，为共同赔偿义务机关。共同赔偿义务机关之间负连带责任，受害人可以向其中的任何一个赔偿义务机关要求赔偿。该赔偿义务机关应当先予赔

偿,然后要求其他行政机关负担部分赔偿费用。

(3) 被授权组织。被授权组织在行使职权时侵犯公民合法权益造成损害的,该组织为赔偿义务机关。

(4) 委托行政机关。受行政机关委托的组织或者个人在行使受委托职权时侵犯公民合法权益造成损害的,委托行政机关为赔偿义务机关。

(5) 行政机关撤销时的赔偿义务机关。赔偿义务机关被撤销的,继续行使职权的行政机关为赔偿义务机关。没有继续行使其职权的行政机关,撤销该赔偿义务机关的行政机关为赔偿义务机关。

(6) 派出机关。派出机关是行政主体,行使职权时侵犯公民合法权益的,由派出机关自己作为赔偿义务机关。

(7) 派出机构所在行政机关作为赔偿义务机关。当派出机构以自己的名义作出行政行为,由其所在的行政机关承担赔偿责任。这是由财政体制决定的,派出机构不是一级财政主体。例如,公安派出所作出任何行政行为,都由公安局赔偿。

(8) 经过行政复议的赔偿义务机关。分为两种情况,复议决定减轻损害的,由原行为机关承担赔偿责任;复议决定加重损害的,由原行为机关对原来的部分承担赔偿责任,复议机关对加重的部分承担赔偿责任。请注意,复议机关与原侵权机关不是共同赔偿义务机关,不负连带责任,各自对自己侵权造成的损害承担责任。如图 10-1 所示:

经过行政复议(过错原则)
- 维持 → 原行为机关
- 改变
  - 减轻 → 原行为机关
  - 加重 →
    - 原行为机关:原行为部分
    - 复议机关:加重部分

图 10-1

四、 行政赔偿程序

行政赔偿程序是指受害人依法取得国家赔偿权利、行政机关或者法院依法办理行政赔偿事务应当遵守的方式、步骤、顺序、时限等手续的总称。

行政赔偿程序包括两种:(1) 单独程序,是指受害人只提出行政赔偿请求,而没有要求有权机关确认具体行政行为违法。此处是新法的修改,旧法规定单独程序以具体行政行为确认违法为前提,新法删除了确认违法程序。(2) 一并程序,是指受害人在行政复议或者行政诉讼过程中,在不服具体行政行为合法性的同时,一并提出行政赔偿请求。一句话,只告赔偿是单独程序,既告具体行为、又告赔偿是一并程序。

（一）单独提出赔偿请求的程序

单独程序，以赔偿义务机关先行处理为前提。赔偿请求人首先向赔偿义务机关提出赔偿申请，对赔偿义务机关先行处理不服的，再向人民法院提起行政赔偿诉讼。

1. 赔偿请求人提出赔偿申请。赔偿请求人知道侵权之日起 2 年内向赔偿义务机关提出赔偿申请。赔偿请求人书写申请书确有困难的，可以委托他人代书；也可以口头申请，由赔偿义务机关记入笔录。赔偿请求人当面递交申请书的，赔偿义务机关应当当场出具加盖本行政机关专用印章并注明收讫日期的书面凭证。申请材料不齐全的，赔偿义务机关应当当场或者在 5 日内一次性告知赔偿请求人需要补正的全部内容。

2. 赔偿义务机关先行处理。赔偿义务机关应当自收到申请之日起 2 个月内，作出是否赔偿的决定。赔偿义务机关作出赔偿决定，应当充分听取赔偿请求人的意见，并可以与赔偿请求人就赔偿方式、赔偿项目和赔偿数额进行协商。赔偿义务机关决定赔偿的，应当制作赔偿决定书，并自作出决定之日起 10 日内送达赔偿请求人。决定不予赔偿的，应当自作出决定之日起 10 日内书面通知赔偿请求人，并说明不予赔偿的理由。

3. 赔偿请求人提起行政赔偿诉讼。赔偿义务机关在规定期限内未作出是否赔偿的决定，赔偿请求人可以自期限届满之日起 3 个月内，向人民法院提起行政赔偿诉讼。赔偿请求人对赔偿的方式、项目、数额有异议的，或者赔偿义务机关作出不予赔偿决定的，赔偿请求人可以自赔偿义务机关作出赔偿或者不予赔偿决定之日起 3 个月内，向人民法院提起行政赔偿诉讼。人民法院审理行政赔偿案件，赔偿请求人和赔偿义务机关对自己提出的主张，应当提供证据。但是，赔偿义务机关采取行政拘留或者限制人身自由的强制措施期间，被限制人身自由的人死亡或者丧失行为能力的，赔偿义务机关的行为与被限制人身自由的人的死亡或者丧失行为能力是否存在因果关系，赔偿义务机关应当提供证据。请注意，行政赔偿诉讼是一种特殊的行政诉讼。

（二）一并提出赔偿请求的程序

一并程序，是指赔偿请求人在提起行政复议或者行政诉讼过程中，既不服具体行政行为，又提出了行政赔偿请求。根据行政复议和行政诉讼的自由选择关系，一并程序可以分为两种情况：一是先申请行政复议，再提起行政诉讼。二是直接提起行政诉讼。

1. 行政复议程序。分为两种：（1）依申请赔偿。申请人在申请行政复议时一并提出行政赔偿请求的，行政复议机关对符合《国家赔偿法》的有关规定应当给予赔偿的，在决定撤销、变更具体行政行为或者确认具体行政行为违法时，应当同时决定被申请人依法给予赔偿。（2）依职权赔偿。申请人在申请行政复议时没有提出行政赔偿请求的，行政复议机关在依法决定撤销或者变更罚款，撤销违法集资、没收财物、征收财物、摊派费用以及对财产的查封、扣押、冻结等具体行政行为时，应当同时责令被申请人返还财产，解除对财产的查封、扣押、冻结措施，或者赔偿相应的价款，这是《行政复议法》的规定。复议机关应当在收到复议申请书之日起 60 日内作出复议决定，申请人对复议机关作出的包括赔偿决定在内的复议决定不服，可以在收到决定书之日起 15 日内，向人民法院提起行政诉讼。具体程序，按照《行政复议法》的规定。

2. 行政诉讼程序。申请人在提起行政诉讼时一并提出行政赔偿请求的，法院对符合《国家赔偿法》的有关规定的应当给予赔偿的，在判决撤销、变更具体行政行为或者确认具体行政行为违法时，应当同时决定被告行政机关依法给予赔偿。具体程序，按照《行政诉讼法》的规定，这里不再赘述。

行政赔偿程序，如表 10-3 所示：

表 10-3

<table>
<tr><td rowspan="3">单独程序</td><td rowspan="3">赔偿义务机关→法院</td><td>① 申请</td><td>赔偿请求人知道侵权之日起2 年内向赔偿义务机关提出赔偿申请</td></tr>
<tr><td>② 决定</td><td>赔偿义务机关2 个月内作出决定
作出赔偿决定，应当听取意见，可以协商，赔偿决定书 10 日内送达
不予赔偿，10 日内书面通知，并说明理由</td></tr>
<tr><td>③ 诉讼</td><td>赔偿请求人不服，3 个月内提起行政赔偿诉讼
谁主张，谁举证。限制人身自由期间死亡/丧失行为能力的
→是否存在因果关系，由赔偿义务机关举证</td></tr>
<tr><td rowspan="2">一并程序</td><td>行政复议机关→法院</td><td colspan="2">行政复议机关 → 撤销、变更、确认违法 + 赔偿决定（可调解）</td></tr>
<tr><td>法院</td><td colspan="2">法院 → 撤销、变更、确认违法 + 赔偿判决（可调解）</td></tr>
</table>

例：（2013/2/84/多选）某区规划局以一公司未经批准擅自搭建地面工棚为由，限期自行拆除。该公司逾期未拆除。根据规划局的请求，区政府组织人员将违法建筑拆除，并将拆下的钢板作为建筑垃圾运走。如该公司申请国家赔偿，下列哪些说法是正确的？

A. 可以向区规划局提出赔偿请求

B. 区政府为赔偿义务机关

C. 申请国家赔偿之前应先申请确认运走钢板的行为违法

D. 应当对自己的主张提供证据

[解析]A 项错误,B 项正确。《国家赔偿法》第 7 条第 1 款规定:"行政机关及其工作人员行使行政职权侵犯公民、法人和其他组织的合法权益造成损害的,该行政机关为赔偿义务机关。"

C 项错误。《国家赔偿法》第 9 条规定:"赔偿义务机关有本法第三条、第四条规定情形之一的,应当给予赔偿。赔偿请求人要求赔偿,应当先向赔偿义务机关提出,也可以在申请行政复议或者提起行政诉讼时一并提出。"行政赔偿程序包括两种:单独程序和一并程序。单独程序,是指受害人只提出行政赔偿请求,而没有要求有权机关来确认具体行政行为违法。请注意,旧法规定单独程序以具体行政行为确认违法为前提,新法取消了确认违法程序。

D 项正确。《国家赔偿法》第 15 条第 1 款规定:"人民法院审理行政赔偿案件,赔偿请求人和赔偿义务机关对自己提出的主张,应当提供证据。"

五、 行政追偿

追偿权,是指国家机关向受害人支付赔偿金后,要求有过错的组织或者个人承担部分或全部赔偿费用的权力。国家在对外承担完赔偿责任后,仍然保有内部追偿的权力。

赔偿义务机关赔偿损失后,应当责令有故意或者重大过失的工作人员或者受委托的组织或者个人承担部分或者全部赔偿费用,也即"先赔偿后追偿"。追偿以执行职务存有过错为条件,即故意或重大过失。追偿金额以赔偿义务机关支付的损害赔偿金额为限,即部分或者全部赔偿费用。

此外,对有故意或者重大过失的责任人员,有关机关应当依法给予处分;构成犯罪的,应当依法追究刑事责任。一句话,对公务员坚持有错必究原则,违法的应当给予行政处分,犯罪的应当给予刑事处罚。

第三节 司法赔偿

一、 司法赔偿概述

(一) 司法赔偿的概念

司法赔偿是指司法机关及其工作人员在行使侦查权、检察权、审判权和监狱管理职权时给无辜的公民、法人或者其他组织的生命、健康、自由和财产造成损害的,国家应当承担的赔偿责任。

(二)司法赔偿的特征

1. 司法赔偿的侵权行为主体是司法机关及其工作人员。主要包括:(1)行使刑事侦查权的公安机关、安全机关、海关、军队保卫部门及其工作人员;(2)行使检察权(仅限于刑事检察权)的检察院及其工作人员;(3)行使审判权的法院(包括专门法院)及其工作人员;(4)行使监狱管理权的机关及其工作人员。

2. 司法赔偿的原因是司法机关及其工作人员违法行使司法权侵害了公民、法人或者其他组织的合法权益。在这里,要注意区分公安机关、安全机关、海关和监狱管理机关的双重身份和双重行为。比如,公安机关在行使行政权时是行政机关,可能产生行政赔偿责任;在行使司法权时是司法机关,可能产生司法赔偿责任。

3. 司法赔偿范围法定。原国家赔偿法对刑事赔偿范围限定严格,新法拓宽了刑事赔偿范围。对错误拘留和错误逮捕不再实行“无罪羁押”的归责原则,而分别实行违法归责原则和结果归责原则。

4. 司法赔偿以独立的非诉程序进行。司法赔偿程序,包括侵权机关自我确认违法并赔偿程序、上级机关赔偿复议程序、法院赔偿委员会赔偿决定程序。

二、 司法赔偿范围

(一)司法赔偿范围的概念

司法赔偿范围,是指司法机关及其工作人员在行使职权时侵犯公民、法人和其他组织合法权益并造成损害的,国家承担赔偿责任的范围,包括刑事司法赔偿范围和民事、行政司法赔偿范围。

(二)刑事司法赔偿的范围

我国刑事司法赔偿范围中侵犯人身权的赔偿限于侵犯公民人身自由权和生命健康权。

1. 侵犯人身权的刑事赔偿

(1)错误拘留。违反刑事诉讼法的规定对公民采取拘留措施的,或者依照刑事诉讼法规定的条件和程序对公民采取拘留措施,但是拘留时间超过刑事诉讼法规定的时限,其后决定撤销案件、不起诉或者判决宣告无罪终止追究刑事责任的。

（2）错误逮捕。对公民采取逮捕措施后，决定撤销案件、不起诉或者判决宣告无罪终止追究刑事责任的。

（3）错误判决。依照审判监督程序再审改判无罪，原判刑罚已经执行的；“无罪”，包括公民没有实施犯罪行为或者没有充分确凿的证据证明公民实施了犯罪行为。“刑罚已经执行”是指公民被羁押，至于管制、有期徒刑缓刑、剥夺政治权利以及减刑、假释、保外就医，因为公民没有被羁押，所以国家不承担赔偿责任。但是，赔偿请求人在判决生效前被羁押的，依法有权取得赔偿。

（4）刑讯逼供或者以殴打、虐待等行为或者唆使、放纵他人以殴打、虐待等行为造成公民身体伤害或者死亡的行为。

（5）违法使用武器、警械造成公民身体伤害或者死亡的行为。

2. 侵犯财产权的刑事赔偿

（1）违法对财产采取查封、扣押、冻结、追缴等措施。

（2）再审改判无罪，原判罚金、没收财产已经执行。

如表 10-4 所示：

表 10-4

<table>
<tr><td rowspan="7">刑事司法赔偿</td><td rowspan="5">人身权</td><td>错误拘留（① 违法拘留 ② 合法拘留但是超过时限其后决定撤销案件、不起诉、判决宣告无罪终止追究刑事责任的）</td></tr>
<tr><td>错误逮捕（逮捕后决定终止追究刑事责任的）</td></tr>
<tr><td>错误判决（无罪羁押或死亡，排除管制、缓刑、减刑、假释、保外就医、剥夺政治权利）</td></tr>
<tr><td>刑讯逼供；殴打、虐待等行为（或唆使、放纵他人）→伤害或死亡</td></tr>
<tr><td>违法使用武器、警械→伤害或死亡</td></tr>
<tr><td rowspan="2">财产权</td><td>违法对财产采取查封、扣押、冻结、追缴等措施的</td></tr>
<tr><td>再审改判无罪，原判罚金、没收财产已经执行的</td></tr>
</table>

（三）民事、行政司法赔偿范围

法院在民事诉讼、行政诉讼过程中，违法采取对妨害诉讼的强制措施、保全措施或者对判决、裁定及其他生效法律文书执行错误，造成损害的，赔偿请求人要求赔偿的程序，适用刑事司法赔偿程序的规定。具体包括以下几种：

1. 违法采取排除妨害诉讼强制措施。排除妨害诉讼的强制措施特指司法拘留和司法罚款，不包括其他的强制措施。

2. 违法采取保全措施。保全措施分为证据保全措施和财产保全措施。违法性主要表现在采取保全措施不符合法定的条件和范围，或者采取保全措施的程序违法。

3. 错误执行判决、裁定和其他生效法律文书。错误执行是指执行措施违法，侵犯了公民、法人或其他组织的人身权和财产权，而不是执行错误的判决、裁定和其他生效法律文书。

4. 法院工作人员的暴力行为。包括两种：(1) 法院工作人员以殴打等暴力行为或者唆使他人以殴打等暴力行为造成公民身体伤害或死亡的。(2) 法院工作人员违法使用武器、警械造成公民身体伤害或者死亡的。

例：(2003/2/71/多选)下列哪些情形属于国家赔偿的范围？

A. 警察王某之子玩弄王某手枪走火，致人伤残的

B. 章某因盗窃被判刑后，为达到保外就医目的而自伤的

C. 民事诉讼中，申请人提供担保后，法院未及时采取保全措施致使判决无法执行，给申请人造成损失的

D. 警察接到报警后，拒不出警造成财物被抢劫的

[解析]A 项错误。《国家赔偿法》第 5 条规定："属于下列情形之一的，国家不承担赔偿责任：(一)行政机关工作人员与行使职权无关的个人行为；……"

B 项错误。《国家赔偿法》第 19 条规定："属于下列情形之一的，国家不承担赔偿责任：……(五)因公民自伤、自残等故意行为致使损害发生的。"

C 项正确。《最高人民法院关于审理民事、行政诉讼中司法赔偿案件适用法律若干问题的解释》第 1 条规定："人民法院在民事、行政诉讼过程中，违法采取对妨害诉讼的强制措施、保全措施、先予执行措施，或者对判决、裁定及其他生效法律文书执行错误，侵犯公民、法人和其他组织合法权益并造成损害的，赔偿请求人可以依法向人民法院申请赔偿。"

D 项正确。《国家赔偿法》第 2 条规定："国家机关和国家机关工作人员行使职权，有本法规定的侵犯公民、法人和其他组织合法权益的情形，造成损害的，受害人有依照本法取得国家赔偿的权利。"本项中，警察不作为造成财物被抢劫，国家应当承担赔偿责任。

(四) 国家不承担赔偿责任的情形

1. 伪供伪证。因公民故意作虚伪供述或者伪造其他有罪证据被羁押或者被判处刑罚(羁押)的，国家不承担赔偿责任。但是，因司法机关工作人员的威胁、利诱实施这种行为的，应予以赔偿。

2. 自损行为。因公民自伤、自残等故意行为致使损害发生的，国家不承担赔偿责任。但是自伤自残是因为司法机关工作人员的刑讯逼供或殴打、威胁、折磨等致使公民难以忍受而导致的，应予以赔偿。

3. 刑法豁免。依照刑法规定不负刑事责任的人(判决前)被羁押的,国家不承担赔偿责任。但是判决后的羁押应予以赔偿。

4. 刑诉法豁免。依照刑事诉讼法规定不追究刑事责任的人(判决前)被羁押的,国家不承担赔偿责任。但是判决后的羁押应予以赔偿。

5. 个人行为。司法机关工作人员实施的与行使职权无关的个人行为,国家不承担赔偿责任。

6. 其他情形。法律规定国家不承担赔偿责任的其他情形,包括不可抗力、正当防卫、紧急避险、第三人过错等。

三、 司法赔偿请求人和赔偿义务机关

(一) 司法赔偿请求人

1. 司法赔偿请求人的概念。司法赔偿请求人是指人身权和财产权被违法司法行为侵害,依法享有国家赔偿请求权的人,包括公民、法人和其他组织。司法赔偿请求人的确定,依照行政赔偿请求人的有关规定。

2. 司法赔偿请求人资格转移。分为两种情况:(1) 受害的公民死亡,其继承人、其他有扶养关系的亲属、死者生前抚养的无劳动能力的人有权要求赔偿。(2) 受害的法人或者其他组织终止,其权利承受人有权要求赔偿。权利承受人包括继承权利组织或者继承权利个人。请注意,在资格转移的同时,原组织依然保留赔偿请求人的资格。

(二) 司法赔偿义务机关

1. 司法赔偿义务机关的概念

司法赔偿义务机关,是指在司法赔偿中代表国家接受赔偿请求、具体承担赔偿义务、并支付赔偿费用的司法机关。

2. 司法赔偿义务机关的确认

(1) 错误拘留的,作出拘留决定的机关为赔偿义务机关。在刑事诉讼中行使侦查权的机关有公安机关、国家安全机关、军队保卫部门以及检察机关,上述机关在侦查犯罪的过程中都有权作出拘留决定。

(2) 错误逮捕的,作出逮捕决定的机关为赔偿义务机关。若法院对没有犯罪事实的人错误决定逮捕的,在自诉案件中法院为赔偿义务机关。若检察机关错误批准逮捕或者在其自行侦查的案件中错误决定逮捕的,检察机关为赔偿义务机关。在检察机关错误批准逮捕的案件中,最终侵害受害人的决定是由检察机关作出的,依赔偿义务机关的后置确定原则,公安机关不对此前错误拘留造成

的侵害承担赔偿义务。

（3）再审改判无罪的，作出原生效判决的法院为赔偿义务机关。原一审法院作出判决后，被告人没有上诉，检察院没有抗诉，判决发生法律效力的，原一审法院为赔偿义务机关。被告人上诉或检察院抗诉，原二审法院维持一审判决或者对一审法院判决予以改判的，原二审法院为赔偿义务机关。

（4）二审改判无罪，以及二审发回重审后作无罪处理的，作出一审有罪判决的人民法院为赔偿义务机关。

例：(2012/2/50/单选)县公安局以李某涉嫌盗窃为由将其刑事拘留，并经县检察院批准逮捕。县法院判处李某有期徒刑5年。李某上诉，市中级法院改判李某无罪。李某向赔偿义务机关申请国家赔偿。下列哪一说法是正确的？

A. 县检察院为赔偿义务机关

B. 李某申请国家赔偿前应先申请确认刑事拘留和逮捕行为违法

C. 李某请求国家赔偿的时效自羁押行为被确认为违法之日起计算

D. 赔偿义务机关可以与李某就赔偿方式进行协商

[解析]A项错误。《国家赔偿法》第21条第4款规定："……二审改判无罪，以及二审发回重审后作无罪处理的，作出一审有罪判决的人民法院为赔偿义务机关。"本案中，应由县法院赔偿。

B项错误。《国家赔偿法》第22条第2款规定："赔偿请求人要求赔偿，应当先向赔偿义务机关提出。"所以，赔偿请求人可以直接申请司法赔偿，不需要先申请确认司法行为违法。

C项错误。《国家赔偿法》第39条第1款规定："赔偿请求人请求国家赔偿的时效为两年，自其知道或者应当知道国家机关及其工作人员行使职权时的行为侵犯其人身权、财产权之日起计算，但被羁押等限制人身自由期间不计算在内。……"

D项正确。《国家赔偿法》第23条第1款规定："赔偿义务机关应当自收到申请之日起两个月内，作出是否赔偿的决定。赔偿义务机关作出赔偿决定，应当充分听取赔偿请求人的意见，并可以与赔偿请求人就赔偿方式、赔偿项目和赔偿数额……进行协商。"

（5）法院在民事诉讼、行政诉讼的过程中，违法采取排除妨害诉讼的强制措施、保全措施或者对判决、裁定以及其他生效法律文书执行错误造成损害的，作出该行为的法院为赔偿义务机关。在委托执行的情况下，如果被委托执行的法院严格按照被委托执行的判决、裁定和其他法律文书执行而发生损害的，委托执行的法院为赔偿义务机关；若被委托执行的法院所采取的执行措施违法造成损害的，被委托执行的法院为赔偿义务机关。

（6）司法工作人员违法行使职权造成公民、法人或者其他组织人身权、财产权损害的，该工作人员所在的机关为赔偿义务机关。例如，司法工作人员刑讯逼供或者以殴打、虐待等行为，或者违法使用武器、警械造成公民身体伤害或者死亡的，由该司法工作人员所在的司法机关为赔偿义务机关。

司法赔偿义务机关，如表 10-5 所示：

表 10-5

<table>
<tr><td rowspan="4">刑事诉讼</td><td>错误拘留</td><td>拘留决定机关</td></tr>
<tr><td>错误逮捕</td><td>逮捕决定机关（法院、检察院）
拘留后置确定原则</td></tr>
<tr><td>再审改判无罪</td><td>作出原生效判决的法院（一审法院、二审法院）</td></tr>
<tr><td>二审改判无罪
二审发回重审后作无罪处理的</td><td>作出一审有罪判决的法院</td></tr>
<tr><td>民事诉讼
行政诉讼</td><td>违法强制、保全、执行</td><td>法院</td></tr>
</table>

四、 司法赔偿程序

司法赔偿程序是指公民、法人或者其他组织行使司法赔偿请求权，要求有关的国家侦查、检察、审判、监狱管理机关履行司法赔偿责任的程序，主要由司法赔偿处理程序、司法赔偿复议程序、司法赔偿决定程序组成。

（一）司法赔偿处理程序

司法赔偿处理程序是指司法赔偿义务机关受理和处理受害人赔偿请求的程序。原《国家赔偿法》规定，赔偿请求人要求赔偿，应当先向赔偿义务机关提出，不服赔偿义务机关处理的，才能申请复议。新法取消了确认程序，消除了赔偿请求人获得赔偿的程序障碍，畅通了司法赔偿渠道。

1. 赔偿请求人提出赔偿申请。赔偿请求人要求赔偿，应当先向赔偿义务机关提出。赔偿请求人知道侵权之日起 2 年内提出赔偿请求。这个期限与行政赔偿程序相同。

2. 赔偿义务机关先行处理。赔偿义务机关应当自收到申请之日起 2 个月内，作出是否赔偿的决定。赔偿义务机关作出赔偿决定，应当充分听取赔偿请求人的意见，并可以与赔偿请求人就赔偿方式、赔偿项目和赔偿数额依照《国家赔偿法》第四章的规定进行协商。赔偿义务机关决定赔偿的，应当制作赔偿决定书，并自作出决定之日起 10 日内送达赔偿请求人。赔偿义务机关决定不予赔偿的,应当自作出决定之日起 10 日内书面通知赔偿请求人,并说明不予赔偿的理由。

(二) 司法赔偿复议程序

司法赔偿复议程序,是指司法赔偿请求人不服赔偿义务机关的处理,向其上一级机关提出复议申请,由复议机关审查并作出决定的程序。请注意,法院作为赔偿义务机关时,没有司法赔偿复议程序。对法院的先行处理不服,受害人可直接向上一级法院的赔偿委员会提出申请。

1. 赔偿请求人提出复议申请。赔偿义务机关在规定期限内未作出是否赔偿的决定,赔偿请求人可以自 2 个月届满之日起 30 日内向赔偿义务机关的上一级机关申请复议。赔偿请求人对赔偿的方式、项目、数额有异议的,或者赔偿义务机关作出不予赔偿决定的,赔偿请求人可以自赔偿义务机关作出赔偿或者不予赔偿决定之日起 30 日内,向赔偿义务机关的上一级机关申请复议。

2. 复议机关作出复议决定。复议机关应当自收到申请之日起 2 个月内作出决定,包括维持决定、撤销决定、变更决定等。复议机关的复议决定对于赔偿义务机关具有约束力,赔偿义务机关必须执行。

(三) 司法赔偿决定程序

司法赔偿决定程序,是指法院的赔偿委员会受理司法赔偿请求、作出决定的程序。中级以上的人民法院设立赔偿委员会,由人民法院 3 名以上审判员组成,组成人员的人数应当为单数。

1. 申请。赔偿请求人不服复议决定的,可以在收到复议决定之日起 30 日内向复议机关所在地的同级法院赔偿委员会申请作出赔偿决定;复议机关逾期不作决定的,赔偿请求人可以自期限届满之日起 30 日内向复议机关所在地的同级法院赔偿委员会申请作出赔偿决定。赔偿请求人向赔偿委员会申请,应当递交赔偿申请书一式四份。赔偿请求人书写申请书确有困难的,可以口头申请。

2. 立案。赔偿委员会收到赔偿申请,经审查认为符合申请条件的,应当在 7 日内立案,并通知赔偿请求人、赔偿义务机关和复议机关;认为不符合申请条件的,应当在 7 日内决定不予受理;立案后发现不符合申请条件的,决定驳回申请。赔偿委员会应当在立案之日起 5 日内将赔偿申请书副本或者《申请赔偿登记表》副本送达赔偿义务机关和复议机关。

3. 审理。(1) 审理的组织形式。赔偿委员会审理赔偿案件,应当指定一名审判员负责具体承办。赔偿委员会作赔偿决定,必须有 3 名以上审判员参加,按照少数服从多数的原则作出决定。(2) 协商。赔偿委员会审理赔偿案件,可以组织赔偿义务机关与赔偿请求人就赔偿方式、赔偿项目和赔偿数额进行协商。(3) 审理方式。赔偿委员会采取书面审查的办法。必要时,可以向有关单位和人员调查情况、收集证据。赔偿请求人与赔偿义务机关对损害事实及因果关系有争议的,赔偿委员会可以听取赔偿请求人和赔偿义务机关的陈述和申辩,并可以进行质证。(4) 举证责任。赔偿请求人和赔偿义务机关对自己提出的主张,应当提供证据。但是,被羁押人在羁押期间死亡或者丧失行为能力的,赔偿义务机关的行为与被羁押人的死亡或者丧失行为能力是否存在因果关系,赔偿义务机关应当提供证据。

4. 决定。(1) 维持决定。赔偿义务机关的决定或者复议机关的复议决定认定事实清楚,适用法律正确的,依法予以维持。(2) 重新决定。赔偿义务机关的决定、复议机关的复议决定认定事实清楚,但适用法律错误的,依法重新决定;赔偿义务机关的决定、复议机关的复议决定认定事实不清、证据不足的,查清事实后依法重新决定。(3) 赔偿或不赔偿决定。赔偿义务机关、复议机关逾期未作决定的,查清事实后依法作出决定。赔偿委员会应当制作国家赔偿决定书,加盖人民法院印章。赔偿委员会应当自收到赔偿申请之日起 3 个月内作出决定;属于疑难、复杂、重大案件的,经本院院长批准,可以延长 3 个月。赔偿委员会作出的赔偿决定,发生法律效力,必须执行。

5. 申诉。赔偿请求人或者赔偿义务机关对赔偿委员会作出的决定,认为确有错误的,可以向上一级法院赔偿委员会提出申诉。赔偿委员会作出的赔偿决定生效后,如发现赔偿决定违法的,经本院院长决定或者上级法院指令,赔偿委员会应当在 2 个月内重新审查并依法作出决定,上一级法院赔偿委员会也可以直接审查并作出决定。最高检察院对各级法院赔偿委员会作出的决定,上级检察院对下级法院赔偿委员会作出的决定,发现违法的,应当向同级法院赔偿委员会提出意见,同级法院赔偿委员会应当在 2 个月内重新审查并依法作出决定。

司法赔偿程序,如表 10-6 所示:

表 10-6

申请	赔偿请求人知道侵权之日起 2 年内 提出赔偿请求
处理	赔偿义务机关 2 个月内 作出决定 作出赔偿决定,应当听取赔偿请求人意见,可以协商,赔偿决定书 10 日内送达 不予赔偿,10 日内书面通知,并说明理由
复议	赔偿请求人不服, 30 日内 向上一级机关申请复议(法院例外) 复议机关 2 个月内 作出决定

续表

决定	① 赔偿请求人不服，30 日内向同级法院赔委会申请 ② 谁主张，谁举证。羁押期间死亡或者丧失行为能力的，是否存在因果关系，赔偿义务机关举证 ③ 赔委会书面审查（必要时调查收集证据；事实损害及因果关系有争议的，听取陈述申辩并可以质证），3 个月内作出决定，经院长批准可以延长 3 个月 ④ 赔偿请求人或者赔偿义务机关可以向上一级法院赔委会提出申诉；赔委会发现违法，2 个月内重新审查，上一级法院赔委会也可直接审查；最高检察院、上级检察院发现违法，向同级法院赔委会提出意见，2 个月内重新审查

例：（2015/2/100/不定选）某县公安局以涉嫌诈骗为由将张某刑事拘留，并经县检察院批准逮捕，后县公安局以证据不足为由撤销案件，张某遂申请国家赔偿。下列说法正确的是：

A. 赔偿义务机关为县公安局和县检察院

B. 张某的赔偿请求不属国家赔偿范围

C. 张某当面递交赔偿申请书，赔偿义务机关应当场出具加盖本机关专用印章并注明收讫日期的书面凭证

D. 如赔偿义务机关拒绝赔偿，张某可向法院提起赔偿诉讼

[解析]A 项错误。《国家赔偿法》第 21 条第 3 款规定："对公民采取逮捕措施后决定撤销案件、不起诉或者判决宣告无罪的，作出逮捕决定的机关为赔偿义务机关。"本题中，公安局刑事拘留，检察院批准逮捕，根据"拘留后置确定原则"，县检察院为赔偿义务机关。

B 项错误。《国家赔偿法》第 2 条第 1 款规定："国家机关和国家机关工作人员行使职权，有本法规定的侵犯公民、法人和其他组织合法权益的情形，造成损害的，受害人有依照本法取得国家赔偿的权利。"本题中，检察院行使职权造成了损害，应当予以赔偿。

C 项正确。《国家赔偿法》第 12 条第 4 款规定："赔偿请求人当面递交申请书的，赔偿义务机关应当当场出具加盖本行政机关专用印章并注明收讫日期的书面凭证。申请材料不齐全的，赔偿义务机关应当当场或者在五日内一次性告知赔偿请求人需要补正的全部内容。"

D 项错误。《国家赔偿法》第 24 条第 2 款规定："赔偿请求人对赔偿的方式、项目、数额有异议的，或者赔偿义务机关作出不予赔偿决定的，赔偿请求人可以自赔偿义务机关作出赔偿或者不予赔偿决定之日起三十日内，向赔偿义务机

关的上一级机关申请复议。”本题中，如赔偿义务机关拒绝赔偿，张某可向市检察院申请复议。

提示：不要混淆行政赔偿单独程序和司法赔偿程序。行政赔偿单独程序是赔偿义务机关先行处理，再接法院的行政赔偿诉讼。司法赔偿是赔偿义务机关先行处理，接上级机关复议，再接法院的赔委会决定。

五、司法追偿

司法追偿，是指司法赔偿义务机关在履行完国家赔偿责任后依法责令有过错的工作人员承担部分或者全部赔偿责任的制度。

司法追偿的范围包括：(1) 实施暴力侵权行为的工作人员。行使侦查、检察、审判职权的机关以及看守所、监狱管理机关及其工作人员刑讯逼供或者以殴打、虐待等行为或者唆使、放纵他人以殴打、虐待等行为，或者违法使用武器、警械造成公民身体伤害或者死亡的。(2) 在处理案件中有贪污受贿，徇私舞弊，枉法裁判行为的。

此外，对有司法追偿情形的责任人员，有关机关应当依法给予处分；构成犯罪的，应当依法追究刑事责任。

第四节　国家赔偿方式标准和费用

一、国家赔偿的方式

国家赔偿方式，是指国家对自己的侵权行为承担赔偿责任的各种形式。国家赔偿以支付赔偿金为主要方式，能够返还财产或者恢复原状的，予以返还财产或者恢复原状。

(一) 金钱赔偿

金钱赔偿，即将受害人的各项损失计算成金额，以金额折抵受损害人的损失。金钱赔偿的适用，应当以不能返还财产或恢复原状为前提。主要指以下几种情况：(1) 侵犯公民人身自由及生命健康权。(2) 侵犯公民、组织的财产权，被侵害的财产已经灭失、拍卖等，恢复原状在事实上已不可能。(3) 侵犯公民、组织的财产权，被侵害的财产已被损坏且不能恢复原状或恢复有重大困难。(4) 返还财产或恢复原状与法律规范相抵触。

（二）返还财产

返还财产，是指国家机关将违法取得的财产返还给受害人的赔偿方式。返还财产只能适用于物质损害，尤其是在物品失去控制的情况下。返还财产一般是指原物，如果原物是特定化的种类物，可以以同种类的物品赔偿，当事人不同意的，只能金钱赔偿。在返还财产时，如果财产有孳息物的，应一并返还。

返还财产主要适用于以下情形：(1) 行政机关违法采用罚款、没收财产等行政处罚。(2) 行政机关违反国家规定征收财物、摊派费用。(3) 司法机关或行政机关违法适用罚金、没收、追缴等剥夺财产的措施。(4) 国家机关违法采取的查封、扣押、冻结财产的措施。

（三）恢复原状

恢复原状，指使国家机关的违法行为侵害相对人的财产或权利恢复到受损害前的形状、性能或状态的赔偿方式。

恢复原状主要适用于以下几种情况：(1) 应当返还的财产被损坏，能够恢复原状的，应当恢复原状。(2) 查封、扣押、冻结财产的，应当解除查封、扣押、冻结。(3) 有可能恢复原状且不违反其他法律规定。

（四）国家赔偿的其他方式

行政机关、刑事司法机关侵犯人身权，致人精神损害的，应当为受害人消除影响、恢复名誉、赔礼道歉；造成严重后果的，应当支付相应的精神损害抚慰金。

1. 消除影响，是指国家机关承担的在特定范围内消除因侵犯公民的名誉权、荣誉权所产生的各种不良影响，对受害人名誉和荣誉的赔偿方式。

2. 恢复名誉，主要适用于因为国家机关的侵权行为损害了公民的名誉权和荣誉权，一般与消除影响合并适用。

3. 赔礼道歉，是指国家机关因为侵犯公民的名誉权和荣誉权而向受害人承认过错，表示歉意。

二、 国家赔偿的计算标准

（一）人身权损害赔偿的计算标准

人身权的损害包括侵犯公民人身自由权和侵犯公民生命健康权两类。

1. 人身自由权损害赔偿的计算标准。侵犯公民人身自由权的，每日的赔偿金按照国家上年度职工日平均工资计算。“上年度”，指赔偿义务机关、复议机关或者法院赔偿委员会作出赔偿决定的上年度；复议机关或者法院赔偿委员会维持原赔偿决定的，按作出原赔偿决定时的上年度执行。国家上年度职工日平均工资数额，应当以职工年平均工资除以全年法定工作日数的方法计算。年平均工资以国家统计局公布的数字为准。

2. 生命健康权损害赔偿的计算标准。侵犯公民生命健康权包括致人身体伤害、致人身体残疾和致人死亡三种情况，国家违法侵害公民身体健康或者生命，致使其患病、丧失或减少劳动能力或者死亡的，应当负赔偿责任。(1) 造成身体伤害的，应当支付医疗费、护理费，以及赔偿因误工减少的收入。减少的收入每日的赔偿金按照国家上年度职工日平均工资计算，最高额为国家上年度职工年平均工资的 5 倍；(2) 造成部分或者全部丧失劳动能力的，应当支付医疗费、护理费、残疾生活辅助具费、康复费等因残疾而增加的必要支出和继续治疗所必需的费用，以及残疾赔偿金。残疾赔偿金根据丧失劳动能力的程度，按照国家规定的伤残等级确定，最高不超过国家上年度职工年平均工资的 20 倍。造成全部丧失劳动能力的，对其扶养的无劳动能力的人，还应当支付生活费；公民应扶养(或抚养)的人包括公民的直系亲属，即祖父母、外祖父母、父母、配偶、未满 18 周岁的子女以及与公民已形成抚养关系的人。凡是被抚养人是未成年人的，生活费给付至 18 周岁；其他无劳动能力的人，生活费给付至死亡。生活费的发放标准，参照当地最低生活保障标准执行。(3) 造成公民死亡的，应当支付死亡赔偿金、丧葬费，总额为国家上年度职工年平均工资的 20 倍。对死者生前扶养的无劳动能力的人，还应当支付生活费。

如表 10-7 所示：

表 10-7

人身自由权	每日，国家上年度职工[日平均工资]
生命健康权	身体伤害：医疗费；护理费；误工费(按日计算，最高额[5 年工资])
	丧失劳力：医疗费；护理费；残疾生活辅助具费、康复费等因残疾而增加的必要支出和继续治疗所必需的费用，以及残疾赔偿金(最高额[20 年工资])；全部丧失劳力→生活费
	死亡：死亡赔偿金+丧葬费 = [20 年工资] + 生活费

例 1：(2009/2/49/单选)2001 年 5 月李某被某县公安局刑事拘留，后某县检察院以证据不足退回该局补充侦查，2002 年 11 月李某被取保候审。2004 年，县公安局撤销案件。次年 3 月，李某提出国家赔偿申请。县公安局于 2005 年 12 月作出给予李某赔偿的决定书。李某以赔偿数额过低为由，于 2006 年先后向市

公安局和市法院赔偿委员会提出复议和申请,二者均作出维持决定。对李某被限制人身自由的赔偿金,应按照下列哪个年度的国家职工日平均工资计算?

A. 2002 年度　　B. 2003 年度　　C. 2004 年度　　D. 2005 年度

[解析]C 项正确。《国家赔偿法》第 33 条规定:“侵犯公民人身自由的,每日赔偿金按照国家上年度职工平均工资计算。”《最高人民法院关于人民法院执行〈中华人民共和国国家赔偿法〉几个问题的解释》第 6 条第 1 款规定:“……关于‘侵犯公民人身自由的,每日的赔偿金按照国家上年度职工日平均工资计算’中规定的上年度,应为赔偿义务机关、复议机关或者人民法院赔偿委员会作出赔偿决定时的上年度;复议机关或者人民法院赔偿委员会决定维持原赔偿决定的,按作出原赔偿决定时的上年度执行。”本题中,赔偿义务机关县公安局于 2005 年作出赔偿决定,复议机关市公安局和市法院赔偿委员会作出了维持决定,因此赔偿标准应按赔偿义务机关作出赔偿决定的上年度(2004 年度)执行。

例 2:(2012/2/100/不定选)廖某在监狱服刑,因监狱管理人员放纵被同室服刑人员殴打,致一条腿伤残。廖某经 6 个月治疗,部分丧失劳动能力,申请国家赔偿。下列属于国家赔偿范围的有:

A. 医疗费

B. 残疾生活辅助具费

C. 残疾赔偿金

D. 廖某扶养的无劳动能力人的生活费

[解析]A 项、B 项、C 项正确,D 项错误。《国家赔偿法》第 34 条规定:“侵犯公民生命健康权的,赔偿金按照下列规定计算:……(二)造成部分或者全部丧失劳动能力的,应当支付医疗费、护理费、残疾生活辅助具费、康复费等因残疾而增加的必要支出和继续治疗所必需的费用,以及残疾赔偿金。残疾赔偿金根据丧失劳动能力的程度,按照国家规定的伤残等级确定,最高不超过国家上年度职工年平均工资的二十倍。造成全部丧失劳动能力的,对其扶养的无劳动能力的人,还应当支付生活费;……”

提示:“全部”丧失劳动能力的,对其扶养的无劳动能力的人,应当支付生活费。“部分”丧失的,不应当支付生活费。

(二)财产权损害赔偿的计算标准

1. 处罚款、罚金、追缴、没收财产或者违法征收、征用财产的,返还财产;

2. 查封、扣押、冻结财产的,解除对财产的查封、扣押、冻结,造成财产损坏或者灭失的,将财产恢复原状,或给付相应的赔偿金;

3. 应当返还的财产损坏的,能够恢复原状的恢复原状,不能恢复原状的,按照损害程度给付相应的赔偿金；

4. 应当返还的财产灭失的，给付相应的赔偿金；

5. 财产已经拍卖或者变卖的，给付拍卖或者变卖所得的价款；变卖的价款明显低于财产价值的，应当支付相应的赔偿金；

6. 吊销许可证和执照、责令停产停业的，赔偿停产停业期间必要的经常性费用开支；所谓“必要的经常性费用开支”是指企业、商店、公民等在停产停业期间用于维持其生存的基本开支，如水电费、房屋租金、职工基本工资等。其中职工基本工资是按国家统一规定的劳保工资的平均数来计算的。

7. 返还执行的罚款或者罚金、追缴或者没收的金钱，解除冻结的存款或者汇款的，应当支付银行同期存款利息；

8. 对财产权造成其他损害的，按照直接损失给予赔偿。所谓“直接损失”，是指因遭受不法侵害而使现有财产必然减少或消灭。

如表 10-8 所示：

表 10-8

财产权	罚款、罚金、追缴、没收、征收、征用→返还财产
	查封、扣押、冻结→返还财产、恢复原状、金钱赔偿
	财产被拍卖、变卖→给付拍卖、变卖所得价款，变卖价款明显低于财产价值的，赔偿金
	吊销证照、责令停产停业→停产停业期间必要的经常性费用开支
	返还罚款、罚金、追缴或者没收的金钱，解除冻结的存款、汇款的→银行同期存款利息
	其他损害→直接损失

例：(2013/2/49/单选)某法院以杜某逾期未履行偿债判决为由，先将其房屋查封，后裁定将房屋过户以抵债。杜某认为强制执行超过申请数额而申请国家赔偿，要求赔偿房屋过户损失 30 万元，查封造成屋内财产毁损和丢失 5000 元，误工损失 2000 元，以及精神损失费 1 万元。下列哪一事项属于国家赔偿范围？

A. 2000 元　　B. 5000 元　　C. 1 万元　　D. 30 万元

[解析] A 项错误。《国家赔偿法》第 34 条第 1 款第 1 项规定：“侵犯公民生命健康权的，赔偿金按照下列规定计算：(一) 造成身体伤害的，应当支付医疗费、护理费，以及赔偿因误工减少的收入。……”可见，只有身体伤害，才应当支付误工费。本题中，侵犯的是财产权，不是身体伤害，不需要赔偿误工费。

B 项正确，D 项错误。《国家赔偿法》第 36 条规定：“侵犯公民、法人和其他组织的财产权造成损害的，按照下列规定处理：……(八) 对财产权造成其他损害的，按照直接损失给予赔偿。”本题中，“查封造成屋内财产毁损和丢失 5000

元"为直接损失,"房屋过户损失 30 万"属于民事偿债判决应当履行的义务,不属于法院违法执行查封造成的直接损失。

C 项错误。《国家赔偿法》第 35 条规定:"有本法第三条或者第十七条规定情形之一,致人精神损害的,应当在侵权行为影响的范围内,为受害人消除影响,恢复名誉,赔礼道歉;造成严重后果的,应当支付相应的精神损害抚慰金。"我国的国家赔偿法只有在侵犯人身权且造成严重后果时才有精神损害抚慰金,本题中法院侵犯的是财产权,不会有精神损害抚慰金,更不会有法律上没有规定的精神损失费。

三、 国家赔偿费用

(一) 国家赔偿费用的来源

赔偿费用,列入各级财政预算,具体办法由国务院规定。政府在每年度的国家预算中列支赔偿费用专项。

(二) 国家赔偿费用的支付与管理

国家赔偿费用由各级政府财政开支,由各级财政部门拨款,由赔偿义务机关向请求权人支付。

1. 赔偿请求人凭生效的判决书、复议决定书、赔偿决定书或者调解书,向赔偿义务机关申请支付赔偿金。

2. 赔偿义务机关应当自收到支付赔偿金申请之日起 7 日内,依照预算管理权限向有关的财政部门提出支付申请。

3. 财政部门应当自收到支付申请之日起 15 日内支付赔偿金。

4. 赔偿不收费、不征税。赔偿义务机关、复议机关和法院不得向赔偿请求人收取任何费用。对赔偿请求人取得的赔偿金也不予征税,即赔偿请求人获得的赔偿金不用缴纳任何税款。

如表 10-9 所示:

表 10-9

民先申请	赔偿请求人凭生效的判决书、复议决定书、赔偿决定书或者调解书,向赔偿义务机关申请支付赔偿金
官再申请	赔偿义务机关应当自收到支付赔偿金申请之日起 7 日内,依照预算管理权限向有关的财政部门提出支付申请
财政支付	财政部门应当自收到支付申请之日起 15 日内支付赔偿金